JN274396

既判力と判決理由
法的意味連関の枠組による民事判決の既判力の測定

アルブレヒト・ツォイナー

既判力と判決理由

法的意味連関の枠組による民事判決の既判力の測定

松本博之訳

法学翻訳叢書
0004
ドイツ民事訴訟法

信山社

DIE OBJEKTIVEN GRENZEN DER RECHTSKRAFT IM RAHMEN RECHTLICHER SINNZUSAMMENHÄNGE

Zur Lehre über das Verhältnis von Rechtskraft und Entscheidungsgründen im Zivilprozess

Von Prof. Dr. Dr. h.c. Albrecht Zeuner
Übersetzt von Prof. Dr. Dr. h.c. Hiroyuki Matsumoto

Shinzansha Verlagsbuchhandlung
Tokyo 2009

日本語版への序

　1959年にドイツにおいて出版された私の研究『法的意味諸連関の枠組における既判力の客観的範囲（Die objektiven Grenzen der Rechtskraft im Rahmen rechtlicher Sinnzusammenhänge）』が，松本博之教授の多大な尽力により，この度日本語でも刊行されることは，私の大きな喜びである。もちろん――当然のこととはいえ――この論文の執筆以後過ぎ去った50年の間に，この研究が立ち入った個別法領域において，いくつかの法律の改正が生じている。今日でも詳細な比較法的な研究の拡大がふさわしいであろう。すなわち，既判事項の効力の――とくにアメリカ合衆国流の「請求排除」と「争点排除」の区別という特徴をもつ――アングロ＝アメリカシステムに鑑み，このことは重要である（これにつき，*Zeuner*, Festschrift für Konrad Zeigert, 1981, S. 603 ff. を参照）。それにもかかわらず，ドイツ法についての私の考察の基本的な考え方には何らの変更もない。私の考察が依然として向っているのは，既判力の測定においては，訴訟物をなす法律効果について裁判所が確定した事項の完全な実質的内容を通用させることが重要であるということである。かくて，私が何年も前に展開した考えが本翻訳の助けによって，民事裁判所の判決の拘束力の適正な測定という一般的な問題をめぐる共通の学問的営為に更に役立ち，かつ永年にわたって存在する独日両国間の実り多い学問的交流に寄与しうることを，期待するものである。

　2008年9月　ハンブルグにて

　　　　　　　　　　　アルブレヒト・ツォイナー（*Albrecht Zeuner*）

訳者はしがき

　本書において訳出された Zeuner 教授の著書は，ちょうど50年前に出版された教授資格請求論文であり，ドイツ民事訴訟法学界において大きな反響を呼んだ作品である。日本でも訴訟物理論や既判力理論に関心をもつ研究者によって読まれたと思われる。しかし，所有物返還請求を認容する確定判決が原告の所有権の存在にも法的意味連関（rechtliche Sinnzusammenhänge）の基準により既判力を及ぼす議論というような受け止め方が一般ではなかったかと思われる。しかし，前訴の事実審の最終口頭弁論終結後の新たな事実によって既判力の遮断効が後退する意味およびその範囲，確定判決における請求の法的性質決定についての既判力の有無，形成対象の繰返しの場合に既判力効が及ぶかどうか，及ぶ場合の作用の仕方の問題など，既判力理論の様々な問題が扱われている。また，行政訴訟上の事例も扱われている。Zeuner 教授の議論の特徴は，判決要素（先決的法律関係）の既判力を肯定する von Savigny の理論を否定したドイツ民事訴訟法の立法者の決定に鑑み，Savigny 理論の復活を目指すものではなく，またアメリカ法上の争点排除効の考え方を導入しようとするものでもない。争点排除効（日本では争点効）のように，この効力の生じた判決理由の判断の拘束力がこの事項を前提問題とする，前訴の訴訟物と異なる訴訟物についての後訴に対して一般的に及ぶとするものではない。前訴で判断された法律効果と後訴で主張される法律効果の間に，前訴確定判決における裁判所の判断と矛盾する裁判をすることが許されるとすれば，両法律効果間に存在する法的意味連関が切り裂かれてしまう場合にのみ，そしてその限度で前訴確定判決の理由中の判断が後訴に対して既判力効を及ぼすとする理論である。

　大変興味深い重要な論述からなっている。私自身以前に参照する機会があった（松本博之『既判力理論の再検討』〔2007年・信山社〕13頁以下）。そのさい感じたことは，Zeuner 教授の研究結果に賛成するにせよ，反対するにせよ，この書物の全体を正確に理解する必要性であった。しかし，ドイツの実体法の様々な例が提出され，細かな議論が多いため，今日まで十分にはできなかった。

　　　　　　　　　　　　　　　　　　　　　　　　　訳者はしがき

　私は，2008年の4月2日～4日にオスナーブリュック大学で開かれたドイツ民事訴訟法学者協会の大会に出席し，報告する機会を与えられた。その折，ある夕食会の席上 *Zeuner* 教授とお話をする機会があったので，日本語訳の希望を話してみた。幸い，同教授からは大変喜んでいただき，即座に快諾を得ることができた。2008年の4月中旬に翻訳に取りかかり，比較的短期間にこれを終えることができた。

　最後に，本訳書の公刊を快諾され，かつ翻訳のさいの疑問に丁寧に答えて下さった *Zeuner* 教授には改めて深甚な感謝を捧げたい。出版に際しては，再び信山社出版の渡辺左近さんに一方ならず配慮に与った。校正にあたっては，同社の斉藤美代子さんに大変お世話になった。記してお礼申し上げたい。

　2009年2月

　　　　　　　　　　　　　　　　　　　　　　　松 本 博 之

はしがき

　近時の文献においては，民事訴訟における既判力の客観的限界は主として訴訟物の範囲決定の観点から扱われているのに対して，本論文は別の面から既判力の範囲の決定に向かう。すなわち，本論文は，判決理由との関係における既判力の限界づけの問題を出発点とする。そのさい重要なのは，克服された学説を再び取り上げることではない。むしろ，訴訟法学の現状に基づき統合的な議論を迫るように思われるけれども，これまでのところ，そのような議論を見出していない若干の問題を提起し，これを検討することが，本研究の関心である。もちろん，この研究をいわば試論と理解していただきたいという希望を付け加えなければならない。本研究が企てることは，手探りの第一歩である。

　本研究は，1957年末にハンブルグ大学法学部に教授資格請求論文として提出された。その後に現れた文献は，できるだけ1958年5月初めまでのものをなお考慮に入れている。

　このたび，本研究が出版されるに当たり，私は本研究を推め促す以上のものを私に与えてくださった，私の師エドゥアルド・ベティヘル（Eduard Bötticher）教授に感謝を捧げたい。

　　1958年7月　ザールブリュッケンにて
　　　　　　　　　　　アルブレヒト・ツォイナー（*Albrecht Zeuner*）

目　次

日本語版への序 ……………………………… アルブレヒト・ツォイナー
訳者はしがき ………………………………………………… 松 本 博 之
はしがき
略語表

第 1 章　序 ……………………………………………………………………… 1

第 1 部　基　　礎

第 2 章　現状の概観 …………………………………………………………… 7
　　Ⅰ　概念の明確化 ………………………………………………………… 7
　　Ⅱ　支配的見解の主たるテーゼ ………………………………………… 8
　　Ⅲ　独立の反対権についての判断 ……………………………………… 11
　　Ⅳ　排斥し合う所有権等 ………………………………………………… 13
第 3 章　概念的構成関連と既判力の限界づけ ……………………………… 17
　　Ⅰ　はじめに ……………………………………………………………… 17
　　Ⅱ　この限界づけの方法の効果 ………………………………………… 19
第 4 章　実質的な限界づけ原則の必要性 …………………………………… 33
第 5 章　既判力と法的性質決定 ……………………………………………… 38
　　Ⅰ　はじめに ……………………………………………………………… 38
　　Ⅱ　既判力効の必要性 …………………………………………………… 40
　　Ⅲ　原則の適用について ………………………………………………… 44
　　Ⅳ　結　語 ………………………………………………………………… 48
第 6 章　限界づけ原則の基本構造 …………………………………………… 52
　　Ⅰ　先決的裁判が存在する場合の諸事情 ……………………………… 52

目　次

　　Ⅱ　承認された拘束力を伴うその他の場合 ……………………54
　　Ⅲ　限界づけ原則の一般的な本質メルクマール ………………62

第2部　実　　施

第7章　第二次的法律効果との関係における妨害排除的
　　　　不作為義務と所有権に基づく返還請求 ………………………69
　　Ⅰ　妨害排除的不作為義務と損害賠償請求権 …………………69
　　Ⅱ　BGB 985条による返還請求権 …………………………………79

第8章　補償関係 ……………………………………………………………85
　　Ⅰ　仲裁合意に基づく訴えの却下 ………………………………85
　　Ⅱ　双務契約 …………………………………………………………88
　　Ⅲ　実体法における他の補償関連 ………………………………94
　　Ⅳ　既判力効の制限 ………………………………………………101

第9章　却下され，顧慮されなかった被告の反対ポジション …106
　　Ⅰ　成功しなかった弁済の抗弁との比較 ………………………106
　　Ⅱ　前訴において主張された被告の反対権 …………………112
　　Ⅲ　前訴においてまだ主張されなかった反対権 ……………118
　　Ⅳ　既判力効の原則としての意味連関の存在 ………………132

第10章　形成手続における裁判と，法的行為または法律
　　　　関係の無効に関する確認判決 ………………………………134
　　Ⅰ　形成手続における問題状況について ………………………134
　　Ⅱ　取り消された行為の，事情の変更なき繰返し ……………137
　　Ⅲ　形成訴訟と損害賠償の訴え …………………………………144
　　Ⅳ　形成によって惹起される法状態 ……………………………147
　　Ⅴ　法的行為の無効に関する確定 ………………………………148

| | VI | 解雇保護訴訟 …………………………………………… 151 |

第11章　BGB 894条および985条による請求権および
　　　　類似の事案についての裁判 ………………………… 153
　　Ⅰ　BGB 894条による請求権についての裁判 ………………… 153
　　Ⅱ　BGB 985条に基づく請求に関する裁判 …………………… 164
　　Ⅲ　類似の事例 ……………………………………………………… 174

第12章　情報付与と計算を求める補助請求と，主たる請求と
　　　　の関係 …………………………………………………… 180
　　Ⅰ　はじめに ………………………………………………………… 180
　　Ⅱ　展開された原則による状況の判断 …………………………… 183
　　Ⅲ　RG JW1912, 593 Nr.14の裁判における類似の状況 ………… 186

第13章　統一的な目標をもつ様々な法律効果 ……………………… 189
　　Ⅰ　原状回復請求と金銭賠償請求 ………………………………… 189
　　Ⅱ　他の事案における類似の関連 ………………………………… 195

第14章　最終コメント ………………………………………………… 199

　文献一覧
　事項索引

略 語 表

a. A.	= anderer Ansicht
a. E.	= am Ende
AcP	= Archiv für die civilistische Praxis
AöR	= Archiv des öffentlichen Rechts
AP	= Nachschlagewerk des Bundesarbeitsgerichts - Arbeitsrechtliche Praxis
ArbGerGes.	= Arbeitsgerichtsgesetz
BAG	= Bundesarbeitsgericht; Entscheidungen des Bundesarbeitsgerichts
BayObLG	= Bayerisches Oberstes Landesgericht
Betrieb	= Der Betrieb
BGB	= Bürgerliches Gesetzbuch
BGH	= Bundesgerichtshof
BGHZ	= Entscheidungen des Bundesgerichtshofes in Zivilsachen
DÖV	= Die öffentliche Verwaltung
DR	= Deutsches Recht
DRiZ Rspr.	= Deutsche Richterzeitung, Rechtsprechungsteil
DV	= Deutsche Verwaltung
DVBl.	= Deutsches Verwaltungsblatt
EheGes.	= Ehegesetz
FamRZ	= Ehe und Familie im privaten und öffentlichen Recht
GG	= Grundgesetz
GRUR	= Gewerblicher Rechtsschutz und Urheberrecht
GVG	= Gerichtsverfassungsgesetz
HGB	= Handelsgesetzbuch
h.L.	= herrschende Lehre
h.M.	= herrschende Meinung
HRR	= Höchstrichterliche Rechtsprechung

JR	= Juristische Rundschau
JW	= Juristische Wochenschrift
JZ	= Juristenzeitung
KSchGes.	= Kündigungsschutzgesetz
LAG	= Landesarbeitsgericht
LM	= Lindenmaier=Möhring, Nachschlagewerk des Bundesgerichtshofs
MDR	= Monatschrift für Deutsches Recht
MSchGes.	= Mieterschutzgesetz
MuW	= Markenschutz und Wettbewerb
NJW	= Neue Juristische Wochenschrift
OGHZ	= Entscheidungen des Obersten Gerichtshofes für die Britische Zone in Zivilsachen
oHG	= offene Handelsgesellschaft
OLG	= Oberlandesgericht
OVG	= Oberverwaltungsgericht
RabelsZ	= Zeitschrift für ausländisches und internationales Privatrecht, begründet von Rabel
RAG	= Entscheidungen des Reichsarbeitsgerichts
RdA	= Recht der Arbeit
Recht	= Das Recht
RG	= Reichsgericht
RGR-Komm.	= BGB-Kommentar von Reichsgerichtsräten und Bundesrichtern
RGZ	= Entscheidungen des Reichsgerichts in Zivilsachen
SeuffA.	= Seufferts Archiv für Entscheidungen der obersten Gerichte in den deutschen Staaten
u. U.	= unter Umständen
UWG	= Gesetz gegen den unlauteren Wettbewerb

略語表

Warn.	= Wayneyer, Die Rechtsprechung des Reichsgerichts
WZG	= Warenzeichengesetz
ZAkDR	= Zeitschrift der Akademie für Deutsches Recht
ZPO	= Zivilprozessordnung
ZZP	= Zeitschrift für Zivilprozess

第1章　序

　民事訴訟における既判力と裁判理由の関係を扱おうとする研究は，もともと，関係諸問題が長い間満足に解決されているかどうかという問題に直面していることがわかっている。たしかに憲法裁判所の手続の領域では，判決理由の既判力をめぐる争いに，最近になってようやく再び火がついている[1]。しかし民事訴訟については，依然として確実と見なされているのは，次のことである[2]。すなわち，主張された法律効果に関する裁判のほかに，法律要件的な要件 (tatbestandsmäßige Voraussetzungen) に関する確定にも既判力が生じるとする，条件づける法律関係，すなわち，いわゆる「判決要素」につき v. Savigny (フォン・サヴィニー)[3] が，そしてすべての事実的法律要件 (tatsächliche Tatbestandsvoraussetungen) に関してたとえば Windscheid (ヴィントシャイド)[4] が主張した，かの普通法理論を採用しないことを，ZPO (民事訴訟法) が決めたことである。実際，ZPO 322条1項の「判決は訴え又は反訴により提起された請求につき裁判されている限りでのみ既判力を有する」という定式は，普通

1　これにつき，*Lechner*, §31 Anm. Ⅱund Ergänzende Erläuterung §31 Anm. Ⅱ mit weiteren Nachweisen 参照。

2　Nachweisen unten S. 8.

3　Vgl. Syst. 6, §§ 291 ff., 296 ff. (S. 350 ff., 417 ff.). —— *v. Savigny* は判決理由の既判力に関する研究において，先ず単純に「訴権の条件」(§ 291, S. 355 ff.) について語っている。彼がしかしながら既判力ある「判決要素」に先決的法律関係だけを数え，事実的な法律要件をも数え入れるのでないことは，彼が「既判力の抗弁」について同一の法律問題の存在を要求し (vgl. § 291, 296 ff., S. 355, 417 ff.)，彼の研究の経過中つねに，条件づける法律関係の確定だけを「判決要素」と呼ぶことから明らかになる (§ 291, S. 358 ff.)。文献において，彼は時として，彼が事実的な法律要件に関する確定にも既判力が生じると見ているかのごとく引用されている (vgl. z. B. *Windscheid*, Ⅰ, 4. Aufl., § 130 5 b Anm. 20)。彼によって特徴づけられた「判決要素」の概念も，時にこの広い意味において用いられている (vgl. z. B. *Baumbach/Lauterbach*, § 68 Anm. 2 A; *Schönke/Niese*, § 27 Ⅳ 2 a; *Schwab*, S. 146 f.; BGHZ 5, 12 [15]）。

4　Ⅰ, 4. Aufl., § 130 5 b, S. 388.

第1章　序

法理論を ZPO について拒否するという立法者の意図に遡るものである[5]。判例および理論がこの基礎の上に立って今日到達している結果が多くの事案において実際の必要に応じていることも，争うことができない。それゆえ，上述の普通法上の見解に単に「立ち返る」ことは，現行民事訴訟法にとっては真面目には考慮できないことである。しかし，このことからすでに，既判力と判決理由の関係は現行法においてもはや真の問題を含まないと推論しようとする者は，実務を一瞥して考え込まざるをえなくなる。なぜなら疑問なく裁判された多数の事案のほかに，今日でもなお，判決理由に関する既判力に関わる一連の重要な係争問題が存するからである。

　1　ライヒ裁判所は，理論の大部分の同意のもとで，所有権の登記に向けられた BGB 894条に基づく土地登記簿訂正請求に関する裁判は基礎をなす所有権に関しても既判力をもつという見解を主張した[6]。しかし，*Jaeger*（イェーガー）[7]と *Schönke/Schröder*（シェンケ／シュレーダー）[8] は，この見解に対して，所有権は土地登記簿訂正請求にとって条件づける法律関係に過ぎず，これには ZPO 322条1項により既判力は関係しない，訂正請求自体に関する裁判だけが既判力を有しうると主張した。同じ見解を，*Nikisch*（ニキッシュ）も主張する[9]。

　2　一方の当事者に対して確定した妨害排除的または準妨害排除的不作為名義が発せられ——たとえば特許権侵害を想定されたい——勝訴原告が今や第2の訴訟において同じ被告に対して，なされた侵害行為による損害賠償を要求す

5　Vgl. Begründung des Entwurfs einer CPO, § 283, bei *Hahn*, Materialien, Bd. 2, 1. Abt., S. 290 f. und Protokolle, b. *Hahn*, a.a.O., S. 608 f.

6　RG JW 1936, 3047 Nr. 5 = ZZP 60, 339; RGZ 158, 40 (43), vgl. auch RG JW 1935, 2269; これに同意するのはたとえば，*Baumbach/Lauterbach*, § 322 Anm. 4 (Eigentumsanspr.); *Erman/Westermann*, § 894 Anm. IV12 ; *Palandt/Hoche*, § 894 Anm. 6 a; RGR-Komm. (*Denecke*), § 894 Anm. 2 f.; *Stein/Jonas/Schönke/Pohle*, § 322 Anm. V 2 a; *Staudinger/Seuffert*, § 894 Anm. 49a; *Wieczorek*, § 322 Anm. F I b 1.

7　ZZP 60, 341.

8　§ 73 III 2 a.

9　Zivilprozessrecht, § 106 II 1 b.

る場合，ライヒ裁判所が固定判例[10]において主張し，文献において広く是認された[11]見解によれば，権利侵害の問題は新たに調査されなければならない。前訴判決の既判力は，この見解によれば，関与しない。なぜなら「実体的な違法性」[12]は判決理由で扱われるべき不作為請求権の要件であり，損害賠償請求権は不作為請求権によって条件づけられていないからだという。*Reimer*（ライマー）[13]，は彼の特許法コンメンタールにおいて，同じ侵害行為が前訴ではある意味に，後訴では反対の意味に判断されるのは奇異な印象を与えるので，この結果は望ましくないとして，これに反対する。

3　仲裁契約の抗弁の結果，訴えが確定的に却下され，続いて当事者によって仲裁判断が取得された場合，仲裁判断の執行宣言（Vollstreckbarkeitserklärung）に関する手続において，当事者間で有効な仲裁契約が成立しなかったという理由で仲裁判断が ZPO 1042条，1041条により取り消されてよいかという問題が現れうる。ライヒ裁判所はこの問題を否定し，その点で広い支持を見出した[14]。ライヒ裁判所は，前訴で言渡された訴え却下判決が仲裁契約について確定的に判断しているので，これについての新たな調査を不適法と見る。

10　Vgl. RGZ 49, 33; 160, 163; RG JW 1937, 1895; RG MuW 1932, 20(21); 1935, 26(28); 1940, 135.

11　Vgl. z. B. *Baumbach/Hefermehl*, Allgemeines, Anm. 321, 324; *Baumbach/Lauterbach*, § 322 Anm. 2 C c, 4（Eigentumsansprüche, Gewerbl. Rechtsschutz, Stufenklage); *Benkard*, Patentgesetz, § 47 Anm. 2 f.; *Bruns*, Festschrift f. *Schmidt-Rimpler*, S, 251; *Förster/Kann*, § 322 Anm. 3 b; *Isay*, § 4 Anm, 81; *Kisch*, Handb. d. deutschen Patentrechts, § 100 C Ⅲ ; *Klauer/Möhring*, § 47 Anm. 5 ; *Krauße/Katluhn/Lindenmaier*, 3. Aufl., § 47 Anm. 19, 4. Aufl., § 47 Anm. 51; *Pinzger*, GRUR 1942, 192; *Stein/Jonas/Schönke/Pohle*, § 322 Anm. V 2 a; *Sydow/Busch/Krantz/Triebel*, § 322 Anm. 5 ; *Tetzner*, § 47 Anm. 47; *Wieczorek*, § 322 Anm. F Ⅱ a.

12　RGZ 160, 166.

13　Patentgesetz, Bd. Ⅱ, § 47 Anm. 125; もっとも，Wettbewerbs- und Warenzeichenrecht, 123. Kap. Anm. 4 における表明は，あまり決然としていない。

14　RGZ 40, 410; 同じく，RG JW 1938, 3187 (3189); RAG 12, 116; OLG Breslau, JW 1930, 656; 同意するのは，*Baumbach/Lauterbach*, § 322 Anm. 4（Schiedsvertrag); *Rosenberg*, Zivilprozessrecht, § 149 Ⅰ 2 ; *Stein/Jonas/Schönke/Pohle*, § 322 Anm. Ⅳ 1 Fußn. 60 ; Ⅸ 2 ; *Sydow/Busch/Krantz/Triebel*, § 322 Anm. 4.

第1章　序

しかしながら，*Kleinfeller*（クラインフェラー）はこの見解を退ける[15]。彼は，仲裁契約の存在は訴え却下の前提問題に過ぎず，既判力をもたない判決理由に過ぎないので，前訴判決の既判力はここでは介入しないと考える。

4　最後に，行政争訟手続と民事訴訟の限界領域に属する1つの非常にアクチュアルな問題を例示的に指摘させていただく。これは，たしかに行政裁判上の判決に関するが，主として民事裁判所も扱わなければならない問題である。すなわち，行政裁判所が不服を申し立てられた行政行為を確定的に取り消し，関係人が次いでBGB（民法典）839条，GG（基本法）34条により行政行為によって生じた損害の賠償を求めて訴えを通常裁判所に提起した場合，連邦通常裁判所の見解[16]によれば，行政裁判所の判決に基づき，行政行為が違法であったことが官吏責任訴訟につき既判力的に確定している。文献の一部は同じ見解を主張したけれども[17]，*Bettermann*（ベッターマン）[18]は，「既判力は判決の論理的前提をも包含するという，ずっと以前に克服された*Savigny*理論への回帰に他ならない」として，この判決を非難する。

これら2，3の例に基づき問題自体において一義的な推論を行うことは未だできないにしても，これらの例は「既判力と判決理由」という問題を考察することがなお有意義でありうることを示している。すでに強調したように，判決理由の既判力についての普通法理論への回帰は問題にならないので，このような研究が向かわなければならない方向が大まかな輪郭においてであれ，すでに示されている。すなわち，問われるべきは既判力と判決理由の関係はすべての場合において同じように判断されるべきか，それともここでは一定の差別化が必要なのかということである。ZPO 322条1項の規定は，この問題提起を切断しない。なぜなら，提起された請求の裁判がその内的な内容上どこまで及ぶかについては，この規定は何も語っていないからである[19]。そして法律の制定史

15　Festschrift f. *Wach*, 2. Band S. 404 f.

16　BGHZ 9, 329; 10, 220.

17　Vgl. *Bachof*, JZ 1953, 411; 1954, 421; *Eyermann/Fröhler*, § 82 Anm. 2 c cc; *Naumann*, DVBl. 1954, 334; vgl. auch DVBl. 1952, 696; *Niese*, JZ 1952, 353 ff.; *Schmidt*, DÖV 1957, 103 ff.

18　MDR 1954, 7 ff., 9.

からも，この問題の処理を支えうるものを何ら引き出すことができない。立法者は明らかにこの問題を認めず，それゆえ答えなかった。立法者にとって先ず問題であったことは，判決理由の既判力についての上述の普通法理論の「肯定」または「否定」の二者択一であった。この理論の原則的な「否定」以上の事柄は，それゆえ，立法者の決定からは引き出すことができないのである。

19　Vgl. *Kipp* bei *Windscheid/Kipp*, Ⅰ, 9. Aufl., § 130 Anm. 21 a.

第1部　基　　礎

第2章　現状の概観

I　概念の明確化

　問題の現状を深く研究するには，先ず概念の明確化が前提となる。すなわち，判決理由の既判力の問題が語られる場合，これは種々の意味において理解することができる。判決を外的に主文，事実および裁判理由に分けると，「理由」とは判決の正本において「裁判理由」の表題の下で現れるものである。外的な分類から見ると，理由の既判力の問題が生じるのは，たとえば申立てに対する裁判所の裁判が，いわば訴えの申立てにおいて裁判所に提起された問題に対する「肯定」または「否定」が，誤って判決の主文にではなく，「裁判理由」の表示を付された判決の部分に含まれている場合である。しかしこの意味で用いられた「理由」という表示は，全く第二次的な性質を有する。このことは，判決において行われるべき確定がその適正な場所を主文と裁判理由のいずれに見出さなければならないかがいかなる原則によって決まるかをよく考えてみれば，直ちに明白になる。すなわち，実質的に外的な区別欄である「裁判理由」に属するものは，明らかに内的な関連によって判決の基礎をなす「理由」でなければならない。しかし裁判所が論理的推論の方法で訴えの申立てに対する答えを獲得するすべての確定は，したがって判決の論理的な理由は，この意味での理由である。すでに v. Savigny[1] が理由の既判力の研究を行ったのは，この出発点からであり，これとは著しく際立っている外的な判決区分を基礎としている

1　A.a.O., § 291（S. 352/353）.

第2章 現状の概観

のではない。本研究は，理由のこの第一次的な概念から出発しなければならない。

II 支配的見解の主たるテーゼ

（上述の意味に理解される）判決理由が既判力に影響を及ぼし，そして既判力に与るかどうか，場合によってはいかなる範囲において，そうであるかという問題に答えるのに決定的であると判例および文献において見なされているのは，上述の ZPO 322条1項の定めである[2]。ここで提起された判決理由の意味の問題においても，問題となる既判力の客観的範囲がその対象をなす訴訟上の請求の範囲と密接な関係にあることが，この規定から推論される。そして訴訟物の概念についての見解の差異と無関係に，既判力の効果は訴訟上の請求との連結により，いずれにせよ訴訟物の及ぶ範囲以上には及ばないという点で，本質的に意見の一致がある[3]。後訴において前訴手続の対象をめぐる争いが蒸し返される場合にのみ，判決の既判力は後の訴訟の判決に影響を与えることができる。後訴が確定的に終結した訴訟と同じ訴訟物を持つというように蒸返しが行われるか，それとも前訴で訴訟物であった事項が後訴において前提問題としてのみ現れるかは，そのさい重要ではない。

支配的見解のこの基本理解から既判力の内容および範囲に対する判決理由の

---

[2] これ，および以下について，たとえば，*Baumbach/Lauterbach*, § 322 Anm. 2, 4 (insbes. Vorgreifl. Rechtsverh.); *Förster/Kann*, § 322 Anm. 3, 5 ; *Habscheid*, Streitgegenstand, S. 126, 283 ff., 286 ; *Hellwig*, Syst. I §§ 231, 233; *Lent*, Zivilprozessrecht, §§ 62 V, 63; ZZP 65, 315 ff.; *Nikisch*, Zivilprozessrecht, §§ 42, 106; vgl. auch Streitgegenstand, S. 19 ff., 40 ff., 150; *Rosenberg*, Zivilprozessrecht, § 88 II 3, 150; *Schönke/Schröder*, § 73 III; *Schwab*, S. 2 f., 140 f. 144 ff.; 148 f.; *Seuffert/Walsmann*, § 322 Anm. 3 – 7 ; *Stein/Jonas/Schönke/Pohle*, § 322 Anm. V, IX; *Sydow/Busch/Krantz/Triebel*, § 322 Anm. 3 ; *Wieczorek*, § 322 Anm. E, F, H; RGZ 49, 33; 135, 33 (34); 136, 162 (164); 158, 145 (150); 160, 163 (165); RG Recht 1924 Nr. 412 ; RG JW 1937, 1895; BGHZ 2, 164 (170); 13, 265 (278) 参照；請求と判決対象の一体性に批判的なのは， *Arwed Blomeyer*, Festschrift f. *Lent*, S. 43 ff.

[3] これに対して最近では，訴訟物の内部で既判力の基準となる判決対象はより狭い範囲をなすという声がないわけではない。Vgl. *Schwab*, S. 171 ff.; *Pohle*, JR 1954, 437, AP Nr. 1 zu § 322 ZPO; vgl. auch *Habscheid*, Streitgegenstand, S. 289 f.

Ⅱ　支配的見解の主たるテーゼ

意味の問題について生ずるのは，次の点である。すなわち，訴訟物の概念がどのように捉えられようとも，訴訟物は——この点については見解の一致がある——いずれにせよ，訴えの申立てにおいて表示されなければならず，そして裁判所が判断しなければならない権利または法律効果に向けられている。裁判所の判断は，客観的法（das objektive Recht）がこの種の法律効果を一般に定めているか，その場合にはそれのために定められた法律要件が存在するか否かを調査することによって行われる。換言すれば，裁判所は，訴えの申立てに表示された法律効果が所与の事実状態において法的当てはめの助けを借りて客観的法の規範から引き出されうるかどうか，それとも原告は客観的法の規範によれば不当に法律効果を援用しているのであるかについて調査しなければならない。この推論の前提は——この点にも種々の訴訟物説の間に見解の一致がある——独立の訴訟物を形成しない。裁判所がこの前提に関して行わなければならず，そして裁判所の推論の「理由」を与える確定と判断は，それによれば既判力の対象でもない。支配的見解によれば，裁判所がその推論の結論において答えなければならなかった特定の法律関係に関する，訴訟物によって表現された問題または主張が，後訴において戻ってくる場合に初めて，判決の既判力が関与する。その場合，この答えが基準となる。すなわち，後訴の裁判官はその点では既判力のある判決から独立した裁判を行う権能を有しない。したがってその限りで，裁判官は前訴裁判所の推論を，前提の調査によって問題にすることを許されない。

　判例および文献においてこの状況を特徴づけるために用いられた定式は，全く統一的というわけではない。今述べた見解によれば，既判力にとっては本質的に裁判上の推論の結論——判決主文に定着しなければならない——が重要であるとの事情から，主文だけが既判力を有し，判決理由はそうではないという，しばしば行われている言い回しになる[4]。しかし主文に包含する言明はそれだけではしばしば全く理解できないので，これにはしばしば，理由は主文の解釈のために利用することができると付加される[5]。

4　Vgl. z. B. *Förster/Kann*, § 322 Anm. 3 c; *Lent*, Zivilprozessrecht, § 63 Ⅲ 5; *Schönke/Schröder*, § 73 Ⅲ 4; *Sydow/Busch/Krantz/Triebel*, § 322 Anm. 3; RGZ 93, 156 (158); 121, 287 (290); 126, 239 (240); 135, 33 (34); RG Recht 1924 Nr. 412; RG HRR 1932 Nr. 1604; 1935 Nr. 1246; BGHZ 2, 164 (170).

第 2 章　現状の概観

これらの点で看過しえない前提への結論の従属性と，確定判決の結論がその前提への攻撃によって疑問視されてはならないという事情は，好んで用いられる別の定式，すなわち「当てはめ全体が既判力の対象であり」[6]，その個々の構成要素はそうではないという定式のための理由を与えている。

このような言い換えの出発点（Ansatzpunkte）は区区に見えるにせよ，それは問題自体における本質的差異を示すものではない。そのことは，まず，種々の言い回しが時々同時に用いられていることに示されている[7]。それ以上に，この関連で特に重要な消極的側面からもう一度この状況に光を当ててみれば，種々の定式の背後にある見方の統一性は極めて明瞭に現れる。すなわち，上述の要件が具備しない場合には既判力は介入すべきでないという点において，判例および文献において原則的に完全な見解の一致が存在することが分る。このような場合，裁判所は支配的見解によれば後訴において，前訴判決の前提に関する問題について異なった判断をする自由を有する。たとえば，三段論法の上位命題として後訴において前訴と同じ法律が問題になる場合，裁判官はこれにつき前訴確定判決において行われたのと違った解釈をすることができる。しかし，とりわけ支配的見解によれば，裁判所は前訴において行われた三段論法的推論の小前提（praemissa minor）に属する確定にも拘束されない。所有権侵害による損害賠償命令（BGB 823条1項）の確定は，したがって，たとえば同一当事者間で行われる同じ物の返還をめぐる後訴において，裁判官がBGB 985条に関して物は前訴の加害者の所有に属することから出発することを妨げない。

小前提の確定において——上の例のように——権利または法律関係が問題なのでなく，問題が事実である場合にも，同じことが妥当するとされる。たとえ

5　*Förster/Kann*, a.a.O.; *Lent*, a.a.O.; *Schönke/Schröder*, a.a.O.; *Sydow/Busch/Krantz/Triebel*, a.a.O.; RGZ 93, 156 (158); 125, 159 (163); RG HRR 1935 Nr. 1246; BGHZ 2, 164 (170); 7, 174 (184), 331(334).

6　Vgl. z. B. *Schwab*, S. 146 ff.; *Stein/Jonas/Schönke/Pohle*, § 322 Anm. V 1; RGZ 167, 328 (335); RG Recht 1924, Nr. 412; BGHZ 2, 164 (170); 13, 265 (278); ähnlich *Rosenberg*, Zivilprozessrecht, § 150 I 3 c, II 3; この定式に反対：*Wieczorek*, § 322 Anm. E IV b 1.

7　Vgl. z. B. RG Recht 1924, Nr. 412; BGHZ 2, 164 (170).

ば裁判所が，被告が彼の基準となる意思表示を原告による詐欺を理由に有効に取り消したという理由で，訴えを既判力をもって棄却した場合，前訴被告が前訴原告に対する損害賠償請求をこれに基礎づけようとする場合には，同じ原則によって，詐欺の事実について前訴とは異なる判断がなされうる。最後に，当然のこととして認められるのは，単なる徴表（すなわち適用規範の法律要件自体に当てはめられるのではなく，単に当てはめ可能な事実の推認を可能にする補助事実）に関する確定は，後訴裁判所を拘束しないことである。

III 独立の反対権についての判断

小前提について一般的に説かれていることは，支配的見解によれば，とくに，訴えに対する防御に仕える被告の独立の反対権（selbständige Gegenrechte）に関しても妥当するとされる。この反対権に対して行われる判断と確定にも，支配的見解によれば既判力は生じない[8]。たとえば，既判力をもって支払うよう命じられた買主は，訴えの方法で解除（Wandlung）を要求し，これに応じて，その間に支払われた売買代金の返還を請求することができるといわれる[9]。そのさい時々なお明示的に強調されていることは，原告が前訴においてすでに解除権（Wandlungsrecht）を援用した場合にもそうであることである[10]。もっとも，この見解には全く異論がないというわけではない。支配的見解に対して，*Hellwig*（ヘルヴィヒ）[11]は，既判力をもって支払いを命じられた買主は前訴に

---

8 Vgl. z. B. *Baumbach/Lauterbach*, § 322 Anm. 2 C d；*Förster/Kann*, § 322 Anm. 3 b；*Hellwig*, Syst. I § 231 III 2；*Lent*, Zivilprozessrecht, § 63 III 3；*Nikisch*, Zivilprozessrecht, § 106 II 2；*Rosenberg*, Zivilprozessrecht, § 150 II 2；*Schönke/Schröder*, § 73 III 2 d；*Seuffert/Walsmann*, § 322 Anm. 4；*Stein/Jonas/Schönke/Pohle*, § 322 Anm. V 2 b, VIII 3；*Sydow/Busch/Krantz/Triebel*, § 322 Anm. 4；*Wieczorek*, § 322 Anm. E IVa 3, F II b；RGZ 110, 147 (149)；114, 85 (87)；136, 163 (164)；158, 145 (150).

9 Vgl. z. B. *Baumbach/Lauterbach*, § 322 Anm. 2 C d；*Nikisch*, Zivilprozessrecht, § 106 III 3；*Schwab*, S. 163；*Stein/Jonas/Schönke/Pohle*, § 322 Anm. VIII 3；*Wieczorek*, § 322 Anm. E IV a 4.

10 たとえば，*Schwab*, S. 163；*Stein/Jonas/Schönke/Pohle*, § 322 Anm. VIII 3 がそうである。

11 Syst. I, § 231 IV 2.

第2章　現状の概観

おいてまだ物の瑕疵を援用していなかった場合ですら解除を求める権利（das Recht auf Wandlung）をもはや主張することができないという見解を主張する。

　解除（Wandlung）についての見解表明のさい、支配的見解はいずれにせよ、その基本テーゼに合致して判断するが、この状況は不当利得の抗弁の領域では変わる。抽象的な債権の債務者は——たとえば手形債務者が考えられる——既判力をもって給付を命じられた場合——支配的見解が少なくとも異議を唱えなかった——ライヒ裁判所の判例[12]によれば、彼の義務は法的原因なしに生じたのであるから、債権者は彼をBGB 812条によりこの義務から解放しなければならず、すでに行われた弁済給付を返還しなければならないと、訴えによって主張することはもはやできない。原因なしに基礎づけられた債権は、先ずは債権者に帰属し、単にBGB 812条により彼から返還されるべきであるという、明らかに法律の基礎にある観念を維持すれば、支配的見解の立場からはここでも、確定した給付判決は債務からの解放および場合によっては給付物の返還を求める後続訴訟の妨げとなってはならないであろう。前訴判決が既判力をもって確定した抽象的債権の存在は、この場合、後続訴訟によって争われるのではなく、前提とされる。それにもかかわらず、支配的見解はこの結論を引き出さない。もっとも、この問題を詳細に論じているのではない。

　小前提についての確定とくに反対権についての判断には、既判力は生じないという原則の破壊を、支配的見解はZPO 322条の実定規定に基づき、原則として相殺の抗弁についてのみ承認する[13]。この場合につき法律は、明文で「反対債権が存在しないという判断」は「相殺が主張された額まで既判力が生じる」べきであると定める。しかし注目に値することは、支配的見解が今日この

12　とくに、RGZ 39, 142 (144/145), bestätigt in RG Warn. 1934, Nr. 119; RGZ 50, 416 も見よ。同じ意味で、*Hellwig*, Syst. I, § 231 Ⅳ 2; *Reichel*, Festschrift f. *Wach,* 3. Bd., S. 18 ff., 60 f. *A. Blomeyer*, Festschrift f. *Lent,* S. 73 Anm. 120も参照。

13　Vgl. z. B. *Baumbach/Lauterbach*, § 322 Anm. 2 C d, Anm. 3; *Förster/Kann*, § 322 Anm. 3 b, 4; *Hellwig*, Syst. I, § 231 Ⅲ 3; *Lent*, Zivilprozessrecht, § 63 Ⅲ 3; *Nikisch*, Zivilprozessrecht, § 106 Ⅱ 3; *Rosenberg*, Zivilprozessrecht, § 150 Ⅱ 2; *Schönke/Schröder*, § 73 Ⅲ 3; *Seuffert/Walsmann*, § 322 Anm. 4; *Stein/Jonas/Schönke/Pohle*, § 322 Anm. V 2 b, Ⅵ; *Wieczorek*, § 322 Anm. E Ⅳa 3, F Ⅱ b.

規定を——歴史的立法者の観念に合致した[14]——その狭い語義を超えて，反対債権が先ずは存在し，相殺によって初めて消滅した場合にも少なくとも準用していることである。反対債権がもはや存在しないという判断も，したがって既判力に与るという[15]。この見解は，既判力と判決理由の関係が原則的にドイツ法と同じように判断されているスイス法において，全国家領域に適用される実定規定の支えがなくても同じ結論に到達している以上，それだけ一層注目に値する[16]。

IV　排斥し合う所有権等

現在の理論状況の概観のスケッチを完全なものにするために，最後に特別の事案類型を指示すべきである：AはたとえばBに対しBGB 985条に基づき確定した返還判決を取得した。今やBが——その他の点では事実関係の変動がない場合に——自分が所有者であることを理由に，その間に返還された物の返還を求めて，Aに対して訴えを提起する。あるいは，AがBに対して，彼が物Xの所有者であることの確認を得た。この判決の確定後，Bは，事実関係の変動がないにもかかわらず，同じ物が自分の物であることの確認を新たな訴訟において要求する。この種の事案においては，前訴判決の既判力がBの後続訴訟に対立することは，疑われない[17]。しかし殆ど自明のこの結果を支配的見解の諸原則と一致させようと試みられる場合，困難が生じる。AのBに対する返還請求の訴えは，どの訴訟物理論によっても，BのAに対する返還請

14　Vgl. Begründung zur Novelle von 1898（ZPO 322条によって今日の措辞を得た）zu § 293, bei *Hahn/Mugdan*, Materialien Bd. 8, S. 103; *Seuffert*, ZZP 16, 470; *Hellwig*, Syst. I, § 231 III 3 b.

15　Vgl. z. B. *Baumbach/Lauterbach*, § 322 Anm. 3; *Lent*, Zivilprozessrecht, § 63 III 3; *Nikisch*, Zivilprozessrecht, § 106 II 3 b; Festschrift f. *H. Lehmann*, II. Bd., S. 785 f.(*Nikisch* の見解について，その他の点では後述56頁注8参照; *Oertmann*, Aufrechnung, S. 239 ff.; *Pagenstecher*, Eventualaufrechnung, S. 54 f.; *Rosenberg*, Zivilprozessrecht, § 150 II 2; *Schönke/Schröder*, § 73 III 3; *Stein/Jonas/Schönke/Pohle*, § 322 Anm. VI; *Wieczorek*, § 322 Anm. H, H IV; RGZ 161, 167 (171/72); 異説：z. B. *Hellwig*, Syst. I, § 231 III 3 b; *Seuffert/Walsmann*, § 322 Anm. 4; RGZ 80, 164 (167).

16　Vgl. *Kummer*, S. 116 ff.

求の訴えとは異なる訴訟物を有する。AないしBが所有者であることの確認を求める反対の訴えも，事情は同じである。それゆえ，第2の手続では第1の手続と同じ主要問題が問題になっているという理由では，既判力は介入することができない。Aの返還請求権の存否は，しかしBの同様の請求権のための法律要件上の前提問題でもない。同じことは，確認の訴えによって主張された反対の所有権確認についても妥当する。各々対立的に提起された2つの権利の一方は，利息請求権が給付請求権に依存するようには，法律要件上他方に依存していない。むしろ両者は，同じランクで並存している。後続訴訟に対する第1の判決の既判力効が何を基礎としているかという問題は，したがって，ここから見ても未回答のままである。この問題に一般的に注目が殆ど払われていないのは，結果に疑問がない[18]ためであろう。しかしこの問題は，既判力の限界づけに関する支配的見解の諸原則を一般的な言い回しにおいて表現しようと試みられる場合に，再び明瞭に写し出される。既判力は，第1の訴訟で裁判された事項の矛盾的反対（das kontradiktorische Gegenteil）が第2の訴訟において主張される場合にも介入するというしばしば用いられているテーゼ[19]によっては，当面の事案はもともと把握することができない[20]。BのAに対する返還請求権は，——*Schwab*[21]の主張に反して——AのBに対する返還請求権の矛盾

---

17 これにつき，たとえば *Hellwig*, Syst. I, § 231 Ⅳ 1; *Lent*, Zivilprozessrecht, § 63 Ⅱ; Gesetzeskonkurrenz, Ⅱ, S. 308; *Nikisch*, Zivilprozessrecht, § 106 Ⅲ 3 参照。反対の返還請求の訴えについては，とくに *Schwab*, S. 168 f. 参照。さらに *Hölder*, AcP 93, 24; *Hellwig*, Syst. I, § 231 Ⅳ 1; *Rosenberg*, Zivilprozessrecht, § 150 Ⅲ 1.

18 これについて，ZPO283条の草案理由書（bei *Hahn*, Materialien, Bd. 2, 1. Abt., S. 290 f.）による，*Unger* の見解，すなわち，訴権の肯定の中に同時に被告の請求の否定がある限り，判決は被告の権利および請求権に関する宣言を含みうるとする見解の引用を参照。

19 たとえば，*Nikisch*, Zivilprozessrecht, § 106 Ⅳ 1; *Rosenberg*, Zivilprozessrecht, § 148 Ⅰ 1; *Schwab*, S. 168 f.; *Stein/Jonas/Schönke/Pohle*, § 322 Anm. Ⅷ, Ⅸ; *Stein/Juncker*, § 97 Ⅴ 1 がそうである。

20 矛盾的反対に関する既判力効については，因みに後述58頁以下参照。支配的見解の基本テーゼからは，かかる既判力効が生じるのは，対立（Gegensatz）のある成分が他の成分の否定に尽き，したがって固有の積極的な内容を有していない場合だけである。なぜなら，この要件が具備する場合にのみ，2つの成分において同じ内容的な問題が問われているからである。

IV　排斥し合う所有権等

的反対ではない。すなわち，AがBに対して所有物返還請求権を有していないという確定によっては，今やBにはAに対してこのような返還請求権が帰属しているとは，未だいわれていない。同じことは，AとBの逆の所有者ポジションについても妥当する。すなわち，AのBに対する彼の所有権の確認を求める訴えが棄却される場合，それによっては未だ，Bが物の所有者であることは確定していない。これに応じて，確かに，Bは彼の所有権の確認を達成しようとする場合には反訴を提起しなければならず，またこれを提起することができる[22]。既判力は，既判力ある確定と一致しない法律効果の主張をすべて将来の訴訟について排除するとか，既判力ある裁判と矛盾する将来の裁判はすべて不適法であると，時にいわれる場合[23]，それはこの状況とも多分関連している。実際，問題の事案はこれによって把握されている。しかし，たとえば債務者に既判力をもって消費貸借の利息の支払いが命じられた後に，消費貸借による返還債権が成立していないという理由で元本返還請求の後訴が棄却される場合にも，現行法上，これらの法律効果の存否に関する連続する2つの裁判，ないしは，これらの裁判において行われた確定は一致していない。そして，BGB 985条による物の返還請求を認容する判決が確定した後，返還義務者が提起した訴えに対して，彼が係争物の所有者であることが確認されるとすると，状況は同じであろう。それにもかかわらず，支配的見解によればこれらの場合において，このような第1の判決と一致しえない判決は適法であるとされる[24]。第2の手続において問題となる事項は，第1の手続では前提問題に過ぎず，したがって裁判所による当てはめ（gerichtliches Subsumtionsschluss）における1つの「原因」に過ぎなかったいう理由による。既判力は第1の判決と矛盾するあらゆる裁判を排除するという言明は，したがって再び広すぎる。

　たとえばLent（レント）[25]がある法律効果の確定によって同時に「この法律

21　A.a.O., S. 169.
22　Vgl. *Lent*, ZZP 65, 315 f.
23　これにつき，たとえば *Hellwig*, Lehrbuch I, § 27 IV 3 b; Syst. I, § 231 IV 1; *Nikisch*, Zivilprozessrecht, § 106 III 3; *Stein/Jonas/Schönke/Pohle*, § 322 Anm. VIII 1; RG JW 1936, 3047 Nr. 5参照。
24　たとえば，*Rosenberg*, Zivilprozessrecht, § 150 II 1参照。
25　Zivilprozessrecht, § 63 II; vgl. z. B. *Bettermann*, Vollstreckung des Zivilurteils, S. 83; *Rosenberg*, Zivilprozessrecht, § 150 III 1.

効果と全く相容れない正反対の事項（das genaue mit ihr unvereinbare Gegenteil）が否定される」という場合，これは問題の本当の解明をもたらさない。なぜなら，これによっても，いずれにせよ，次の点が未解答だからである。すなわち，旧訴訟物が再び裁判に供されているのでない，このような正反対の事項には既判力が及ぶのに対して，現行法上同様に確定されたポジションと相容れないその他の法律効果は既判力によって捉えられない，その理由である。Lent 自身が別の箇所で[26]，既判力は訴訟物に限られ，これを超えることはできないと明示的に強調すればするほど，この問題は一層喫緊である。

26　ZZP 65, 315 f.; Zivilprozessrecht, § 37, II をも見よ。

第3章　概念的構成関連と既判力の限界づけ

I　はじめに

　前述の体系的には十分克服されていない諸事案を別にすれば，——明らかになったように——支配的見解によれば，既判力ある判決が別個の訴訟物を持つ後続の裁判に影響するのは，既判力を持って認容または棄却された法律効果が新たな争いの裁判にとって先決的意味を有する場合だけである。これに対して，第1の判決が後続手続に対して拘束力を持つか否かという問題がおよそ生じるような形で，異なる訴訟物を持つ2つの連続する訴訟が内容的に触れるその他の場合には，このような拘束力は，概観された原則によれば，裁判理由への許されない既判力の拡張と見なされざるをえない。判決理由との関係での既判力の測定の問題は，したがって——この面から問題に接近すれば——先決的な裁判の既判力効と1つの共通の観点のもとにある。すなわち，別個の訴訟物を持つ手続に対する既判力効という観点である。これから始めるのが肝要である。なぜなら，非先決的裁判の領域では既判力効が疑問とされているのに対して，先決的判決の場合には別個の訴訟物を持つ手続に対する既判力効が承認されている場合，これら2つの領域の対置から，提起された問題のための本質的な認識を得ることができると考えられるように思われるからである。

　先決的裁判の既判力効の例を見つけるのは，容易である。たとえばAB間の前訴において物XについてのAの所有権が既判力をもって確定されている場合，同一当事者間での後続の所有物返還請求訴訟において，裁判所は，まさに所有権状態の事後的変動の事実が陳述されていない限り，BGB 985条に関し，新たに調査することなく，Aが係争物の所有権を有することを前提としなければならない。既判力をもって給付を命じられた債務者が，遅滞による後続の損害賠償請求訴訟に対して，契約は成立しなかったので自分は全く給付義務を負っていないと主張して防御する場合にも，事情は同じである。すなわち，こ

第3章 概念的構成関連と既判力の限界づけ

の主張は，遅滞を理由とする損害賠償義務が依存する給付義務が既判力をもって確定しているので顧慮されない。一般的にいうと，前訴において認容または棄却された法律効果の存在または不存在が新たな訴訟において適用すべき法規範の法律要件に属している場合にはつねに，別個の訴訟物を持つ訴訟に既判力が介入する[1]。したがって，ある法律効果について行われた確定が他の法律効果に関して既判力効を持つか否かは，法律の論理的＝概念的構成に依存するのである。概念法学をめぐる論争において概念的構成の意義について行われている批判的研究によれば[2]，概念的構成の助けを借りたこの種の実質的な結果の獲得は，既判力の適切な限界づけにとって決定的な評価を妥当させるための適切な手段なのか，という疑問が，直ちにこの確定とともに生ずる。この疑問が当面の関連においても不当でないことは，すでに上述の事案[3]が示しているところであり，ここでは既判力の疑いなき介入を支配的見解の構成的手段によって理由づけることは困難である。このことが一層妥当するのは，所有物返還請求の認容の場合の上述の（前訴被告からの）返還請求の事案に，異なるけれども実質的には全く似た状況にある事案類型——ここでは，実質的な類似性にもかかわらず概念構成が異なるという理由だけで，支配的見解の立場からは同種の困難を避けることができる——が並べられる場合である。考えられているのは，債務法上の給付義務に基づき既判力をもって給付を命じられた者が，取り立てられた給付を不当利得として返還請求する場合である。BGB 812条の法律要件が利得償還請求権をその欠缺に依存させる法的な原因として，ここでは前訴において既判力をもって確定された給付請求権が問題になる。この請求権の存在についての前訴判決は，したがって不当利得返還請求権にとって先決的である[4]。それゆえ，この事案においては，新たな訴訟に対する前訴確定判決の拘束力は，支配的見解の原則によって説明することができる。前訴手続におい

1　Vgl. *Rosenberg*, Beweislast, S. 145.

2　Vgl. z. B. *Heck*, Begriffsbildung und Interessenjurisprudenz zur Frage der gesetzlichen Konstruktionen a.a.O., S. 86/87.

3　上述13頁以下。

4　*Rosenberg*, Zivilprozessrecht, § 150 Ⅲ 1 は，興味深いことに，この場合を第2の訴訟の先決問題に関する既判力効のところで言及せず，直接の反対事項の主張の例として挙げている。

て確定された給付請求権は，今やもはや本来の「取得すべきである（Bekommensollen）」という機能においてではなく，「保持権能（Behaltendürfen）」という変化した機能において現れることは，このことと抵触しない。債務法上の請求権はその履行後なおカウザとして，すなわち「保持権能」の基礎としてずっと作用することは，債務法上の請求権の特性に属するからである[5]。それゆえ，債務法上の「取得すべきである」に関する言明は，通常，なされるべき給付の法的原因の言明，すなわち，まさに「保持してよい」についての言明を自身に含でいるのである。

II　この限界づけの方法の効果

　上の考量が，概念的構成と適正な既判力の限界づけが必然的に噛み合うものでないことをすでに示しているが，この確信は以下の点を熟慮すると，なお強まるのである。

　すなわち，概念的な法律構成を手掛かりとした既判力の限界づけに対して，立法者がまさにその望んだ既判力測定との関連で，この構成を選んだとすれば，その限りにおいては，異議を唱えるものは何もない。しかし――少なくとも通例は――そうでないことは，多分詳細な理由づけを必要としない。しかしこの状況において，概念的な構成がそれにもかかわらず既判力の限界づけのために用いられる場合，それ（概念的構成）から――少なくとも意識的には――これに取り込まれていないものが引き出されている。このようなやり方が疑問のないものでないことは，ある法制度の法律上の構成に，複数の実質的に等価値の可能性が開かれている場合に，とくに痛切に現れる。

　2，3の例で，このことを明瞭にしたい。

　1　K（原告）はB（被告）に対し，売買目的物の引渡しを命じる確定判決を得た。Bには給付が事後的に不能になったので，Kは第2の訴訟において不履行による損害賠償を訴求する。この手続においてBは，売買契約は当事者間で有効に成立しなかったのであり，したがって損害賠償請求権の基礎は存在

---

[5]　Vgl. *Larenz*, Schuldrecht Ⅰ, § 2　Ⅴ (S. 19); Ⅱ, § 62　Ⅰ a; RGZ 66, 132 (133 f.).

しないという主張によっては有効に防御することができない。この提出は，B に遮断されている。なぜなら，法律が契約でなく，契約から生じる給付義務を，提起された損害賠償請求権の直接の要件にし，この給付義務が前訴裁判によって既判力をもって確定しているからである。これらの点はすべて，全く争いがない。もし法律が損害賠償請求権を給付請求権から導き出すのでなく，損害賠償請求権を給付請求権と並置し，後者と同様，直接に契約に定着させるとすれば[6]，支配的見解はその立場からは状況を直ちに別な風に判断しなければならないであろう。この場合であれば（第一次的な）給付請求権は損害賠償請求権にとってもはや先決的ではなく，もはや損害賠償請求権の法律要件に属さず，むしろ両請求権は，売買契約が成立しているかどうかという共通の前提問題にのみ依存している。しかし支配的見解によれば，前提問題の裁判には既判力は与らないので，この事案においては，第2の訴訟の裁判官は，B に給付を命じる確定判決があるにもかかわらず，当事者間に契約は成立しなかったという理由で損害賠償請求の訴えを棄却することを妨げられないであろう。

2　この選択された例には，もちろん多くの仮定が付着している。それは，その第2のバージョンにおいては，現行法から出発しておらず，そして，措定された準則は，問題となる事実関係によっても決して特別に当然というものでもない。しかし実際的な意味を伴わない単なる思考遊びでないことは，現行法によって裁判される次のような事案と較べてみれば，直ぐに明らかになる：Kは，所有者として BGB 985条により B に対して返還を命じる確定判決を取得した。第2の訴訟において，引き渡されるべき物は B の帰責事由により事後的に毀損または滅失したという理由で，A は B に対し BGB 989条により損害賠償を要求する。ここで関心のある BGB 989条による損害賠償請求権もこれに属するところの，いわゆる所有権に基づく付随請求権が——契約上の損害賠償請求権が第一次的な給付義務から導き出されるように——構成的には BGB 985条による返還請求権から導き出される場合，ここでも既判力が介入する。すなわち，B は，この場合には，たとえば損害賠償請求の訴えに対して，K が

---

[6] このことは，たとえば給付請求権と併存する損害賠償請求権が，その内容上給付義務違反に合致するような一定の債務者態度に条件づけられているような形で考えられるであろう。

II この限界づけの方法の効果

物の所有者でないとの主張をもはや聴いてもらうことはできない。それに対して，BGB 989条による請求権が構成的に返還請求権と並立し，両者共，直接所有権に基づく場合には，支配的見解の立場からは，返還を命じる判決の既判力は後続の損害賠償請求訴訟に影響しないのでなければならない。したがって支配的見解にとっては，BGB 989条による請求権の概念的＝構成的位置の問題は著しい実際上の意味を獲得する。

文献において，この問題は圧倒的に，所有権に基づく付随請求権，とくに BGB 989条，990条による損害賠償請求権は，契約上の損害賠償請求権が第一次的な契約上の給付請求権に依存するのと類似の方法で，所有物返還請求権に依存しているという意味に答えられている[7]。ここから既判力問題にとって生じる結果は，確かに適切である。そして実体法上の構成の領域でも，そのための優れた理由を挙げることはできる。すなわち，たとえば BGB 989条において所有物返還請求の訴訟係属に連結されていること——さらに同じ規定の第3適用事案において現れる，物を「返還できない」という要件——および，最後に BGB 990条2項における悪意占有者の遅滞の指示である。このように見ると——既判力に関しては——広く賛成されている BGB 985条の所有物返還請求権への BGB 283条の準用に対する疑問は存在しない[8]。少なくとも疑問なのは次の点である。すなわち，以上のことが，支配的見解の立場からは，債務法における第一次的請求権と損害賠償請求権との間の構成的関係に対応する，所有物返還請求権と損害賠償請求権との間の構成的関係を前提としていることが——その場合にのみ，第1の判決が第2の訴訟において主張される請求権の基礎を既判力をもって確定するので——そのさい，確かにつねに認識されているかどうかである。この点については，一方において所有権に基づく付随請求権

---

7 Vgl. *Dietz*, S. 185; *Erman/Hefermehl*, § 989 Anm. 2; *Horstmann*, S. 53; *Lent*, Gesetzeskonkurrenz, I, S. 259; *Palandt/Gramm*, § 823 Anm. 5 a; RGR-Kom.(*Johannsen*), § 989 Anm. 1; *Rud. Schmidt*, Gesetzeskonkurrenz,. S. 164, 177 Anm. 18; *Siber*, Rechtszwang, S. 114 ff.; *Wolff/Raiser*, § 85 III Anm. 28; RGZ 56, 313 (316); 61, 430 (432); RG SeuffA. 79 Nr. 186; OGHZ 1, 308 (314).

8 Vgl. *Erman/Groepper*, § 823 Anm. 2; *Heck*, Sachenrecht, § 32 6, § 69 7; *Horstmann*, S. 56 f.; *Pagenstecher*, JW 1925, 2157; *Palandt/Danckelmann*, § 283 Anm. 1; *Planck/Siber*, § 283 Anm. 2 d; *Westermann*, § 30 III; *Wolff/Raiser*, § 84 VI 2; RG Warn. 1912 Nr. 375; OLG Nürnberg, JW 1925, 2157 Nr. 19.

第3章　概念的構成関連と既判力の限界づけ

の領域における BGB 283条の適用に賛成するが[9]，しかし他方で，「当然のことながら，付随請求権において債権者の所有権は請求権要件に属する。これはその他のところでも見られることであり，823条1項による権利侵害の不法行為の場合にもっとも明瞭に見られる。……」[10]と述べる *Heck* の見解表明を指摘するだけで足りる。ここに明瞭に現れているのは，付随請求権は所有権自体から生ずるのであり，返還請求権から初めて生ずるのではないという観念である[11]。BGB 987条以下の請求権が所有物返還請求権と同じように直接所有権から流出し，したがって構成的に BGB 985条による請求権と並立しており，この請求権の下にあるのではないという類似の言い回しは，その他の文献においても見られるのである[12]。そして実際，この見解に有利な点をいくつか挙げることができ，したがってこの意味での規律の一般的な可能性は，いずれにせよ直ちには排除されえない。たとえば BGB 989条の最初の2つの場合——すなわち，占有者の帰責事由による物の毀損および滅失——は，この規定を予断なく見れば——先ずは所有権から導き出される返還請求権の侵害よりも，むしろ物の侵害，したがって所有権自体の侵害を念頭に置いているように見える。BGB 989条がその場合に，その最後の措辞において，物が占有者によって「別の理由から……返還されえない」と述べる場合，これは必ずしも，かかる見解の妨げにはならない。なぜなら少なくとも，この文言によれば，この規定は所有物返還請求権の履行または履行可能性という法的な問題にではなく，事実上の返還可能性に照準を合わせているからである。さらに，BGB 987条以下と823条以下を架橋し，不法行為法を準用することにより，返還請求権のみならず所有権自体の侵害をも考えている BGB 992条にも言及することができよう。

9　Sachenrecht, § 32 6, § 69 7.

10　Sachenrecht, § 69 7. 全く同じように，*Heck* は BGB 990条に基づく請求権を「制限的不法行為請求権」に分類している（a.a.O., § 69 6）。

11　これにつき，*Siber*, Rechtszwang, S. 116における，所有権に基づく請求権の妨害（Vereitelung des Eigentums*anspruches*）と所有権の妨害（Zerstörung des Eigentums*rechtes*）の区別を参照。

12　たとえば，不法行為に類した関係と述べる *Staudinger/Berg*, § 990 Anm. 4参照。似た形で，*Martin Wolff* は彼の物権法教科書の第2版において BGB 990条以下の請求権を不法行為による請求権と呼んだ（§ 85 II Anm. 19）さらに，たとえば「所有権の侵害に基づく」賠償請求権について語られている RGZ 117, 423（425）も参照。

Ⅱ　この限界づけの方法の効果

　最後に，BGB 985条による返還請求権と付随請求権の併存を理由づけるために，利用利益返還請求権（Ansprüche auf Nutzungen）を参照指示することができよう。問題になるのは返還請求権の利用利益（Nutzungen）ではなく，物自体がもたらす利用利益であるので，――少なくとも一見したところ――この請求権を直接，物の所有権から導き出すことが，その側で先ず派生した返還請求権にその基礎を求めるよりも，もっともなことである。悪意の占有者が収穫した天然果実の返還請求権が問題となる場合に，このことはとくに妥当しなければならない。なぜなら天然果実はBGB 953条により主物（Muttersache）の所有者に属するので，天然果実の返還請求権は985条に基づく請求権に他ならない[13]。しかし，この請求権をなお主物の返還請求権から導き出そうとすることは，過剰な構成というものである。

　以上によれば，所有権に基づく返還請求権と付随請求権との間の構成的な関係は，いずれにせよ初めから，付随請求権の主たる請求権への依存性の意味で・・のみ考えられるのではない。ひょっとすると，立法者は，BGB 987条以下を起草するさい，上述の2つの構成方法を全く明瞭に認識し区別することをしなかったかもしれない。しかし支配的既判力理論にとっては，返還命令判決の既判力がどこまで及ぶかは，――このことはもう一度強調させていただくが――この構成問題の判断に依存している。すなわち，BGB 989条，990条による請求権が所有物返還請求権からではなく，「所有権」という基本権（Stammrecht）から導き出されている場合には（したがって，それが返還請求権の子ではなく，返還請求権の「傍系の親族」である場合には），返還を命じる確定判決は後続の損害賠償訴訟に対して意味を有しない。損害賠償訴訟はなお，たとえば原告は毀損または滅失した物の所有者であったことはないという理由で棄却されることができる。*Hellwig*[14]は，この見解をはっきりと主張した。しばしば引用されるライヒ裁判所の1936年の判決は，この方向を指し示している[15]。この判決の事案は，次のようなものであった。前訴において被告の前主に対して，ある機械の返還を命じる判決が下され，すでに既判力が生じている。第2の訴

13　Vgl. *Palandt/Hoche*, § 990 Anm. 2 ; RGR-Komm. (*Johannsen*), § 987 Anm. 1 ; *Wolff/Raiser*, § 85 Ⅱ 1 b, Ⅳ ; RGZ 93, 281 (283).
14　Syst. I , § 231 Ⅲ 1 b Anm. 16.
15　Warn. 1936 Nr. 173.

訟において，原告は被告に対して BGB 989条に基づき損害賠償を要求した。これに対して被告は，とりわけ，彼がその機械を取得した前主は機械の所有者であったと主張して防御した。控訴裁判所は，次の理由により請求を認容した。すなわち，原告の所有権は前訴において既判力をもって確定されており，この確定は被告の前主に対して生じた訴訟係属と同じように，ZPO 325条により被告に対しても作用する，と。ライヒ裁判所は先ず，前主に対して生じた訴訟係属が現在の被告に対して持つ意義を違った意味に判断し，次いで，返還を命じる確定判決が損害賠償請求の訴えに対して有する意義についての控訴裁判所の見解をも，とりわけ次のように述べて退けた。「(BGB 985条と989条に基づく) 両請求権は，たしかに所有権に基づくが，しかし前者にあっては物の返還請求権であり，後者は金銭の支払請求権がこれから導き出されている」。したがって損害賠償請求に関しては，返還命令判決の既判力効の余地はもはやなかった。そのさいライヒ裁判所が主として反駁したのが，BGB 985条による請求によって所有権自体が既判力をもって確定されているという控訴裁判所の見解表明に対してであることは，この点を何ら変更するものではない。なぜなら，いずれにせよ既判力をもって確定された所有物返還請求権が損害賠償請求に対して先決的であるという見解から出発したとすれば，第1に，BGB 985条と989条の請求権の相互の関係についての選ばれた定式はミスリーディングであった。第2に，とりわけ，損害賠償請求権が所有物返還請求権に依存することについての，明示的な指摘が期待されてよかったであろう。請求権相互のこのような関係は，控訴裁判所が自己の見解から到達したのと同じ結論，すなわち返還命令判決の既判力が ZPO 325条により現在の被告に及ぶ限りで，損害賠償訴訟において所有権問題は改めて扱われないという結論になるからである。

　債務法上の給付請求に対する確定判決は後続の損害賠償訴訟に対して顧慮を要求するが，BGB 985条に基づく返還命令判決はそうではないという奇妙な結論は，もちろん，BGB 989条と990条を——所有権自体でなく——所有物返還請求権の侵害に対する制裁と見れば，——上述のように——単純な方法で避けられる。しかし，それによっては，支配的な既判力理論にとって，所有権に基づく付随請求権の領域における困難はまだ片付いていない。なぜなら，新たな疑問が BGB 992条においてすでに生じるからである。今日支配的な見解は，この規定に基づき生じる請求権を真正の不法行為請求権と見ている[16]。これが

II　この限界づけの方法の効果

正しいとすれば，すなわち，これらの請求権が BGB 823 条に基づく請求権と同様，返還請求権からではなく，「所有権」という割当関係（Zuordnungsverhältnis）自体から導き出される場合には，返還命令判決はこれらの請求権に対して——BGB 989条，990条に基づく請求権に対してとは異なり——既判力を及ぼさない。しかしながら，既判力問題における異なる取扱いが実質的に正当かどうかは，少なくとも疑問なように見えるに違いない。

　最後に，支配的な既判力理論にとって，困難は利用利益（Nutzung）の返還を求める付随請求に関しても生じる[17]。すでに言及されたように[18]，悪意の占有者によって収穫された天然果実の返還請求権（BGB 990条，987条）を主物（Stammsache）の返還請求権から導き出すことは，困難である。なぜなら，それは，その内容上それ自体 BGB 985条による請求権に他ならないからである。しかしその場合，この属性を持たない他の利用利益請求権が主物の返還請求権から導き出される場合，主物の返還を命じる判決の既判力も種々の付随請求権について区区に判断されざるをえない。すべての利用利益請求権を所有物返還請求権からではなく所有権から導き出すことによって，別の道を行くことが試みられる場合，再び統一的な解決には至らない。すなわち，支配的な既判力理論の立場からは，この場合には，主物の返還を命じる判決の，利用利益の返還を求める付随請求権に対する既判力効は，（少なくとも BGB 989条，990条に基づく限り）損害賠償を求める付随請求権については既判力効を認めたいのに，一般的に否定されざるをえない。したがって，どう決定しようとも，概念的構成に基づく既判力の限界づけには，疑問があり，そして結局，不満足な結果となる。内面的な内容によれば，問題の諸請求権にあっては，問題となっているのは相互に関連する統一的な複合体（Komplex）である。それに応じて，BGB

---

[16]　Vgl. z. B. *Dietz*, S. 197; *Erman/Hefermehl*, § 992 Anm. 5; *Heck*, Sachenrecht, § 68 5, § 69 2, 6,7; *Palandt/Hoche*, § 992 Anm. 2; *Planck/Brodmann*, § 992 Anm. 1, 2, 3; *Rud. Schmidt*, Gesetzeskonkurrenz, S. 177 Anm. 18; *Staudinger/Berg*, § 992 Anm. 2, 4; *Westermann*, § 32 IV 2 d; *Wolff/Raiser*, § 85 II 4 Anm. 18, III 4 Anm. 31;異説：z.B. RGZ 117, 423 (425).

[17]　これにつき，BGH LM Nr. 3 zu § 987 BGB;参照。これに同意するのはたとえば，*Rosenberg*, Zivilprozessrecht, § 150 III 1; *Staudinger/Berg*, § 987 Anm. 1; *Baumbach/Lauterbach*, § 322 Anm. 4 (Herausgabe); *Palandt/Hoche*, Vorbem. 1 v. §§ 987 ff.

[18]　上述23頁。

第3章 概念的構成関連と既判力の限界づけ

985条により物の返還を訴求された者は，後の種々の付随請求権の主張をも同じように計算に入れなければならない。それゆえ，ここから見れば，返還命令判決の既判力効をすべての付随請求権について統一的に測定することが適切であろう。

3 概念的な構成関連を手掛かりとする既判力の限界づけの問題性を示す，別の印象深い例を提供するのは，妨害排除的（準妨害排除的）[19]不作為請求の訴えと，続いて主張される損害賠償請求との間の関係である。すでに冒頭で言及したように[20]，判例と文献において，妨害排除的不作為請求の訴えに対して下された判決の既判力は異議を唱えられた行為の実行を理由とする後の損害賠償訴訟に対しては意味を持たない，という見解が流布している。裁判所は損害賠償訴訟に関する手続において，問題の行為が原告の権利または保護法益を侵害しているか否かを，改めて独自に調査しなければならない，という見解が広まっている。この見解の理由づけは，前訴においてこの点につき行われた確定と判断は判決の理由に過ぎず，そして——当面の関連においてとくに関心があるのだが——不作為請求権は損害賠償請求権の要件でもないということである。これによって限界づけの基準として，再び概念的構成が導入され，この観点による限界づけは実質上実際に正当なのかどうかという疑問が生じる。不作為義務と損害賠償請求権が，条件づける法律効果と，条件づけられる法律効果の関係にも相互に立ちうることを認識するためには，比較のために契約上設定された不作為義務を考えてみるだけでよい。なぜなら，この場合，損害賠償請求権は構成上，不作為請求権を基礎としていることは——明らかな限り——争いがなく，ここではそう，損害賠償請求権は給付障害に関する諸規定から生じ[21]，この諸規定はその側で第一次的給付義務を法律要件上前提としているからである。この相違はおかしい。法定の不作為義務と契約上の不作為義務は，全く重

---

19 以下では，統一性のために，いわゆる準妨害排除的不作為請求の訴えも，妨害排除的不作為請求の訴えの中に取り込まれることとする。したがって対立を形成するのは，たとえば契約によって基礎づけられる特別の不作為義務の実行のための不作為請求の訴えだけである。

20 上述2頁参照。

21 Vgl. *Enneccerus/Lehmann*, §55 I 5.

Ⅱ　この限界づけの方法の効果

要な一点において同じ状況にあるのだから。すなわち彼此，損害賠償義務は，法律上の規律の意味内容に従ってまさに，その阻止に不作為義務が向けられている行為の実施に結びつけられているのである。

　もっとも，不作為訴訟と損害賠償手続の関係についての判断が関係するのは，たいてい，事後的に，それに基づきすでに不作為訴訟が提起されたその同じ行為につき損害賠償がなお要求される事案である[22]。それゆえよく考えなければならないことは，不作為訴訟で下された判決の，後続の損害賠償訴訟に対する既判力効が否定される本当の理由が，たとえば，問題の損害惹起行為を，被告が事実審の最終口頭弁論時以前に，したがって被告の不作為義務の存在が未だ既判力をもって裁判されていない時点ですでに犯していたのに対して，被告の不作為義務はこの最終口頭弁論の時点についてのみ既判力をもって確定されている（または否定されている）という見解に求めることができるかどうかである。事態がそうだとすると，一般的に不作為義務と損害賠償請求権との構成的な関係が問題なのではなく，具体的事案におけるこれらの請求の時間的な連続だけが問題になっていることになる。ある法律効果の既判力ある確定または否定は，先行した手続の事実審最終口頭弁論前のその法律効果の存在が重要となる限りにおいても後訴において基準となるかどうかが，その場合には，とくに問題となる[23]。一見したところ事実上この方向を指し示しているように見えるのは，ライヒ裁判所が1901年に[24]，不作為訴訟と損害賠償訴訟との関係についての前述の判例を自己の以前の異なる見解に対して理由づけた判例の言い回しであろう。不作為判決は損害賠償訴訟に対して既判力効を及ぼさないことについての説示の後，そこで曰く，「因みに，禁止判決違反行為による損害賠償請求は以上の説示によって影響を受けないことが，述べられるべきである。

---

[22]　RGZ 160, 163 の裁判において，損害賠償が請求された後続の違反もまた部分的に問題であったのかどうかは，報告された事実関係からは疑問のない形では判断することができない。*A. Blomeyer*, Festschrift f. *Lent*, S. 56 Anm. 58は，これを承認する。実際，判決理由に含まれた，被告がすでに不作為を命じられていた違法行為につき損害賠償が要求されているという措辞は，この意味に理解されることができよう。事案がそうであった場合には，判決から，以下の叙述の更なる直接の確認が生じる。

[23]　これについて，後述70頁以下参照。

[24]　RGZ 49, 33.

第 3 章　概念的構成関連と既判力の限界づけ

……」[25]。

　だが仔細に考察すると，支配的見解によって是認されているライヒ裁判所の判例は，不作為義務が既判力をもって確定されまたは否定されている時点に関する考量に基づくのではなく，妨害排除的不作為義務と損害賠償請求権とが相互に一般的に立つ概念的構成的関係についての考察に基づいていることが，明らかになる。このことをすでに示唆するのは，1901年の判決において現れており，後の判例において類似の方法で繰り返されている言い回し[26]，すなわち，不作為請求権と損害賠償請求権とは並立しており，不作為請求権は損害賠償請求権の要件ではないという言い回しである。それに対して，具体的訴訟における時間的な連続の問題には，つねに一般的に述べられたこの見解表明においては全く立ち入られていない。

　とりわけ，しかしライヒ裁判所判例の概念的＝構成的基礎は，被告が一義的に前訴の事実審最終口頭弁論後に明るみに出した被告の挙動による損害賠償請求権が争われた2つの裁判において現れている[27]。

　RGZ 121, 287において裁判された事件では，被告に対して，特定の行為が原告の特許権を侵害したことについて確認判決が出されていた。原告がこの判決の確定後，被告の新たな侵害行為につき新たな訴訟において損害賠償を請求したとき，ライヒ裁判所はこの事件においては，前訴裁判が損害賠償訴訟に対して既判力を及ぼすことを認めた。この点についての示唆に富む判決理由において，曰く，原告の特許の侵害についての前訴判決の宣言は，「不作為を命じる通常の給付判決のように，単にその判決理由中に」[28]あるのではなく，「確認の形式における判決主文自体の中にある」と。したがって不作為判決は，事後的な禁止違反行為による損害賠償訴訟に対しても，既判力を持つのでないとされる。

　言及すべき第2の裁判（RGZ 125, 159）では，逆の場合が問題になった。すなわち，原告が権利侵害がないという理由で不作為請求の訴えを棄却されたのち，棄却された不作為請求の訴えの基礎とされていた挙動の続行に過ぎない被

25　A.a.O., S. 37.
26　Vgl. JW 1937, 1895 (1897); MuW 1932, 20 (21); 1935, 26 (28); RGZ 160, 163 (165).
27　さらに考察されるべき裁判 RGZ 160, 163について，上述27頁注22参照。
28　強調は著者による。

II この限界づけの方法の効果

告の行為を理由に，損害賠償を請求した事案である。前訴裁判の既判力が顧慮されるべきかどうかという問題との関連で，ここでライヒ裁判所は 1 つの裁判を引合いに出した[29]。それは，不作為請求の訴えの基礎にあった，したがって不作為訴訟の事実審の最終口頭弁論前に行われた被告の同じ損害惹起行為が問題となった裁判である。しかしながら，ライヒ裁判所は，この違いについては一言も言及しなかった。既判力を否定した場合にも訴えを棄却すべきであるため，ライヒ裁判所は既判力問題を（引合いに出された判決，MuW XXVI, 390におけると同様に）未決定にしたのであるが，この事情も，不作為義務が確定されまたは否定されるその時点に関する考慮にライヒ裁判所判例が基づいているのではなく，妨害排除的不作為義務と損害賠償請求権の一般的な概念的＝構成的関係に関する考慮に基づいていることを示している。なぜなら，この事案で与えられた事実状態に鑑み，そうでなければ既判力を未定にし，実体的な理由から裁判する機縁は全く存在しなかったからである[30]。

したがって，ライヒ裁判所の固定判例[31]とともに，不作為訴訟における既判力ある確定の対象はいかなる事情においても損害賠償請求権の要件に属しないことから出発すれば，支配的な既判力理論は——もう一度強調させていただくのだが——すでに不作為訴訟において判断された種類の新たな行為について後に損害賠償が要求される事案においても，不作為訴訟で出された確定判決を無視しなければならない。上述の判決 RGZ 121, 287 および 125, 159 において，ライヒ裁判所は自らも全く明瞭にこの結論を出した。RGZ 49, 33 の裁判に含ま

29　MuW XXVI, 390.

30　そのさい，このような手続がそもそも適法なのかどうか，または既判力をもって裁判された事件の再度の取扱いの禁止——これが広まっている見解によれば，既判力の本質をなす——がかかる手続に立ち開らないかどうかという問題は，全く未定のままにしておいてよい。これにつき，とりわけ *Bötticher*, Kritische Beiträge, S. 128 ff. を参照。同旨，たとえば *Baumbach/Lauterbach*, Einf. zu § 322 Anm. 3 A; *Habscheid*, Streitgegenstand, S. 238; *Lent*, Zivilprozessrecht, § 62 V; *Rosenberg*, Zivilprozessrecht, § 148 II 3 mit weiteren Nachweisen.

31　不作為訴訟で下された判決の，損害賠償訴訟に対する既判力の問題が未定とされたMuW XXVI, 390の裁判および RGZ 125, 159は，疎らにとどまった。後の裁判において，ライヒ裁判所は問題を再び一義的に否定的な意味において裁判した。 Vgl. JW 1937, 1895；MuW 1940, 135; RGZ 160, 163.

れた言い回し，すなわち，損害賠償訴訟との関係での不作為判決の既判力に関する説示によっては「禁止判決違反行為による損害賠償請求は影響を受けない」という言い回しは，それに対して，今日支配的な見解によればZPOの法には受け継がれなかった判決訴訟（Judikatsklage）を思わせるものに過ぎない[32]。後のライヒ裁判所の判例には，この種の見解表明は——明らかな限り——二度と現れることはなかった。

　この言い回しは，ドグマーティシュにはオーバーホールされているが，本稿の関連では，それにもかかわらず興味深い。ライヒ裁判所が不作為訴訟と損害賠償訴訟の関係についての判例においてその原則的な方向転換を実施したこの裁判において，既判力ある不作為判決（または禁止判決）に，事後的な侵害行為による損害賠償訴訟に関しても意味を否定するという一貫性にはなお躊躇があったことを認識させるからである。事実，支配的見解は，まさにここで，その問題性をとくに明瞭に浮かび上がらせる結果になる。次のことだけ注意されたい。すなわち，被告が不作為を命じられている挙動を続け，原告がそのため損害賠償を請求する場合，裁判所は被告が既判力ある確定によればしてはならないことを，することが許されるかどうかを改めて調査すべきである（RGZ 121, 287の裁判の基本的態度は，かくも明瞭である）。そして，不作為訴訟が権利侵害の欠缺のゆえに棄却されている場合に，被告はまだ請求棄却判決を信頼して，原告が異議を唱えた挙動を続けることができない。なぜなら，不作為訴訟において出された裁判は損害賠償訴訟に既判力を及ぼさない場合に——原告が今や損害賠償を請求すれば——被告は前訴においてなされた既判力ある確定によっては差し控える必要のないことを，やはり，してはならないのかどうか，改めて調査されなければならないからである。RGZ 125, 159の裁判は，明瞭にこの方向を示している。そのさい，以上すべてが妥当するとされるのは，不作為訴訟において主張された法律効果が実定法体系において論理的に損害賠償請求権の上位に置かれておらず（したがって前者は後者の要件に属しておらず），単にそれと同順位で並置されていると見られているという，その一事による。契約上の不作為請求権と契約上の損害賠償請求権の関係は——すでに強調されたように——比較しうる特徴をもつにもかかわらず，別の見方がなされている。

32　Vgl. *Stein/Jonas/Schönke/Pohle*, § 322 Anm. VIII 5 mit Nachweisen.

Ⅱ　この限界づけの方法の効果

　その場合，ここで関心のある既判力問題における結果も異なる。どのような奇妙な結果がそこから生じうるかは，最後に次の例がなお示すであろう：地域的な限定を伴うライセンスの取得者が契約上，彼のライセンス地域外において，ライセンス供与者の特許権に触れる行為を一切しないことを約束する（これは，彼がすでに法律により義務を負っている事柄である）。彼が既判力をもって不作為を命じられた後でさえ，そのような行為を再び行う場合，支配的見解は後続の損害賠償訴訟において次の区別をしなければならない。すなわち，不作為判決が契約上の不作為義務を確定している場合には，それは既判力を（契約上の）損害賠償請求権に及ぼす。挙動が義務に違反しているか否かという問題は，この場合には改めて調査することができない。それに対して，不作為判決が法律上の不作為義務についてだけ裁判している場合には，異議の出た行為の適法性はもう一度調査されなければならない。構成が変れば，既判力の限界づけが異なるのである。

　もっとも，ここに現れている違和感のある結果は，たとえば，支配的見解に反して，ライヒ裁判所がかつての裁判において認めたように，不作為訴訟の判決が損害賠償訴訟に対して先決的であることによるのであるかどうかを，今や問うことはできる[33]。強化のために，たとえば *Enneccerus/Nipperdey* の教科書における次の見解表明を指摘することができよう。すなわち，すべての不法行為において問題となっているのは，「権利の侵害（die Verletzung subjektiver Rechte）」である，「すなわち法律要件に合致する，違法な侵害の不作為を求める権利の侵害」[34]であるという見解表明である。妨害排除的不作為訴訟は私法上の請求権の主張ではないという，広まっている見解[35]からも，この問題は提起されうる。なぜなら，この訴えが実体法上の請求権とは関係なく，他

33　SeuffA. 53 Nr. 195; これに同意するのは，*Richard Schmidt*, Zivilprozessrecht, S. 754 Anm. 2.

34　§ 72 Ⅰ 3; ähnlich *H. Lehmann*, Unterlassungspflicht, S. 113. しかし，BGB 823条による請求権は BGB12条，862条，1004条の請求権と並んで独立して登場すると述べられている228頁も参照。

35　Vgl. *Esser*, § 320; *Larenz*, Schuldrecht Ⅱ, § 70 Ⅱ; NJW 1955, 263; *Neumann-Duesberg*, JZ 1955, 480; *Nikisch*, Zivilprozessrecht, § 38 Ⅳ 3; *Siber*, Schuldrecht, § 1 Ⅰ 2 a (S. 3), § 76 Ⅴ 3 c (S. 470 ff.); Rechtszwang, S. 99 ff.; vgl. auch *Neuner*, Judicium 1933, Sp. 117.

第3章 概念的構成関連と既判力の限界づけ

人の権利または法益を侵害しない（もちろん個別事案にあった刻印における）一般的な義務とのみ関係することから出発し，そして不法行為による請求権は法秩序によってかかる一般的挙動義務違反に結びつけられている場合には[36]，ここでも先決関係の承認は遠いものではない。他方しかし，それにもかかわらず，実定不法行為法規定はその成文の法律要件において一般的法的義務の違反とは述べておらず，一定の権利または法益の侵害について語っていることが無視されてはならない。たしかに，一定の行為をしない一般的な法的義務の確定から，この義務の違反が保護された権利または法益の不法行為法上の侵害をもたらすとの推論を行うことはできよう。しかし，ある法律効果の既判力ある確定から他の法律効果の法律要件を推論する可能性[37]があるだけでは，支配的見解の準則によれば，同様の既判力効を基礎づけるのに十分ではない。

示唆された構成問題について，しかしここではこれ以上深め，終局的に判断する必要はない。この問題がどのように判断されようとも，いずれにせよ，1つのことが明瞭に現れる。すなわち，妨害排除的法的救済手段と損害賠償請求権を上下関係に持ち込む代わりに，これらを並置することは，概念的＝構成的には全く排除されていない。しかし，立法者がかかる解決を選ぶ場合には，既判力の限界づけの場においては，支配的見解にとって，必然的に，指摘された困難が生じる。それゆえ，支配的見解が既判力の限界づけを概念構成に結び付けることによって，かかる困難の危険に身を曝すような振舞いをするのかどうかという問題が，あらゆる事情の下で存在するのである。

---

36 So *Enneccerus/Lehmann*, § 230 I; vgl. auch *Enneccerus/Nipperdey*, § 74 I; *Esser*, § 311 1; *Heck*, Schuldrecht, § 145; *Pagenstecher*, Rechtskraft, S. 14.

37 先決関係の諸事案とは異なり，前訴に関係した法律効果はここでは適用される法律規定の法律要件要素として現れない。

第4章　実質的な限界づけ原則の必要性

　個別結果の問題性を全く度外視すると，前章において出された諸例が示すのは次のことである。すなわち，判決理由との関係における既判力の限界づけについての支配的見解の実際的な帰結が全く明白に（sichtbar）なるのは，争われた法律効果に関する裁判がその理由に関してのみならず，この法律効果が先決的である（法律）効果に関しても注目される場合だけだということである。明確にするために，既判力をもって不作為を命じられた被告が後の損害賠償訴訟において，彼に禁じられた行為は原告の権利または保護法益を侵害していないとの主張によってなお有効に防御できるかどうかという問題を，もう一度指摘させていただく。すなわち，不作為判決が損害賠償訴訟にとって先決的である場合には，彼はそうすることができない。これに対して，不作為判決が先決的でない場合には，同じ結果に到達するのは，異議を述べられた種類の行為がいかなる範囲で原告の権利または法益を侵害しているかという，2つの手続において現れる前提問題に関し，損害賠償訴訟の裁判官が不作為判決から離反することを既判力によって阻止される場合だけである。既判力のかかる測定は，まさに支配的見解が拒否するところである。しかしそれによって，全く一般的に，なぜ，先決的な判決には先決的でない判決よりも広いこのような意味が本来与えられるのかという疑問が押し寄せてくる。

　条件づける法律効果と条件づけられる法律効果との関係だけを注視すれば，条件づける法律効果の存在（または不存在）に関する既判力ある確定は条件づけられた法律効果が後訴において判断される限りにおいても基準となる[1]ことの掘り下げた正当化は，必要でないと考えられるかもしれない。なぜなら，ある法律効果の存在が特別の制限なしに確定されている場合には，その法律効果が他の法律効果の法律要件に属している限り，その法律効果が同時に

1　かかる効果が実定法上立法者の意思に合致することは，中間確認の訴えの制度が一義的に示しているが，その意味はまさにこれに基づいている。

第4章　実質的な限界づけ原則の必要性

存在しないことは，単純に論理法則が排除するところであるように見えるからである。——そして，逆も，またそうである。それゆえ，ある条件づける法律効果（たとえば給付請求権）の既判力ある確定は，条件づけられた法律効果（不履行による損害賠償請求権が考えられよう）をめぐる訴訟において，確定している小前提——または小前提の一部——として，行われるべき三段論法的推論のために利用できることを，殆ど自明と見なすことができるかもしれない。

　ここで既判力の限界づけを決定したのが，もし実際にそのような論理上の理由であるとすれば，ある法律効果の既判力ある確定を，その法律効果の諸理由を推論するための出発点として利用することも適法でなければならないであろう。利息請求権が必然的に元本債権を前提とする限り，たとえば利息請求権の既判力ある確定から，基本債権をめぐる後訴においてその存在を推認することが許されざるをえないであろう。あるいは，売買代金請求権の既判力ある確定の後は，同じように，その必要条件として売買契約の締結が確定されえなければならないであろう。これらの事案においても，既判力ある確定は，再び論理的推論の小前提として利用されることになり，そして論理的な連結の原則的可逆性に鑑み，これらの推論の論理的支持可能性は条件づけられた法律効果の推論のそれに劣らないであろう[2]。もっと一般的に表現すれば，既判力をもって確定された法律効果と，それに条件づけられた法律効果との間の論理的な連結は，確定された法律効果とその理由との間の連結より堅固で必然的というわけではない。条件づける法律効果と条件づけられる法律効果との関係における既判力の限界づけが論理法則に従って行われなければならず，ここではとりわけ将来の訴訟においてあらゆる矛盾が排除されるべきことが，論理の避けがたい命令であるとすれば，同じことは確定された法律効果とその理由との関係においても妥当しなければならないであろう。そして論理の観点からは，ある推論に基づく判決は，それがその理由についても正しい限りにおいてのみ，疑う余地のないものであるので，既判力は確定された法律効果が先決関係に立つ法律

2　Vgl. *Nicolai Hartmann*, Möglichkeit und Wirksamkeit, S. 477: *Hartmann* の用いた例を取り上げれば，論理的に矛盾なく，月の軌道と特定の時期における月の特定の位置の法則性から月食発生を推定することができるのみならず，逆に，問題の法則を基礎にして月食の発生からこの時点における月の位置を推定することができる。Vgl. auch *N. Hartmann*, Aufbau der realen Welt, S. 585 f.

第4章　実質的な限界づけ原則の必要性

関係のみならず，全く一般的に，確定された法律効果自体を条件づけている理由にも及ばなければならないであろう。すべての理由への既判力のかかる拡張は，しかし現行法によって，まさに一義的に拒否されている[3]。したがって（形式的な）論理が既判力の限界づけのために，あるいは利用され，あるいは無視されるべき場合，もし他に論理法則の部分的適用と部分的不適用が純然たる恣意として現れるべきでないとすれば，これにつき・特・別・の・内・容・的・な・限・界・づ・け・原・則を必要とする。

　既判力の限界づけの基準を与えることが論理の任務でないことは，確かに，全く新しい認識ではない。論理はその形式的な性格のゆえにいつも事前に示された前提を加工できるだけであって，前提の実質的な内容を提供することはできないからである。この事情を当面の関係においてとくに強調することは，それにもかかわらず本質的である。なぜなら，既判力の限界づけにあって論理に由来しない内容的な関係が問題となっている場合，形式論理的な構成関連それ自体は限界づけのための基準となりえないからである。それゆえ問われるべきは，支配的見解が既判力の客観的測定の基準としている論理的な構成的関連が，これを基準とすることによって実質的な限界づけの観点が有効になるというように，決定的な内容的関係と堅固な内面的関係に立っているかどうかだけである。この問いが，条件づけられた法律効果についての訴訟に関して，先決的な法律効果についての裁判に既判力を与えることが実質的につねに正当であるかどうかに狙いを定めている限り，この問いは原則的に肯定されなければならないであろう。別個の訴訟物をもつ訴訟へのこのような既判力効が不適切な結果となる事案を見出すのは，困難であろう。しかし別個の訴訟物をもつ手続に対する裁判の既判力効の決定的な実質的理由は，すでに既判力をもって確定された（または否定された）法律効果が先決関係に立つ法律効果が新たな訴訟において裁判される場合に・の・み存在しうるのか，というように問題が精緻化される限り，これを否定するのが少なくとも非常にもっともなことである。すでにこのことを示唆しているのが，所有物返還請求権と所有権に基づく付随請求権との関係，および不作為義務と損害賠償義務との関係を手掛かりに光が当てられた法律構成の問題である。そこでは，2つの法律効果相互の関係について異な

3　上述1頁以下，4頁以下。

第4章 実質的な限界づけ原則の必要性

る構成の可能性が考慮されうるが，これらの法律効果の実質的な内容は異なる構成によって明らかに影響を受けない事案が考えられることが明らかになったからである。しかしとりわけ，提起された問題の否定を支持するのは，たとえばAがBに対して特定物の所有権の既判力ある確認またはBGB 985条によるこの物の返還を命じる判決を取得し，今やBがAに対して自分の所有権の確認または返還を訴求する，同様にすでに言及した事案である。すなわち，ここでは，第1の裁判の対象は第2の訴訟において前提問題として繰り返されるのではないが，支配的見解も，別の訴訟物を持つ訴訟への判決の既判力効を承認しなければならない。それによって，支配的見解の主張する，概念的構成による既判力の限界づけは，いずれにせよ実務上の取扱いの安定性と明確性に鑑み必要であるという，万が一の異論も同時に片付く。すなわち，ある判決が第2の手続で争われる法律効果の法律要件に（積極的にまたは消極的に）属する法律効果に関していない場合に，この判決に別個の訴訟物をもつ訴訟に対する既判力効を付与することがここで実際に可能であるならば，同じ可能性を他の事案については初めから排除することはできない。因みに，概念的構成の問題もいかに疑わしいものでありうるか，したがって，これに結び付くことが一義的な判断を保証するための決して常には誤りのない手段ではないことが明らかになった。

したがって更なる熟慮のために，次の点が固執されてよい。すなわち，ある裁判が他の法律効果に関する争いに関して既判力を及ぼしうるかどうか，そして，いかなる範囲でそうであるかは，――形式論理的ではなく――内容的な関係によって決まるべきである。別個の訴訟物を持つ訴訟へのこのような既判力の拡張を正当化する実質的な諸関連は，たしかに，第1の手続で争われた法律効果の存在または不存在が第2の訴訟で裁判されるべき別の法律効果の法律要件に属している限り，例外なく存在する。しかし考慮されるべきは，基準となる実質的な諸関係は，この種の形式的な先決的関係に必ずしも繋がれているとは限らず，これがなくても現れうることである。この最後に挙げた要件が具備する場合には，必要な既判力効は，既判力ある前訴裁判の対象との問題となる実質的な諸関係がさもなければ害される限りにおいて，後訴の裁判所は前訴裁判の理由から逸れてはならない[4]という点に現れなければならない。その限りで，判決理由に関しても既判力の限界づけのために，論理が，したがってとり

第4章　実質的な限界づけ原則の必要性

わけ矛盾命題が顧慮されるべきである。たとえば，妨害排除的不作為義務と不法行為による損害賠償請求権（deliktischer Schadensersatzanspruch）との間に——先決関係は存在しないが——問題となる種類の内容的な関係が存在すると措定すれば，損害賠償訴訟の裁判官は，これによると，不作為訴訟において下された判決の既判力によって，争われている行為態様の権利侵害的性格に関して，不作為訴訟の裁判官が行ったのとは異なる仮定から出発することを阻止される。

4　この研究において，裁判所は既判力ある前訴判決から逸れてはならない，離反してはならない等といわれる場合，これは，既判力は前訴判決と一致する，同じ問題の新たな裁判を排除するという理論に反対する態度決定と解されるべきではない。これにつき，*Bötticher*, Kritische Beiträge, S. 128 ff.; *Rosenberg*, Zivilprozessrecht, § 148 Ⅱ 3.

第5章　既判力と法的性質決定

I　はじめに

　これまでの叙述において描き出された実質的原則をさらに解明するために，本研究が詳しく扱わなければならないのは，法律効果が順次に争われる場合に，第1の法律効果についての裁判が第2の法律効果に関して既判力効を展開するべきだとすると，両者がその内容上立たなければならない関係である。すでに言及したように，この種の既判力効のための実質的要件は，通常，確定判決が後訴にとって先決的な法律効果に関している場合に存在するので，先ずこの先決的法律効果の場合において両法律効果間の関係の実体的な特性について研究をすることは当然である。そのさい，たとえば債務法上の給付請求権と給付障害による損害賠償請求権との間の関係において観察されるような，第一次的法律効果と侵害に対する制裁との事物関連が考えられるであろう。この考え方をさらに推し進めると——そして他の方法は明らかでないが——必然的に，裁判所が既判力をもって確定された法律効果をそれから推論する法規範であって，そして第2の手続において争われる法律効果を理由づけるために考慮されるものに到達する。その都度この客観的法から導き出される具体的な法律効果間の法的関係を基礎づけるのは，この客観的法だからである。このことは，しかし，この関係の把握にとっては，裁判所が行った当面の事案への客観的法の適用が決定的に重要であることを意味している。なぜなら，そのようにしてのみ，既判力をもって確定された事項の法的性質決定を，したがってまた，この事項と他の法律効果との関係を明らかにすることができるからである。

　この考察から，既判力は確定された法律効果の法的性質決定にも関係するかという問題，すなわち，裁判所が推論の基礎にしたその規範からまさにその法律効果が生じているとの確定にも既判力が関係するかどうかという問題に至る。支配的見解によれば既判力の対象は訴訟上の請求に対する裁判であり[1]，訴訟

		価格：本体（税別）		
【翻訳】				
実効的権利保護	法学翻訳叢書3	¥12,000	ディーター・ライポルト 著	松本 博之 編
ドイツ既判力理論		¥4,800	ハンス・F・ガウル 著	松本 博之 編訳
ドイツ民事訴訟の理論と実務	学術選書法律0013	¥19,417	ペータース K 著	松本 博之 訳 吉野 正三郎 編
【著作】				
既判力理論の再検討		¥11,000	松本 博之 著	
【編集】				
民事訴訟法の継受と伝播		¥6,667	松本 博之・出口 雅久 編	松本 博之・出口 雅久・金 春・福本 知行・芳賀 雅顕・橋本 聡・笠井 正俊・本間 学 著
(日独シンポジウム)				
法の実現と手続	日独シンポジウムシリーズ 学術選書法律0053	¥14,563	松本 博之・石部 雅亮 編	
法の国際化への道	日独シンポジウムシリーズ 学術選書法律0081	¥17,476	松本 博之・石部 雅亮・兒玉 寛 編	
環境保護と法	日独シンポジウムシリーズ 学術選書法律330	¥17,000	松本 博之・西谷 敏・佐藤 岩夫 編	
現代社会と自己決定権	日独シンポジウムシリーズ	¥13,000	松本 博之・西谷 敏 編	
インターネット・情報社会と法	日独シンポジウムシリーズ	¥15,000	松本 博之・西谷 敏・守矢 健一 編著	和久井 理子・中原 茂樹・藤田 勝利・高橋 英治 著
団体・組織と法	日独シンポジウムシリーズ	¥12,000	高橋 英治・西谷 敏・守矢 健一 編著	高橋 英治・小柿 徳武・高田 昌宏・木下 秀雄 著
(民事訴訟法論集)				
訴訟物と既判力	学術選書法律310	¥9,800	小室 直人 著	松本 博之 編
上訴・再審	学術選書法律311	¥12,000	小室 直人 著	松本 博之 編
執行・保全・特許訴訟	学術選書法律312	¥9,800	小室 直人 著	松本 博之・小室 よね子・岸野 澄子 編
(民事手続法研究)				
民事手続法研究 創刊第1号	民事手続法研究	¥3,500	松本 博之・德田 和幸 編	松本 博之・越山 和広・鶴田 滋 著
民事手続法研究 第2号		¥3,500	松本 博之・德田 和幸 編	松本 博之・德田 和幸・上野 泰男・勅使川原 和彦・波 眞一 著
(日本立法資料全集)				
民事訴訟法[大正改正編](1)	本巻010	¥48,544	松本 博之・河野 正憲・德田 和幸 編	
民事訴訟法[大正改正編](2)	本巻011	¥48,544	松本 博之・河野 正憲・德田 和幸 編	
民事訴訟法[大正改正編](3)	本巻012	¥34,951	松本 博之・河野 正憲・德田 和幸 編	
民事訴訟法[大正改正編](4)	本巻013	¥38,835	松本 博之・河野 正憲・德田 和幸 編	
民事訴訟法[大正改正編](5)	本巻014	¥36,893	松本 博之・河野 正憲・德田 和幸 編	
民事訴訟法[大正改正編]総索引	本巻015	¥2,913	松本 博之・河野 正憲・德田 和幸 編	
民事訴訟法[明治36年草案](1)	本巻043	¥37,864	松本 博之・德田 和幸 編	
民事訴訟法[明治36年草案](2)	本巻044	¥33,010	松本 博之・德田 和幸 編	
民事訴訟法[明治36年草案](3)	本巻045	¥34,951	松本 博之・德田 和幸 編	
民事訴訟法[明治36年草案](4)	本巻046	¥43,689	松本 博之・德田 和幸 編	
民事訴訟法[戦後改正編](2)	本巻062	¥42,000	松本 博之 編	
民事訴訟法[戦後改正編](3)-1	本巻064	¥36,000	松本 博之 編	
民事訴訟法[戦後改正編](3)-2	本巻064	¥38,000	松本 博之 編	
民事訴訟法[戦後改正編](4)-1	本巻065	¥40,000	松本 博之 編	
民事訴訟法[戦後改正編](4)-2	本巻066	¥38,000	松本 博之 編	
民事訴訟法[明治編](1)テヒョー草案Ⅰ	本巻191	¥40,000	松本 博之・德田 和幸 編	
民事訴訟法[明治編](2)テヒョー草案Ⅱ	本巻192	¥55,000	松本 博之・德田 和幸 編	
民事訴訟法[明治編](3)テヒョー草案Ⅲ	本巻193	¥65,000	松本 博之・德田 和幸 編	

〒113-0033 東京都文京区本郷6-2-9-101 東大正門前
TEL:03(3818)1019 FAX:03(3818)0344 E-MAIL:order@shinzansha.co.jp

信山社
http://www.shinzansha.co.jp

Ⅰ　はじめに

上の請求は広く行われている比較的新しい見解によれば，まさに実体法により決定されるのではなく，それゆえ通常実体法的に色づけされていないので[2]，この問題は一層重要性を有する。たとえば Nikisch（ニキッシュ）は明らかに，訴訟物に関する彼のモノグラフィーにおいて，確定判決は法的性質決定のない訴訟上の請求の存在または不存在のみを確定するとの見解をはっきりと主張している[3]。彼は，たとえば原告が一定の事実関係に基づきある物の返還を要求する場合，裁判所が訴えを所有権に基づく請求権の観点により認容するか，占有請求権の観点により認容するかは既判力には関係がないという[4]。

　判例および文献における多数説は，しかしながら，確定された法律効果の法的性質決定にも既判力が生じるとする[5]。この見解の支持者に属するのは，たとえば Rosenberg（ローゼンベルグ）および Habscheid（ハープシャイド）のような純然たる訴訟的訴訟物理論の主張者である。Nikisch の批判[6]に反して，Rosenberg は今日でもなお，次のように説いている。曰く，「……既判力を持つのは，裁判官が客観的法への当てはめにより事実関係から推論した法律効果

1　上述 8 頁を参照。

2　Vgl. z. B. *Bötticher*, Festgabe f. *Rosenberg*, S. 73 ff., insbes. S. 84 ff.; *Habscheid*, Streitgegenstand, insbes. S. 131, 183, 221 f.; *Nikisch*, Zivilprozessrecht, § 42, insbes. Ⅱ und Ⅳ; Streitgegenstand, S. 14 ff.; *Rosenberg*, Zivilprozessrecht, § 88 Ⅱ; *Schwab*, S. 2 ff., 183 ff.

3　168頁以下，170頁以下。これにつき，しかし最近では，*Nikisch*, AcP 154, 271 ff., insbes. S. 297 ff. 参照。

4　Streitgegenstand, S. 149.

5　Vgl. z. B. *Bruns*, Zivilprozessrecht, § 40 Ⅳ; *Goldschmidt*, § 63 3; *Habscheid*, Streitgegenstand, S. 123 f.; *Jaeger*, KO, § 146 Anm. 25; *Kralik*, S. 119 f.; *Lent*, Zivilprozessrecht, § 63 Ⅲ 6; ZZP 65, 326, 344 f.; *Pagenstecher*, Die Einrede der Rechtskraft im Aufwertungsprozess, S. 76; *Rosenberg*, Zivilprozessrecht, § 88 Ⅱ 3 c, § 150 Ⅰ 1, 2, Ⅱ 1; *Stein/Jonas/Schönke/Pohle*, § 322 Anm. Ⅴ 1; *Stein/Juncker*, § 97 Ⅴ, Ⅵ; *Sydow/Busch/Krantz/Triebel*, § 322 Anm. 3; RGZ 126, 234(237); 136, 162 (163); 144, 54 (58); BAG AP Nr. 11 zu § 626 BGB; OLG Köln, JW 1930, 3334 mit zust. Anm. v. *Pagenstecher*; OLG Bremen, ZZP 65, 281; siehe weiterhin auch *A. Blomeyer*, Festschrift f. *Lent*, S. 52 ff.; *Bruns* AcP 151, 191; Festschrift f. *Schmidt-Rimpler*, S. 254, 256 f.; *Neuner*, Judicium, 1933, Sp. 126; *Pohle*, AP Nr. 1 zu § 322 ZPO; BGH LM Nr. 2 3 u § 322 ZPO.

6　Streitgegenstand, S. 149 f., 151.

の確定である」[7]。そして「この裁判により，それまでその請求につき法的性質決定の面から存在していた不明確性が除去される。今や，存在するまたは存在しないと主張された権利（法律関係）が，契約または（および）法定責任または不法行為から生じたものとして，消費貸借または組合契約から生じたものとして，占有もしくは（および）所有権から生じたものとして存在しまたは存在しないことが確定する」[8]。

II 既判力効の必要性

1 それにもかかわらず，この種の既判力効は個々の点に関してどこまで及ぶことができるかと，確かになお問われることができるであろう[9]——これは，その裁判がその都度どの範囲で法的性質決定に基づいており，どの範囲で裁判所は法的性質決定を序にのみ行ったのか，という基準によってのみ答えることができる。しかし，このことによっては，確定された法律効果の客観的法からの導出に関し，事実，既判力効なしに原則として済ますことができないことに，何ら変りはない。まさに，*Nikisch* が持ち出した例，すなわち占有法または所有権法により基礎づけられた返還命令判決の例[10]が，はっきりと，このことを示している。すなわち，占有法上返還義務を負う者は，本権により物の占有を求める権利（ein Recht auf den Besitz der Sache）を例外なく持つことができる。BGB 861条による返還請求権は，禁止された勝手気まま（Eigenmacht）の結果を除去するための手段に過ぎない。しかし，この返還請求権は，返還義務者から，この者に帰属する占有を求める権利を適正な方法で主張する可能性を奪うべきではない。BGB 861条に基づく返還命令判決の既判力は，それゆえ，敗訴者がその間に返還した物をたとえば所有権に基づき，今や終局的に彼に返還されるべき旨の裁判を直ちに取得することを決して阻止することができな

---

7 Zivilprozessrecht, § 150 I 2.

8 Zivilprozessrecht, § 88 II 3 c; ähnlich § 150 II 1. はっきりと同意するのは，*Habscheid*, Streitgegenstand, S. 123; *Lent*, ZZP 65, 326, 344; BAG AP Nr. 11 zu § 626 BGB.

9 これにつき，*A. Blomeyer*, Festschrift. f. *Lent*, S. 55 ff. 参照。

10 Streitgegenstand, S. 149.

い[11]。しかし裁判所が返還請求の訴えを認容したのが所有権に基づく請求権の観点によるのか，占有請求権の観点によるのかは，実際に既判力にとって関係がないとすると——Nikisch はそう書いている——同じ可能性は BGB 985条に基づき返還を命じられた者もまた持たなければならないであろう。彼にとっても，既判力は，彼がその間に前訴の原告に引き渡された物の所有者であるとの理由づけによって，直ちに彼の側で返還請求の訴えを提起することの障害であってはならないであろう。しかし，そうすると，所有権の内容に合致した事実面での物割当（Sachzuordnung）を惹起するという所有権に基づく返還請求権の意味内容には，広い範囲において既判力の保護が拒否されることになる。このことから生じる絶えざる訴え提起合戦の可能性が既判力の平和目的と相容れないことは，これ以上理由づけを要しない。

2　これらの事案においては明らかに，裁判所の行った当てはめ（Subsumtion）が既判力の内容に決定的に影響を及ぼさざるをえないが，それは決して個別現象ではない。他の関連においてすでに詳述されたように[12]，前訴裁判の既判力がもはや食い違った判決の妨げとならないためには，いかなる点において事実関係が前訴時点の状態に対して個個的に変わったのでなければならないかという問題が解明されるや否や，同じ現象が全く一般的に明らかになる。これは，請求棄却の場合に，とくに明瞭に現れる。既判力ある訴訟却下（Prozessabweisung）の射程範囲は，それが基礎とする理由に応じて異なる[13]。たとえば裁判所が土地管轄がないことを理由に訴えを却下した場合，他の地の裁判所での訴えの提起はすでに，前訴裁判の既判力の影響を受けない新判決を可能にする新事実である。しかし，訴えの却下が裁判所により理由ありと見られた仲

11　Vgl. z. B. *Hellwig*, Syst. Ⅰ, § 231 Ⅳ 1 ; Anspruch und Klagrecht, S. 413; *Lent*, Zivilprozessrecht, § 37 Ⅳ ; ZZP 65, 336.

12　*Zeuner*, MDR 1956, 257 ff.

13　Vgl. z. B. *Baumbach/Lauterbach*, § 322 Anm. 4 （Prozessurteil）; *Bruns*, Festschrift f. *Schmidt-Rimpler*, S. 256; *Hellwig*, Syst. Ⅰ, § 231 Ⅱ 3 ;*Jauernig*, JZ 1955, 235; *Lent*, Zivilprozessrecht, § 62 Ⅷ ; *Nikisch*, Zivilprozessrecht, § 105 Ⅰ 2, § 106 Ⅰ 4 ; *Rosenberg*, Zivilprozessrecht, § 129 Ⅱ 3, § 149 Ⅰ 2 ; *Sydow/Busch/Krantz/Triebel*, § 322 Anm. 4 ; *Stein/Jonas/Schönke/Pohle*, § 322 Anm. Ⅸ 2 ; *Wieczorek*, § 322 Anm. B 1 b 1 ; RGZ 159, 173 (176).

裁契約の抗弁に基づく場合には，他の国家裁判所での新たな訴えの提起は，このような意味を有しない。同じことは，本案判決の領域においても見られる。ここでは主張された給付請求権の履行期未到来による請求棄却は，主張された権利が成立しなかったとか，消滅したとか，時効に罹っているという理由での請求棄却よりも，はるかに狭い既判力を持つ[14]。最初の場合には，一定の時間の（履行期までの）経過が前訴判決の既判力を不顧慮ならしめる新事実であるが，第2の場合にはそうではない。

同じ像は，別の事案においても観察できる[15]。たとえばBGB 985条の観点により判断されるべき返還請求訴訟の棄却は，それが原告の所有権の欠缺を理由とするか，被告の側の占有の欠缺を理由とするかに応じて，異なる既判力内容を持つ。原告が物の所有者でないという確定に，請求棄却が基づく場合には，この棄却の既判力は，新たな返還請求の訴えが提起される場合，被告の側に新たな占有事実が存在するとか，被告が盗まれた物を再取得したというような理由で無視されることができない[16]。同じことは，逆の場合にも妥当しなければならない，すなわち，被告の側での占有の欠缺による請求棄却判決の既判力は，原告が自分の側には新たな所有権取得事実が存在するという理由で，たとえば自分は中間時点で物を譲渡したがその後に再取得したという理由で，新たな訴えを提起する場合にも，介入する。新たな取得原因事実が前訴裁判の既判力の影響を受けない新たな判決を正当化するのは，原告が所有者でないという確定に請求の棄却が基づいていた場合である。同様に，被告の側で新たな占有事実が存在するという提出が独立した新たな本案判決への道を開くのは，裁判所が前訴において被告が占有者でないという理由で請求を棄却していた場合である。

---

14 Vgl. z. B. *Baumbach/Lauterbach*, § 322 Anm. 4 （Fälligkeit）; *A. Blomeyer*, Festschrift f. *Lent*, S. 79 f.; *Bülow*, S. 282; *Hellwig*, Syst. Ⅰ, § 231 Ⅲ 2; Anspruch und Klagrecht, S. 139 ff.; *Jauernig*, JZ 1955, 235; *Rosenberg*, Zivilprozessrecht, § 129 Ⅱ 3; *Stein/Jonas/Schönke/Pohle*, § 322 Anm. Ⅳ1, Ⅷ 4; *Wieczorek*, § 322 Anm. B Ⅰ b 2; vgl. auch RGZ 41, 63 (64).

15 したがって，明らかに *Hellwig*, Syst. Ⅰ, § 231 Ⅲ 2 が認めるように，「一時的に理由なし」としての訴えの棄却の場合の特殊性が問題なのではない。

16 これにつき，*Zeuner*, MDR 1956, 258参照。

3 したがって，一般的にいうと，新たに発生した事実が既判力ある前訴裁判と異なる判決を出すこと，を可能にしうるのは，新事実が適用されるべき法律要件のうち，請求が理由を有するためには，新たな判決がその点に関して古い判決の主要な言明（tragende Aussagen）と違わなければならないその部分に関している場合に限られる[17][18]。そして，因みに *Kralik*（クラリーク）[19]も言及しているこの原理は，すぐれた意義を有する。なぜなら，前訴裁判が依拠する基礎の変動が問題となる限りでのみ，前訴裁判とは異なる新たな判決が可能とされなければならないからである。どれが前訴裁判の基礎であるかは，その理由からのみ汲み取ることができる。このことは——これまでの論述から明らかになるように，そしてもう一度，とくに強調させていただきたいのだが——請求認容判決のみならず，請求棄却判決においても妥当する。その限りで，ある法律効果の存在の法的性質決定だけでなく，いわば法律効果の「不存在」のそれもまた問題になっている（そのさい最広義における「不存在」が考えられており，したがって，すべての請求棄却事例がこれに属し，したがって——たとえば期限未到来による棄却のように——裁判されるべき法律効果が，それが主張されているようには確定できないに過ぎない事案もこれに属する）[20]。給付を命じる判決だけが原告に既判力により保証された地位を生み出すべきではなく，平等扱いの原則により，請求棄却判決も被告のために同じ機能を持つことを考えれば，これらの地位の内容および範囲が同じ法則により決定されることは全く首尾一貫している。

---

17 これにつき，RGZ 43, 40（42）も参照。
18 訴えが ZPO 306条または330条により理由づけなしに実体的に棄却される場合，裁判所が主張された法律効果の法律要件を恰も選択的に否定したかのように判断されなければならない。このような判決の既判力は，それゆえこの法律要件の１つに関してだけであれ新たな事実が陳述される場合，もはや新たな訴えを阻止しない。同じことは，請求棄却判決の既判力が訴訟的訴訟物説により，裁判所が見逃した実体法的観点に基づく新たな実体審理を直ちに惹起する原告の可能性を遮断する限りにおいて妥当する。
19 Die Vorfrage im Verfahrensrecht, S. 119 f.
20 Vgl. *A. Blomeyer*, Festschrift f. *Lent,* S. 79 ff.; ferner *Bruns,* AcP 151, 191; Festschrift f. *Schmidt-Rimpler,* S. 256; *Pohle,* AP Nr. 1 zu § 322 ZPO.

Ⅲ　原則の適用について

1　以上の原則は，連邦通常裁判所が何度も扱わなければならなかった，婚姻法の領域の争いのある問題に目を向けさせる。考えられているのは，被告配偶者の異議によって挫折した EheGes.（婚姻法）48条による離婚の訴えが，異議の顧慮性にのみ関係する新事実に基づき繰り返される場合に，どのように手続を進めるべきかという問題である。連邦通常裁判所の見解は，かかる場合には，誰が婚姻の破綻につき有責であるかという問題は，異議の適法性についても顧慮性についても新たに調査されるべきでないというものである。以前の判決において有責性の問題につき行われた確定は，むしろこの事情の下では，新たな手続においても配偶者の全挙動の評価にとって拘束力を有するという[21]。

今コメントした事例におけるように，ここでは新事実が第1の手続で敗訴した当事者の有利に，新事実が全く関係していない法律要件部分の新たな調査を可能にしうるかという問題の前に立たされる。上の例に対して，新たな事実がそれでも，その点の別異の評価が要求された別異の裁判（婚姻の解消）を担うであろう法律要件の一部（異議の顧慮性）に関する場合には，もっとも，事情は異なる。それゆえ熟慮されるべきは，せいぜい部分問題だけが新たに扱われなければならないこの種の事案において，統一的な裁判の利益のためにその余の法律要件要素を独自に新たに調査する道も開かれるべきかどうかである。EheGes.48条の問題ある事案については，この方向での問題解決が折にふれて要求され，その理由として，離婚要求の道徳上の正当化の判断に当たっては個別事案のすべての事情の評価が重要であるから，裁判所は全事実関係を改めて

---

[21] とくに，LM Nr. 3 zu § 48 Abs. 1 EheGes.; BGHZ 4, 182; FamRZ 1955, 98（99 f.）を見よ。同旨，BGHZ 2, 98（101）; 8, 118（121 f.）; vgl. auch LM Nr. 5 zu § 616 ZPO. たとえば *Baumbach/Lauterbach*, § 616 Anm. 2 B; *Palandt/Lauterbach*, Eheges., § 48 Anm. 7; *Rosenberg*, Zivilprozessrecht, § 161Ⅲ 4 a. E.; *Schönke/Niese*, § 94 Ⅴ 7 a; *Zöller/Karch/Scherübl*, § 616 Anm. 1 も同旨; vgl. auch OLG Freiburg, MDR 1948, 212（214）; 異説: *v. Godin*, EheGes., § 48 Anm. 1 D a. E.; *R. v. Godin*, JZ 1951, 641 f.; *Habscheid*, Streitgegenstand, S. 293 f.; MDR 1953, 395 f.; *Hoffmann/Stephan*, § 48 Anm. 6 F a. E.; *Krille*, NJW 1947/48, 585; *Stein/Jonas/Schönke/Pohle*, § 616 Anm. Ⅱ 5.

Ⅲ 原則の適用について

調査しなければならないという論拠が掲げられている[22]。しかし，ここで論述の出発点を見失わないことが肝要である。すなわち，この議論の背景には，異議の顧慮性のための新事実は EheGes.48条のその余の法律要件要素の判断にとっても意味を持ちうるという観念が見えてくる。実際，ここに事案の主たる問題がある。しかし当面の関連では，この問題が重要なのではない。この問題の答えは，離婚法の研究に留保されなければならない。ここで解明すべきは，新事実が実際に特定の個々の法律要件要素にのみ関係しており（異議の顧慮性），その余の法律要件の部分の判断には影響することができないということから出発しなければならない場合，前訴裁判の既判力効はどうなのかという点だけである。この要件のもとでは，しかし連邦通常裁判所の上述の諸判決と一致して，その点の判断が（も）前訴裁判を基礎づけた法律要件のうち，新事実によって影響を受けないものについては訴えられた当事者のために既判力が存続することが認められなければならない。調査すべき全体を複数の裁判に分けることは，このような場合にはそれほど困難ではないので，既判力によって保護された前訴の勝訴当事者の地位を侵害することは，この地位の基礎に変更が生じていない限り正当化できない。内的に共属している事実複合の判断が複数の裁判に分けられることは，現行法上他のところでも起こりうるので，このことは一層妥当する。たとえば，一部請求訴訟，一部判決，原因についての先行裁判，その他の先決的裁判の干渉，そして，なかんずく，既判力効が履行期または停止的抗弁に限定される，すでに言及した「一時的」棄却を考えてみればよい。

　この見解の正しさが極めて明瞭に示されるのは，新たな事実が一定の部分問題にのみ関係しうることが初めから明らかである並行事案が注意される場合である。たとえば，給付の訴えを期限の猶予により棄却された債権者が猶予期間の経過前に，期限の猶予は両当事者の新たな合意によって取り消されたと主張して新たな訴えを提起する場合を想起されたい。原告がひょっとするとあてずっぽうの主張をして，前訴裁判において肯定された――多分全く疑問がないわけではない――期限の猶予の合意が実際に成立したか否かという問題の，前訴から独立した調査を強いることができるとすれば，先行の請求棄却の既判力

22　Vgl. *Habscheid*, Streitgegenstand, S. 294 ; *Hoffmann/Stephan*, a.a.O.; *R. v. Godin*, JZ 1951, 641 f.; *Krille*, a.a.O.; *Stein/Jonas/Schönke/Pohle*, a.a.O.

は実際には画餅に帰するであろう。

　最後に，述べられたことの印象深い確認は，既判力ある前訴裁判として，請求棄却でなく，給付判決が登場する場合において見られる。例として次の事実関係が役立つ：身体侵害によって健康を害された被害者が，加害者に対して，後者は身体傷害から生じる全損害を賠償しなければならない旨の確定判決を取得した。後に，被害者は自分に可能な損害避止または損害軽減を怠る——たとえば彼は期待可能な医師の治療を受けることを拒否する。この態度は，BGB 254条2項に鑑み，注目すべき新事実である。加害者は，それゆえ，更なる損害には自分はもはや責任を負わないとか，一部しか責任がないことの確認を求めることができる。この訴訟は，彼が身体侵害を惹起したかどうか，有責に行為したかどうか，そして被害者が侵害につきBGB 254条による共同過失を有するか否かという問題の新たな判断とは何ら関係がない。ここでは，事態は全く明瞭に見られている。すなわち，新事実が確定した前訴裁判の基礎に影響していない限り，既判力が勝訴当事者に付与する占有状態に止まらなければならない。しかし，このことが給付判決に妥当する場合，——すでに強調されたように——請求棄却についても正しいのでなければならない。EheGes.48条についてのコメントされた連邦通常裁判所判例において問題となっているのは，したがって——連邦通常裁判所自身が考えるように[23]——離婚手続の特殊性ではなく，既判力の限界づけの一般原則である。

　これと全く対照的に Habscheid[24] は，適法な第2の手続の裁判官は裁判において自由であり，先決的な裁判によってのみ拘束されるという既判力の基本命題と失権理論を，連邦通常裁判所判例は害していると，同裁判所判例を非難するが，これは支持できない。まさにこれまでの考察が，Habscheid が認めるような一般的基本命題は維持できないことを示しているからである。そして連邦通常裁判所が Savigny（サヴィニー）の意味での判決要素の既判力の観念からまだ完全には解放されていないと，Habscheid が考える場合，v. Savigny の理論によれば，判決要素には，それが何らかの意味を獲得しさえすれば任意のあらゆる訴訟に関して既判力が与えられることが看過されてはならない。それに

23　とくに，FamRZ 1955, 98 (100) 参照。
24　Streitgegenstand, S. 293 f.

対して，ここで論じられている事案においては，後の手続において争われるのは，何らかの任意の法律効果ではなく，――新事実が実際に異議原因の顧慮性にのみ関係するという前提が正しい限り――同一の婚姻の，変更のなかった同じ基本事実関係による離婚である。

2　最後に，述べられたことを更に明瞭にするために，説明された原則に反しており，それゆえ拒否されるべきライヒ裁判所の１つの裁判[25]を指摘させていただく：原告は用益賃貸借と称されている契約に基づき被告に住居付のコーヒー店を引き渡した。契約の告知の後，原告は訴訟において明渡しと什器の返還を訴求した。訴えは，居住部分の有効な告知は調停所（Einigungsamt）の同意を要するところ，これが取り寄せられていないという理由で棄却され，この判決は確定した。原告は今度は，再び調停所の同意なしに，後の期日に改めて告知し，続いてもう一度明渡しと什器の返還を求める訴えを提起した。ラント裁判所は前訴判決の既判力を援用して訴えを却下し，上級ラント裁判所とライヒ裁判所は，請求を認容した。ライヒ裁判所は，これについて，前訴判決の既判力は前の告知が契約を終了させなかったことのみに限られるのに対して，今の裁判の対象は新たな告知が契約を終了させたかどうかという問題であるところ，契約関係は用益賃貸借と見なされ，そのため告知は調停所の同意を要しないので，これは肯定されると述べた。

本研究で展開された原則によってこの判決を調査すると，一見したところ，この原則と一致するかのごとき印象が生じるかもしれない。前訴判決に反して訴えを認容すべき裁判は――こう論じうるかもしれない――訴えが理由を有するためには，告知権の行使の問題において，異なる判断に達しなければならない。この問題について実際には再度の告知が新たな事実として提出されているので，既判力は新たな手続における異なる裁判の妨げとはなりえない，と。仔細に見れば，だがこの考えは誤りであることが明らかになる。既判力の生じた前訴判決によれば，有効な形成権の行使は多分肢的法律要件に結び付けられている。すなわち原告の意思表示のほかに，調停所の同意もこれに属する。そし

25　Warn. 1926, Nr. 182; 同意するのは，*Rosenberg*, Zivilprozessrecht, § 150 Ⅰ 2 a; *Schönke/Schröder*, § 75 Ⅰ.

て，まさに原告の訴えは，前訴においてこの要件に躓いた。それゆえ説明された原則によれば，新たな手続において異なる裁判をすることが許されるのは，この同意の要件に関して新事実が提出された場合だけである。これに対して，前訴当時すでにもともと瑕疵なしになされた告知の意思表示の単なる繰返しは，異なる裁判を正当化することができない。これは，前に挙げた例において，前訴において原告の所有権の欠缺を理由に訴えが棄却されている場合に，被告の側の新たな占有事実が原告の返還請求に関する異なる裁判を正当化できないのと同じである。

IV 結 論

もっとも，これまでの叙述によれば，今や1つのことが誤解なく述べられなければならない。すなわち，既判力の範囲が裁判の法的な理由づけによって異なる場合には，それは，訴訟物とともにすでに定まるのでなく裁判の理由から初めて明らかになる事情によって，影響を受けることである。これまでの研究が示したように，これは，既判力ある裁判は法的性質決定に関しても拘束力を持つとする *Rosenberg* の叙述に賛成する限りにおいて，*Habscheid*[26]も承認している全く一般的な現象である。判決理由によるこの種の既判力内容の影響がとくに顕著に現れるのは，当然のことながら，訴訟物自体が実体法上の性質決定を有しない訴訟的訴訟物理論においてである。上述の *Nikisch* の議論[27]，すなわち，既判力の対象は訴訟上の請求であるところ，訴訟上の請求は実体権と一致しておらず，それゆえ既判力は突然実体権に関係することができないという議論も，この状況から説明される。それに対して，しかし *Rosenberg*[28]が適切に強調するように，ZPO 322条による既判力の対象は請求ではなく，請求に対する裁判である。この裁判は当然請求に関係しており，したがって請求棄却にある「否定」は，裁判所がそれにより（法的に性質決定されていない）請求を調査しなければならなかった法的観点を見逃した場合にも，新たな訴えを妨げる[29]。この裁判は，しかし訴訟物によって提起された問題に対する単なる「肯

---

26 Streitgegenstand, S. 123. 同じ意味において，a.a.O., S. 126も。
27 Streitgegenstand, S. 150.
28 Zivilprozessrecht, § 88 Ⅱ 3 c.

IV 結　論

定」または「否定」に尽きるものではなく，内容上性質づけられた答えを与える[30]。しかし，この性質決定は——このことは，これまでの考察が示したように——裁判理由から来る[31]。

　因みに，訴訟物の概念を実体法に即して決める者にとっても，事態は原則的に異ならない。なぜなら，この前提によっても，いずれにせよ種々の法的理由から請求の棄却が生じるのであり，これは再び異なる既判力範囲を帰結しなければならないからである。

　したがって，既判力の内容は専ら訴訟物によってだけでなく，裁判所が裁判に与えた法的理由によっても決まることが維持されるべきである[32]。そのさい，以下の点が認識されなければならない。すなわち，ここで問題なのは，たとえば訴えの申立てに対する主たる裁判が基礎としている前提問題の裁判（Vorfragenentscheidungen）が v. Savigny の理論の意味でそれだけで拘束力を与えられるということ，したがって同じ問題が再び焦眉となる将来のどのような訴訟においても尊重されなければならないということではない。問題なのは，むしろ，このことだけである。すなわち，主張された法律効果に対する，既判力を生じる裁判の射程範囲に，判決の理由が影響を及ぼすことである。理由の影響を受けた，この既判力ある裁判の内容がそうでなければ害される限りにおいてのみ，判決の理由は後の手続においてもはや問題にされてはならないのである[33]。

29　Vgl. *Nikisch*, Streitgegenstand, S. 147 ff., 151 f.; Zivilprozessrecht, § 106 I 3; 同旨，たとえば，*Habscheid*, Streitgegenstand, S. 287 f.; *Rosenberg*, Zivilprozessrecht, § 88 II 3 c; *Schwab*, S. 151 f.

30　法的観点の見落としによる訴えの棄却の場合における状況について，43頁注18参照。その他の点では，*Habscheid*, Streitgegenstand, S. 288も参照。

31　ここで主張された見解と訴訟物概念との関係については，後述201頁以下も参照。

32　同じ意味において，*Pohle*, ZP Nr. 1 zu § 322.「既判力の内容と範囲は専ら訴訟物によって決まり，そして訴訟物は裁判官が給付を命じまたは棄却する理由によっては変わらない」という *Bettermann* の見解表明（DVBl. 1953, 166）には，同意することができない。

33　この関連で，MSchGes.（賃借人保護法）20条4文において定められた拘束力を指摘させていただく。MSchGes. 20条は，まず実体法的に社宅の賃借人保護は，「賃借人が自己の挙動によって法律上理由のある雇用または労働関係解消のきっかけを与えなかった場合，または……賃借人が賃貸人によってそのようなきっかけが与えられることなく，

第5章　既判力と法的性質決定

　この章の冒頭に提起された，既判力は確定された事項の法的性質をも捉えるかという問題は，以上により肯定に答えられるべきである。他の法律効果についての訴訟に関する既判力の測定が，既判力をもって確定された事項が今争われている法律効果と，どのような内容的な，客観的法から定まる関係に立っているかに係っているという仮定に対する疑問は，ここからは生じない。逆に，この見解は，まさにここで確認を見出す。なぜなら，理由によって影響を受けた，主張された法律効果に関する裁判の内容が問題となっている限りで，判決理由でなされた確定の調査が排除される場合，後訴においては，前訴裁判の理由に抵触する確定の適法性は，今や主張されている法律効果が前訴裁判の実質的な内容に触れるかどうかに係っているからである。かかる接触は，第2の手続においてすでに前訴で裁判されたのと同一の法律効果が問題とされている場合には，したがって，たとえば給付判決を受けた被告がこの給付義務を負って

　この関係を解消した」のでなかった場合，雇用または労働関係の期間を超えても及ぶことを命じている。これに，次の規定が続く。「雇用または労働関係の解消の理由あるきっかけが存在したかどうかが争われ，かつ，その裁判について別の機関の管轄が基礎づけられている場合，弁論はこの争いの終局的な処理まで中止されるべきである。他の機関の裁判は賃貸借争訟を裁判する裁判所を拘束する」。──判例と文献において，この効力は，一般的準則に従って，他の機関の面前での手続において，理由あるきっかけの存在が訴訟物を成したことを要件とする既判力であるとする見解が度々主張されている（*Bettermann*, MSchGes. § 20 Anm. 178-182, 211, 217 ff. 参照。BAG JZ 1957, 668も見よ。これに対して，*Bötticher* の反対評釈。*Bötticher*, JZ 1955, 334 ff.; *Roquette*, MSchGes. § 20 Anm. 20 mit weiteren Nachweisen も異説）。上述の原則によれば，問題の拘束は既判力効と見ることができるが，既判力効の発生は，「他の機関」の面前での手続において理由のあるきかっけの存在が主たる問題であったことに係っていない。これは，次のことから明らかになる。すなわち，MSchGes. 20条は，賃借人保護の消滅を特別に制限された雇用または労働関係の解消（eine besonders qualifizierte Auflösung des Dienst- oder Arbeitsverhältnisses）に結び付けており，したがって，このような解消，または──同じことであるが──雇用または労働関係の，制限付きのもはや不存在（Nichtmehrbestehen）が賃借人保護の消滅にとって先決事項であるというように解釈することができる。主張された法律効果の，確定された存否の法的性質決定にも既判力が生じる場合，「他の機関」が本案として雇用または労働関係の存続について裁判し，そして，この裁判の理由が，場合によって行われた，もはや存在しないという確定が賃貸借訴訟にとって本質的な性質決定を有するかどうかを認識させる場合にも，MSchGes.20条の拘束力が生じる。

IV 結　論

いないことの確認を求める場合には，たしかに存在する。この場合には確定した前訴裁判の理由が改めて調査されるべきでないことは，これに応じて一般的に承認されている。しかし解明されなければならないことは，既判力をもって確定された事項と他の法律効果との間に，同種の効果を持つ内容的な関係がいつ存在するかという問題である。前訴において，主張された法律効果の認容または棄却の基礎にある法的観点は決まっているが，新たな訴訟の訴訟物の方は，多数説によれば通常の場合法的に性質決定されていないという事情は——なお強調させていただきたい——この問題の妨げとはならない。すなわち，既判力は判決の衝突を阻止すべきである。しかし新たな訴訟物についての裁判は，再び法的に性質決定された確定をもたらさなければならない。それゆえ解明されなければならないのは，目指された新たな裁判が，客観的法によって影響されたその内容によって，いつ，すでに既判力をもって確定された事項と問題となるような態様の接触に至るかという問題である。

第6章　限界づけ原則の基本構造

I　先決的裁判が存在する場合の諸事情

　既判力ある前訴判決が後続の訴訟において主張される法律効果にとって先決的である場合には，判決理由を改めて調査することの不適法性が依拠する実質的要件が明らかに存在することが示された。それゆえ，ここに，これまで得られたことを更に解明し，構築するための所与の出発点がある。この目的のためには，前訴で捉えられた法律効果とは異なる法律効果についての訴訟のために，この場合には既判力効を認め，それによって理由において扱われた問題を改めて調査することを遮断し[1]，これに対して他の場合にはこのような効果を否定することを正当化する，これらの事案の実質的な特殊性が一体どこに存するかを先ず確定することが肝要である。

　1　この問題においては，立法者が普通法上の理由の既判力理論を拒否したさいに注目した利益状態を一瞥する場合，一歩前進することができる。ZPOの草案理由において，同一当事者間での同一の法律問題に関する矛盾した裁判を阻止することが *v. Savigny*（フォン・サヴィニー）の理論の著しい利点として先ず強調された後[2]，次のようにいわれている。──曰く，「それ（＝*v. Savigny* の理論）は，しかし，個別訴訟の任務をはるかに超えており，そして争訟の対象を申立てにおいて明示し限界づけ，この訴訟においてこの争点についてだけ裁判官の裁判を期待した当事者の意図を超えるものである（*Unger*, a.a.O., II S. 628）。判決は当事者の意思以上に行ってはならず，当事者が訴訟中に意識しなかった効果を生み出してはならない（*Unger*, a.a.O., II S. 628 Note 21a;

1　上述33頁参照，さらに *Kralik*, S. 118.
2　*Hahn*, Materialien, Bd. 2, I. Abt., S. 291.

I　先決的裁判が存在する場合の諸事情

Wetzell, a.a.O., S. 520)」。この評価の正しさは，委員会審議において，委員が自己の実務経験に基づき報告した2つの事例によって，まさに印象深く強調された[3]。最初の事案では，下位の財産状況において生活している財産所有者が，老人に遺贈に基づき年金（jährliche "Reichnisse"）を与えなければならなかった。毎年，彼は訴えを提起され，欠席判決を出させ「欠席する」（sich "kontumazieren"），そして執行に至って，ようやく支払った。受取権者の死後，その子が請求権を有していないのに，給付を請求した。この財産所有者は，今度は子が訴えていることに注意せず，再び自分に対する欠席判決を出させた。彼が翌年もう一度訴えられたとき，彼は子の権利を争う。彼は，前訴裁判の既判力のため，v. Savigny の理論によればずっと，ずっと給付を命じられなければならなかった。――第2の事案では，大きな価値のある森の誰もが認めている所有者（Besitzer）が伐採権（Holzrecht）を要求する複数の農夫に対して妨害排除訴訟を提起した。だが，農夫によって争われた自己の所有権を証明できなかったために，訴えは棄却された。後に所有者は，林務官の懈怠により「1年間の継続占有（Annalbesitz）」を失った。続いて提起された所有権訴訟は，前訴裁判の既判力のゆえに，v. Savigny の理論に基づき排除されていると判示された。「最終結果は」――そう審議録でいわれているのだが――「もともと伐採権だけを要求した農夫が森全体を取得したということであった」。

2　ここに現れている利益状態を先決的判決が存在する場合のそれと比較すると，後者の場合には，前訴裁判の理由で扱われた問題について後続の手続の裁判官が新たに判断できることに，それにふさわしい当事者利益が存在しないことに気づかれるであろう。たとえば相続権の存在に関する確認の先行と後続する相続財産の返還を求める訴え，給付請求に関する裁判と給付義務違反による損害賠償請求の後訴，元本債権に関する裁判と利息請求の後訴等々を考えて見ればよい。このような状況の場合のいずれにおいても，次のようにいうことはできない。すなわち，裁判官が先行裁判に拘束されることによって，したがってこれと結びつく，先行裁判の理由の再調査の不適法によって，訴訟がその使命を超え，当事者が直ちに計算に入れる必要のなかった結果を引き起こす，

---

[3] *Hahn*, a.a.O., S. 608-609.

と。逆である。この種の事案では，後続の訴訟は，前訴で主張された法律効果についての，既判力をもって終了した前訴の，内容上の続行として現れる。新たな手続は，いわば古い手続が止めたところでのみ始まることができ，したがって前訴がすでに処理した事柄を再び問題にすることができないことは，殆ど自明のことと感じられる。ここで前訴裁判の理由で扱われた問題が改めて論じられてはならない場合，判決において第1に，主張された法律効果が，第2に——それとは無関係に——独自の意義をもって，前提問題が裁判されているというように，判決は追加的なアクセントを得るのではない。むしろ，ここでは再び，裁判所の行った当てはめが既判力に対して及ぼす影響についての論述のさいに現れた像と全く類似の像が現れる。すなわち，判決理由の不可攻撃性において問題となっているのは，前訴で主張された法律効果について確定されたものの実質的内容であるという像である。より正確にいうと，ここでは，確定された事柄と，確定された事項が実質的に続行され補充され（給付請求権と不履行による損害賠償請求権の関係を想起されたい）または逆に否定される（既判力ある給付命令に基づき実施された給付を不当利得として取り戻そうと試みる場合，第一次的請求権が成立しなかったとして確定的に棄却された後の，BGB 326条による損害賠償請求権の主張の場合）他の法律効果との間の内容的な関係が問題となっている。したがって，前訴裁判の理由の不可攻撃性は，既判力をもって確定された事項と新たな訴訟において問題となる法律効果との間の，客観的法から与えられた特定の（積極的または消極的）意味関係（Sinnbeziehung）を保持するための手段として現れる。一般に，ある法律効果が他の法律効果に対して狙いを定めている（Angelegtsein）または適合されている（Ausgerichtetsein）と言い換えることのできる，この関係の示唆された態様により，第1の手続において現れた前提問題がこの訴訟の関係においてのみならず，問題の態様の，万が一提起されることのあるべき後続手続との関係においても裁判されていることは，当事者にとって難なく見通すことができ，かつ期待可能である。

II 承認された拘束力を伴うその他の場合

1 獲得された認識は，ドグマーティシュにはこれまで十分克服されていない，次のような事案に即して正しいことが証明される。たとえば，AがBに

II 承認された拘束力を伴うその他の場合

対して，Aが特定の物の所有者であるとか，BはAにこの物をBGB 985条により返還しなければならないという判決を得たところ，今度はBがこの物は自̇分̇に̇——Bに——帰属するという理由で，その間にAに引き渡された物の返還を訴求するという事案である。すでに強調されたように[4]，両手続において各々，訴訟物は異なる。また，前訴裁判は，後続訴訟に対して技術的な意味において先決的ではない。支配的見解も認めるように，それにもかかわらず前訴裁判の既判力がここで介入しなければならず，後続手続において主張された法律効果との関係で，理由中で行われた確定の再調査をすべて遮断する場合，このことは，これらの法律効果がその都度，既判力をもって確定された法律効果の，実体法から生じる内容を否定することに帰せしめることができる。このことがとくに明瞭なのは，連続する所有権確認の訴えの場合である。というのは，現行法上，1つの物が同時に2人に（単独）所有者として割り当てられることができないからである。しかし連続する所有物返還請求訴訟の場合においても，事態は本質的に異ならない。すなわち，BGB 985条による請求権は，その意味内容上，（BGB 861条による請求権のように）単なる移動行為としての返還そのものに向けられているのではない。それが目指すのは，むしろこの物が権利者に所有権にふさわしい方法で事実面で割り当てられることである。債務法上の給付請求権が債務履行後なお実施された給付のための原因（causa）として効力を有するのに似て[5]，確定されたBGB 985条による返還請求権も，それゆえ返還後も依然として，生み出された事実的割当（die tatsächliche Zuordnung）の同様の法的性質決定の意味において重要である。しかし，この実質的な内容は，BGB 985条により前訴において返還を命じられた者の所有物返還請求権によって否定されてしまうであろう。

2　これと全く似た関係は，異なる法律効果に関する後訴の裁判官が先決的でない前訴裁判の理由に拘束されていることを，支配的見解が承認するところでさらに見出される。この関係で指摘されるべきは，相殺の場合に反対債権が存在しないとの裁判が相殺の額まで既判力を生じるとするZPO 322条2項の

---

[4] 上述13頁以下。
[5] 上述18頁以下参照。

第6章　限界づけ原則の基本構造

規定である。この規律は，明らかに次の考え方を基礎にしている。すなわち，相殺によって債権と反対債権は，両者が相殺適状にある限り，消滅するという形で相互に関連づけられる。反対債権が存在しないという理由で，相殺にもかかわらず請求を認容する裁判所は，原告の訴求債権をいわば反対債権による脅威なしに認容する[6]。しかし，この訴求債権に対する裁判の実質的な内容は，被告が反対債権をなお訴えによって主張し，そしてかく解される前訴裁判によれば原告に無事に届くべきものを，原告から経済的になお奪うことができるとすれば，侵害されるであろう。

示唆された種類の原則がもっと明瞭に現れるのは，反対債権が成功した相殺により初めて消滅し，それゆえ判決理由から，反対債権はもはや存在しないことが明らかになる，支配的見解によって正当に同じように扱われている事案においてである。主張された法律効果の確定された存在の法的な射程範囲だけでなく，確定された不存在の法的性質決定にも既判力が生じるというすでに指摘された事情が想起されなければならない[7]。なぜなら当面の関連では，既判力をもって棄却された訴求債権の不存在と反対債権との関係が問題となっているからである。すなわち，この不存在は，相殺により「もはや存在しない」として法的に性質決定されるべきである（このことは，被告の有利に請求を棄却された原告は，たとえば相殺が被告の取消しにより消滅した場合にのみ再訴できることを意味する）。しかし，この種の訴求債権の不存在には，必然的な相関物として実体法上，反対債権の同様の不存在が原告の有利に属している。一方は，この意味で他方に狙いを定め（angelegt），適合されている（ausgerichtet）。反対債権がなお存在するという確定は，それゆえ，この関連を切り裂くことによって，訴求債権の確定された不存在の実質的な内容を侵害することになる。これはまさに，反対債権の不存在への既判力の拡張によって阻止される[8]。

6　これにつき詳しくは，後述107頁以下を参照。

7　上述43頁。

8　最近とくに *Nikisch*（Zivilprozessrecht, §68 II; Festschrift f. *H. Lehmann*, II. Bd., S. 765 ff.）によって主張されている見解，すなわち，訴訟内で表示された相殺はこれを認容する判決によって初めて裁判上の形成の方法で実施されるという見解は，ここで詳論する必要はない。たしかに，この見解によれば，訴訟において成功裏に相殺された反対債権は判決の既判力によってではなく，形成力によって係争外に置かれる。本稿で関心のある既判力問題は，すでに手続外で行われた相殺が訴訟において主張されるすべて

II 承認された拘束力を伴うその他の場合

3 確定された法律効果の不存在の意味内容も問題となる——もっともここでは，他の法律効果の存在がこの法律効果の不存在に対応する——いくつかの点で類似の状況を，法律は ZPO 11条において明文規定で定めており，ArbGerGes.（労働裁判所法）48条が同条の適用範囲を通常裁判所と労働裁判所との関係にも拡張している：「裁判所の土地管轄に関する規定に基づき裁判所の無管轄が確定的に宣言されている場合，この裁判は事件が後に係属する裁判所をも拘束する」。この規定によりラント裁判所が，たとえば区裁判所がGVG（裁判所構成法）23条2号により管轄権を有していないという理由で却下した訴えについて事物管轄を肯定することを強いられる限り，支配的見解の立場からは，これを奇異なことと見る必要はない。却下には，区裁判所の事物管轄の不存在の確定が見られ，そして，この確定はここではGVG 71条1項によりラント裁判所の事物管轄のための法律要件である。その限りで問題となっているのは，後に活動する裁判所の，先決的裁判への拘束だけである。そのさいとくに明瞭に現れるのは，訴え却下の場合にも，法的性質決定が既判力に与ることである。同じことは，労働裁判所と通常裁判所との関係において，労働裁判所が民事訴訟において管轄権なしと宣言する場合にArbGerGes. 48条により当てはまる。なぜなら法律は，通常裁判所と労働裁判所の活動領域を，いかなる争訟が労働裁判所に属するかを実定的に定めることにより限界づけるので，労働裁判所が管轄権を有しないことは通常裁判所の管轄権の法律要件である。したがって，この点についての既判力ある裁判は，通常裁判所の管轄権の判断にとって先決的である。ZPO 11条は，しかしこれらの場合を超えて，法律が後に訴えの提起を受ける裁判所の管轄を，他の裁判所が管轄権を有しないという法律要件に結びつけていないところでも，消極的権限争議を排除するといわれる。たとえばラント裁判所が GVG 71条1項，23条1号または2号に基づき自己の管轄権を否定した場合，区裁判所はもはや自己の管轄権を否定してはならないとされる。これによって先決関係が存在しなくても，直接裁判されるのとは異なる問題に関して，拘束が発生する。しかし，これが意味するのは，後続手続の裁判官は自己の管轄権の調査のさい，第1の手続で管轄違いによる却下を招いた前

の場合において，影響を受けることなく存在する（vgl. *Nikisch*, Zivilprozessrecht, § 68 II 2 b; Festschrift f. *H. Lehmann*, II. Bd., S. 786.）。

第6章 限界づけ原則の基本構造

提問題裁判から離反することを禁じられることである。そのさい，この拘束の実質的理由は，問題となる法律効果間の，客観的法によって与えられた事物関連の中に再び求められる。すなわち，ある裁判所または裁判所支所（Gerichtszweig）の事物管轄権の欠缺に，他の裁判所の管轄権が——いわば裏面として——対応する。対応する管轄権をもつ他の裁判所または裁判所支所もまた，争訟は最初に訴えが提起された裁判所または裁判所支所に属しているという理由で（事物管轄の欠缺により）訴えを却下することができるとすると，この意味連関は破られ，この意味連関に方向づけられた管轄違いによる既判力ある却下の実質的な内容が侵害されるであろう。これは，——上述のように——技術的意味での先決的裁判ということができる事案においても，ZPO 11条，ArbGerGes. 48条において命じられえた拘束の背後にあるものに他ならない。したがって，ZPO 11条は，一般的に承認されている先決的裁判への拘束の場合と，裁判理由が確定する事情についての拘束の場合において，事実上同種の実質原則が問題になっていることの言明力のある証拠である。

この関連で言及するに値するのは，ZPO 11条，ArbGerGes. 48条が文献において，あるいは例外規定として，あるいは ZPO 322条に定着した既判力原則の表現と見られていることである。すなわち，*Rosenberg*（ローゼンベルグ）[9] は，上述の規定において命じられた効果を既判力とは無関係の，ZPO 322条と対立する判決理由への拘束と見なす。それに対して，*Stein／Jonas／Schönke／Pohle*（シュタイン／ヨーナス／シェンケ／ポーレ）のコンメンタールは，この拘束を定型的な既判力効と説明する[10]。ZPO 322条の原則を指摘して，これについて次のことがいわれている。すなわち，もともと，この裁判は否定だけを含んでいる。しかし判決の既判力は，あらゆる場合に宣言の拘束力だけでなく，反対の宣言[11]または（コンメンタールもいうように）「論理的」反対[12]の拘束力をも意味する。しかし，区裁判所とラント裁判所のいずれかが管轄権を有するので，ある裁判所の管轄権の否定は同時に他の裁判所の管轄権の肯定を含むことが，判決の内容に合致する，と[13]。この結果がここで主張された見解と一致す

---

9 Zivilprozessrecht, § 149 I 2.
10 § 11 Anm. II, IV; § 322 Anm. IX 2.
11 § 322 Anm. IX 2.
12 § 11 Anm. II.

II 承認された拘束力を伴うその他の場合

ることは，直ちにこれまでの論述から出てくる。しかし，*Stein/Jonas/Schönke/Pohle* において与えられている理由づけ，すなわち，ZPO 11条は一定の場合につき判決理由に含まれた確定に関して，支配的見解が他では原則的に拒否するような拘束を命じているのだということを見えなくするのに適した理由づけに，疑問が存在する。そのさい決定的な点は，既判力が宣言に関してのみならず，その矛盾的（または「論理的」）反対に関しても拘束力を生むという命題にある。この命題は，直ちに，矛盾的または論理的反対は宣言の純然たる否定と解されるという支配的見解の命題に対応する。たとえばAの所有権―Aの非所有権，Bの債務―Bの非債務，区裁判所の管轄権―区裁判所の無管轄権を考えてみるとよい。このような場合に対称の前者についての確定判決の後，後者が主張される場合，争われているのは，しかし同じ法律効果，すなわちAの所有権，Bの債務，区裁判所の管轄等である。しかし対称の両者が固有の積極的な意味を有する場合には，状況は直ちに別の様相を得る。たとえばラント裁判所がGVG 71条1項，23条1号または2号による事物管轄を否定し，今度は訴えが区裁判所に提起される場合，前訴の裁判はラント裁判所の管轄権について裁判したのに対して，今や区裁判所の管轄権が判断されるべきである。両裁判の対象は，このような場合には，もはや同一ではない。今やむしろ，2つの異なる法律効果が問題となっている。しかし，状況がこのようなものである場合には，裁判された法律効果の存在または不存在は第2の訴訟において基準となる法律効果のための法律要件（tatbestandsmäßige Voraussetzung）でない場合，支配的見解の上述の原則によれば，前訴裁判の既判力効は問題にな

---

13 通常裁判所のRechtsweg（請求が通常裁判所の裁判事項であること）の適法性と行政裁判所のRechtswegの適法性との間で存在する構造的に似た種類の関係について，*Bettermann*（JZ 1957, 322）は全く似た形で，通常裁判所のRechtswegの不適法による訴えの既判力ある却下は，すでに一般的な既判力規定により管轄権を判断するさい行政裁判権の裁判官を拘束するとの見解を主張する。――そのさい，一方の側の不適法と他方の側の適法の実質的共属が問題になっている限りで，ZPO 11条，ArbGerGes. 48条についての論述が当てはまる。しかしながら種々のRechtswege相互の関係においては，ここで決定することができない付加的な問題が現れることを看過してはならない。すなわち，立法者は一方の裁判権の裁判所が出す裁判に，他方の裁判権の裁判所の管轄権に関して拘束効を付与しようとしているのかどうか，肯定される場合にはどの範囲においてであるか，という問題である。

第 6 章　限界づけ原則の基本構造

らない。裁判の基礎となる法体系への依拠の助けを借りて，ある法律効果から論理必然的に他の法律効果を推論する可能性は，支配的見解によれば，このことを変えるものではない¹⁴ ¹⁵。先行考察が示したように，ZPO 11条，ArbGerGes. 48条による拘束力は，前訴裁判が後訴において決定的な管轄規範の法律要件を判断したのでない場合にも，まさに関係しているのである。したがって，*Stein/Jonas/Schönke/Pohle* のコメントに反して，この規定の内容は，一般的に ZPO 322条の解釈について説かれていることと全く一致しない。それにもかかわらず，ZPO 11条の規律に一般的な既判力の限界づけの原則が現れていると認められると——引用されたコメントには，そのような響きがある——，その必然的な結果として，一定の場合には既判力は前訴裁判の理由で扱われる問題にも拘束をもたらすことになる。

4　最後に，これまで言及したのと類似の関連は，ZPO 68条による参加的効力においても見られる。この効力を固有の既判力効と述べなければならないか否か¹⁶は，当面の論述にとっては重要ではない。専ら重要なのは，次のことだけである。すなわち，ZPO 68条は，前訴手続が関係した法律効果とは別の法律効果についての後訴について，周知のように，判決理由に含まれる確定および判断にも及ぶ訴訟法上の拘束を命じている¹⁷。そして，上で扱われた事案

14　上述 8 頁参照。

15　たとえば双務契約において給付請求権と反対給付請求権の成立に関して観察されるような，相互に含意する相関関係（eine einander implizierende Wechselbeziehung）に 2 つの法律効果が立っている場合にも，言及された管轄の「二者択一関係」におけると全く似たやり方で，1 つの法律効果から他の法律効果が演繹されうることを指摘させていただく。ここでは，*Stein/Jonas/Schönke/Pohle* のコンメンタールも，支配的見解はある法律効果から他の法律効果への既判力効に至ることを認めてはいない。

16　既判力というのは，たとえば，RGZ 55, 236 (239); 123, 208 (210); 130, 297 (300); 145, 40 (42); *Baumbach/Lauterbach*, § 68 Anm. 1 A; *Stein/Jonas/Schönke/Pohle*, § 68 I 1: 反対，たとえば *Hellwig*, Lehrbuch, II, § 137 VI 2 b, Syst. I, § 92 IV 2 II 3; Rechtskraft, S. 32; *Lent*, ZAkDR 1940, 129, Zivilprozessrecht, § 83 V ; *Nikisch*, Zivilprozessrecht, § 112 IV 2; *Schönke/Niese*, § 27 IV 2 a; *Rosenberg*, Zivilprozessrecht, § 46 IV 1 e; *Wieczorek*, § 68 Anm. A I.

17　Vgl. z. B. *Baumbach/Lauterbach*, § 68 Anm. 2 A ; *Hellwig*, Lehrbuch, II, § 137

II 承認された拘束力を伴うその他の場合

とのこの外面的なパラレルに対応するのは，この拘束のための実質的な理由に関する内面的親近性である。問題になっているのは，通常，再び一定の内容的な関連である。すなわち，ある法律効果（の存在または不存在）が他の法律効果の存在または不存在に適合されていること（Ausgerichtetsein）である。本訴の当事者間で争われている法律効果が，ここでは，このような形で，当事者の一方が補助参加人または被告知者に対して持ちうる権利，または逆にこれらの者が当事者の一方に対して持ちうる権利と関係している。例として先ず，本訴の当事者間で確定または否定された請求に続いて，第三者との関係で生じうる求償請求を指摘したい。それと並んで支配的見解が，いずれかの者が義務者としてある権利者に対立しており[18]，したがって一方の側での義務づけ原因の欠如に，他方の側での義務づけ原因の存在が対応する場合にも，参加的効力の惹起のために訴訟告知を適法と見ていることに，とくに注意を払いたい。このような状況と，ZPO 11条，ArbGerGes. 48条の事案におけるそれとの類似性は，見誤りようがない。ZPO 68条による拘束力の特殊性は，それにもかかわらず，後訴において前訴とは異なる当事者が対立することにのみ存する。訴訟と裁判は原則として当事者にのみ効力を生じるので，この場合においては，既判力は，裁判所が後訴において前訴の裁判所とは異なる判断をすることにより，この事物関連が引き裂かれることを，まだ取り除かない。ここで参加的効力が介入する。第三者が参加または訴訟告知によって手続への影響を認められる限り，下される裁判は主張された法律効果の存在または不存在の実質的な内容を，他の主たる当事者間で争われる法律効果の方向のみならず，主たる当事者とその補助者または被告知者との間で裁判されるべき法律効果の方向にも固定する。

VI 2 b, Syst. I , § 92 IV2, Rechtskraft, S. 32; *Lent*, ZAkDR 1940, 129; *Nikisch*, Zivilprozessrecht, § 112 IV 2; *Rosenberg*, Zivilprozessrecht, § 46 IV 1 e; *Schönke/Niese*, § 27 IV 2 a; *Stein/Jonas/Schönke/Pohle*, § 68 Anm. II 1; *Wieczorek*, § 68 Anm. A I b —A I b 4; RGZ 55, 236 (239); 123, 95 (96); 208 (210), 130, 297 (300); BGHZ 5, 12 (15); 8, 72 (82); 16, 217 (229).

18 Vgl. z. B. *Baumbach/Lauterbach*, § 72 Anm. 1 B; *Lent*, Zivilprozessrecht, § 84 I ; *Nikisch*, Zivilprozessrecht, § 112 I 3 b; *Rosenberg*, Zivilprozessrecht, § 47 III 2 a; *Schönke/Niese*, § 29 III 1; *Stein/Jonas/Schönke/Pohle*, § 72 III 2 a; *Sydow/Busch/Krantz/Triebel*, § 72 Anm. 1; RGZ 77, 360 (364 f.); 79, 81 (83); 130, 297 (299); BGHZ 8, 72 (80).

第6章 限界づけ原則の基本構造

したがって、ZPO 68条の参加的効力は、これまでコメントした事案において示されたのと同じ原則を、いわば追加的な局面に、すなわち第三者に対する関係に拡張しているということができる[19]。

III 限界づけ原則の一般的な本質メルクマール

先決的裁判の領域において、前訴で捉えられた法律効果とは異なる法律効果に関する手続への既判力効の基礎として浮かび上がったことは、それにもかかわらず、ある判決が他の法律効果に関して拘束力を持つその他の場合にも指摘することができる。問題となっているのは、つねに前訴で確定された法律効果の存在または不存在がその内容上、後訴で争われる法的地位にも狙いを定め適合されている（angelegt und ausgerichtet）一定の意味連関の維持である。先行裁判への拘束は、このような場合、既判力をもって確定された事項の内容が、前訴裁判の他の法律効果へのこのような適合（Ausrichtung）に鑑み、訴訟からこの連関の切裂きが生じることにより侵害されることを阻止する。しかしこの原則が、現行法上ある法律効果の裁判が他の問題に関する手続に対して拘束力を持つ種々の事案において証明できる場合、論じるべき既判力の限界づけが純然たる恣意の問題であるべきでないとすれば、その存在――すでに示されたように――が必然的に前提とされなければならない求められる限界づけ原則の手掛かりはここで摑むことができるという推論が正当であるように思われる。

1 浮かび上っている結果に基づき個別事案の研究を始める前に、しかしながら、なお、一般問題に光が当てられなければならない。考えられているのは、ある法律効果の他の法律効果に対する上述の内容的な狙いまたは適合（Angelegt-oder Ausgerichtetsein）がその多様な形において、異なる法律効果に関す

---

[19] 参加的効力が主たる当事者の利益にのみ発生するのか（so z. B. *Baumbach/Lauterbach*, § 68 Anm. 1 B; *Lent*, Zivilprozessrecht, § 83 V; *Rosenberg*, Zivilprozessrecht, § 46 IV 1 e; *Schönke/Niese*, § 27 IV 1 a; RG Warn. 1931, Nr. 21; RG HRR 1933, Nr. 530）従たる当事者の有利にも発生するか（so etwa *Hellwig*, Lehrbuch, II, § 137 VI 2 c, Syst. I, § 92 IV 2 c; *Stein/Jonas/Schönke/Pohle*, § 68 III）は、この関連では決定する必要はない。

III 限界づけ原則の一般的な本質メルクマール

る任意のその他の諸関係から区別される決定的な一般的基準が本来どこに見られるのかという問題である。先決的法律効果を例に，具体的に述べよう。どのようなメルクマールが，たとえば所有権とBGB 1004条による妨害排除請求権との関係を，BGB 1004条による妨害排除請求権と所有権の逆の関係に対して特徴づけるのか。または，どの範囲で，元本請求権は利息請求権を狙っており（angelegt），利息請求権は元本債権を狙ってはいないのか。立法者の観念によれば，妨害排除請求または利息請求の裁判は後続の所有権または元本請求権に関する手続に法的に影響すべきでないのに対して，なにしろ，所有権および元本請求権についての裁判は後続の妨害排除請求または利息請求に対して既判力を及ぼすからである。

この問題に答えるための示唆は，ある法律効果の存在または不存在が他の法律効果の存在または不存在に対して先決的であり，したがってここで用いられた言葉の意味においてこれを狙っている（angelegt）場合から，再び引き出すことができる。すなわち，ある法律効果が他の法律効果に対して先決的であるとは，——すでに述べられたように[20]——その法律効果が他の（条件づけられた）法律効果を生じさせる法律規定の法律要件に属することを意味する。そうだとすると，これら2つの法律効果相互の関係は法律規範の法律要件と法律効果の関係と同じ構造的メルクマールを有するとの推定が当然である。それゆえ，問題の関係の更なる解明に至りうる手掛かりが，ここに提供されている。この手掛かりを辿って行くと，次のことが見られる。その構成要素が法律要件と法律効果である法規範は，法的評価による世界の秩序づけのための産物（Gebilde）である。法規範は，秩序を必要とする世界に必要な秩序を与えることを任務としている。したがって，それが全体として目標に向けられた目的論的構造を有するように，その構成要素もこれをもっている。法律要件は，単純に所与を自分だけのために記述しているのではない。それはむしろ，所与を法律効果の基準により秩序に服させるという目標を掲げて，これを捉える[21]。法律要件は，したがって自らを超えて，意図された秩序が実際にも実現されるよう，法規範において「命じられたこと（Angeordnetes）」の尊重に向けられた法律

20　上述17頁以下。
21　Vgl. *E. v. Hippel*, S. 27.

効果を指示している。

この関係を，先決的法律効果と条件づけられ法律効果との間のそれと比較して見ると，この関係は全く似たふうに目標に向けられていることに気づく。法律要件において規定された所与が，法律の価値観点から見て，この法律効果の意味での秩序を要求するように，先決的法律効果の内容は条件づけられた法律効果の意味における更なる秩序を要求する。先決的法律効果の化体された秩序内容は，したがって，意図された秩序に属し，その限りで共に意図している更なる内容によって完成される。

一方における法律規範の法律要件と法律効果の関係と，他方における先決的法律効果と条件づけられた法律効果との関係の間のパラレルは，なお次の考察によっても明瞭に示すことができる。法律が法律効果の存在または不存在を他の法律効果のための法律要件として定めるところでは，法律は，条件づけられた法律効果を，先決的法律効果がその側で結びつけられている法律要件にも従属させる。その限りで，先決的法律効果の代わりに，この法律効果の法律要件を条件づけられた法律効果の法律要件に採用する場合，実質上，本質的なものは何も変わらない。このように見れば，法律はたとえばBGB 985条の場合に「所有者」，したがって法律効果「所有権」という代わりに，——たとえ，これが立法技術上この上なく面倒なものであれ——ある人の所有権がそれに依存している法律要件を（直接）返還請求権の法律要件にすることができよう[22]。しかしこの意味で先決的法律効果が自らの法律要件を条件づけられた法律効果の（部分的）法律要件にされることによって取り替えられることができる場合，先決的法律効果と条件づけられた法律効果との間の関係が，その構造上，法律規範の法律要件と法律効果との間の関係と全く同じであることが明らかである。

したがって，次のことが維持されるべきである。すなわち，いずれにせよ先決性が存在する限り，問題となる法律効果間の関係は，目的論的方向要素によって際立っている。先決的法律効果が狙っている秩序には（——必要な付加的法律要件が具備する限り），従属的な法律効果の中で決せられた内容も属する。そして先決的法律効果が他の法律効果の不存在を条件づける場合には（たとえ

---

22 Vgl. *v. Thur*, II 1, § 43 II (S. 9); これにつき, *Enneccerus/Nipperdey*, § 136 I, insbes. Anm. 4.

ば BGB 812条の意味での法律上の原因として，給付物の不当利得返還請求を妨げる債務法上の給付請求権を考えるとよい)，後者の内容は先決的法律効果が追求する秩序によって排除されている。最後に，同じことは，ある法律効果の先決的不・存・在（das präjudizielle Nichtbestehen）についても妥当する。——たとえば，原因（causa）として作用するある法律効果の不存在に依存している不当利得返還請求権を再び考えてみればよい。

　所有権の目指す秩序に属するのは，この意味で，——上で提起された問題に立ち返れば——万が一起るかもしれない侵害の除去が要求されうることである。そして，利息のつく元本債権の目指す秩序によれば，利息も権利者に帰属している。逆に，妨害排除請求権者がその他の点でも所有者として取扱われるべきことは，妨害排除請求権の目指す秩序には属していない。同様に利息請求権は，債権者が元本額をも取得すべき秩序に向けられていない。これらの秩序内容は，ここでは目指されておらず，前提とされているだけである。従属的な請求は，秩序内容へと導くものではなく，自らの源としての秩序内容から来ているのである。このように，妨害排除請求または利息請求の既判力ある認容にもかかわらず，その基礎にある基本権（Stammrecht）が後に否定されることは可能であること，逆に，〔後訴〕裁判所が従属的な請求を，基本権が——前訴裁判に反して——存在しないという理由で棄却する場合には，前訴裁判所による基本権の既判力ある認容が不適法に侵害されることが説明される。

　2　この見方から，非先決的法律効果に関する裁判が周知のように，他の法律効果についての手続に関して拘束力をもつ，すでにコメントした事案に目を向ければ，そこでも同種の目的論的な方向要素が作用していることが分る。そのためには，次のことに注意しさえすればよい。

　すなわち，先決関係の事案では，第1の法律効果はしばしば，その発生がなお付加的な法律要件に従属している第2の法律効果を目指している。2つの例を挙げよう。BGB 1004条による妨害排除請求権は，権利者の所有権の他に，義務者による侵害を要件とする。そして BGB 280条による損害賠償請求権は，給付義務の他に，債務者の責めに帰すべき事後的な履行不能を要求する。条件づけられた法律効果の内容は，それゆえ，潜在的にのみ，すなわちこの付加的な法律要件もまた具備する場合にのみ，先決的法律効果の目指す秩序に属する。

第6章　限界づけ原則の基本構造

　先ずは，目指された秩序はこの場合には，条件づけられた法律効果の意味における更なる形成のためのいわば装置（Anlage）に過ぎない。この関係のこの種の特徴は，しかし第2の法律効果の内容が第1の法律効果が向けられている（またはその確定された不存在が目指す）秩序に（積極的または消極的に）属するための必要的要件をなすものではない。このような関係は，むしろ第2の法律効果の付加的な法律要件に結び付けられていない場合にも，したがって装置上のみならず，完全な現実の存在——または不存在——において目指された秩序に属している場合にも存在しうる。このことはとくに——すでに述べたように——立法技術から見て全くなお先決関係と呼びうる事情に照らして明瞭に示される。考えられているのは，給付請求権と，履行のために給付された物の返還を求める不当利得償還請求権との関係である[23]。すなわち，給付請求権によって——履行状態においてもなお——目指される秩序は，利得償還請求権の内容を原則として自ら排除するのであり，他の要件が加わる必要はない。給付請求権の存在には，したがって直ちに給付目的物の返還を求める利得償還請求権の不存在が属する。すでにしばしば言及された，Aの所有権または所有物返還請求権の既判力ある確定後に，Bが自分が争いのある物の所有者であるとか，物をBGB 985条により自分に返還すべきであると主張する場合においても，状況は実質的に全く同様であるが，先決性の関係はまだ存在しない。

　もう1つ別の点が，この関係において強調されなければならない。法律上ある法律効果が他の法律効果に対して先決的であるところで，多数の場合において問題になっているのは，第1の法律効果によって優遇される人に，第2の法律効果が別の権利を付与することにより，第2の法律効果が状況をいわば先決的法律効果と同じ側から捉えていることである。たとえば，所有権と妨害排除請求権またはBGB 823条による損害賠償請求権との関係，または契約上の給付請求権と不履行または不完全履行による損害賠償請求権との関係を想起されたい。ここにおいても，問題となる目的論的な実体関連の本質必然的な特徴は存在しない。このことは，先ずは，再びある法律効果が他の法律効果の存在または不存在のための法律要件である事案において現れる。たとえば，一方における相続人の権利には，事情によっては，他方における相続人に対して向けら

23　上述18頁以下参照。

れた受遺者または遺留分権利者の請求権が属する。BGB 812条の規定が，債務者は彼のした給付の返還請求権を持たないという——ここでは消極的な——裏面を，債権者の給付請求権に割り当てる限りで，この規定もここでもう一度言及される。同じことは，しかし先決性なしに，Aの所有権または所有物返還請求権と，Bの同じ権利の不存在との間においても再び書き留めることができるが，これはすでに述べたところから直ちに明らかになることである。したがって，第2の法律効果の存在または不存在が第1の法律効果の存在または不存在によって目指された秩序の他の面に関する場合にも，問題となる目的論的な構造の事物連関（Sachzusammenhänge）と関わらざるをえない。

　言及された特殊性は目的論的構造をもつ事物関連の全く種々の変種をもたらすことが確定されるが，上で述べた相殺の場合，ZPO 11条，ArbGerGes. 48条の事案等——ここでは，誰しも認めるように，ある裁判の拘束力が，その裁判が先決的でない他の法律効果にも及ぶ——においても，この種の関連が問題になっていることは理由づけを要しない。これらの場合についてすでに述べたことから直ちに生じるのは，ここでも既判力をもって確定された事項の，関係する他の法律効果の存在または不存在への内容的な狙い（Angelegtsein）が意味することは，後者が目指された秩序に必然的に属している（hinzugehört）ことに他ならないことである。相殺の場合の訴求債権の確定は，この意味で，ZPO 11条，ArbGerGes. 48条の場合における事物管轄の不存在の宣言が共通の秩序の一面を含むのと同じく，いわば一部真実（Teilwahrheit）を含むに過ぎない。これに応じて，確定事項はその都度なお第2の法律効果（またはその不存在）の意味での補充秩序を必要とする[24]。それゆえ両者は，有意義には切り離されえない。そのさい，この原則が成功裏に相殺された反対債権への既判力の拡張において明文の法律規定なしに妥当したことは，特筆に値する。なぜならZPOの制定史から一義的に明らかになるように，立法者は，今日一般的にこの場合にも適用されている[25]ZPO322条の2項の規定によって，成功した相殺に基づき反対債権がもはや存在しないことをも捉えようとはしなかった[26]。

24　ZPO 68条の場合にも，問題は似た状況にある。
25　上述12頁以下参照。
26　Vgl. die Begründung zur Novelle von 1898 zu § 293 ZPO a. F., bei *Hahn/Mugdan*, Materialien, Bd. 8, S. 105.

第6章　限界づけ原則の基本構造

立法者は，このような場合において，既判力を拡張する必要性を明らかに認識しなかったからである[27][28]。

　既判力の限界づけの，問題ある原則の探求は，それにもかかわらず，ある法律効果の裁判が他の法律効果をめぐる争いに対して既判力効を及ぼすことが承認されている多くの場所において証明されるような，上述の種類の目的論的事物連関へと導く。個別的な現れ方とは無関係に，そのさい問題になっているのは，つねに，既判力をもって確定された事項の・目・標に関わる（betreffen）連関である。確定された事項が基礎とする源は，それから目標が生じている限りでのみ，第二次的意味をもつに過ぎない。既判力と判決理由との関係にとって，この原則から生じることは，裁判理由で扱われるべき問題に関して拘束が必要なのは，確定された事項の目標がここから規定され，そして既判力をもって確定された事項と上述の種類の目的論的連関に立つ法律効果が裁判される限りにおいてであり——そしてその場合に限られることである。それゆえ，この原則の一般的な実施は，理由の既判力に関する普通法理論への回帰をもたらすものではない。

　既判力の限界づけのための切望された原則がこれによって明らかになったが，本研究は今やこの基礎から典型的な個別事案へと向わなければならない。

27　Vgl. *Seuffert*, ZZP 16, 470. 明らかに322条2項の新条文は彼の勧めに帰せしめられる（so *Hellwig*, Syst. I, § 231 Ⅲ 3 b Anm. 31）。

28　スイス法における類似の状況につき，上述13頁参照。

第2部 実　　施

第7章　第二次的法律効果との関係における妨害排除的不作為義務と所有権に基づく返還請求

I　妨害排除的不作為義務と損害賠償請求権

1　多くの先決関係からよく知られた事物関連で，これまでの検討によりある法律関係の裁判の，他の法律効果についての争いに対する既判力効を基礎づけるものは，第一次的法律効果と，最初になされた命令が従われずまたは完全には従われない場合に，いわば制裁として介入する第二次的法律効果との間の関係である。この種の関係に立つのは，たとえば契約上の給付請求権と給付障害による請求権，ならびに，絶対権とその侵害による請求権である。第一次的法律効果と制裁のこのような関連は，支配的見解によれば第1の法律効果が第2の法律効果に対して技術的意味で先決的でない，すでにしばしば述べた事案においても今や存在する。考えられているのは，妨害排除的不作為訴訟によって主張された法律効果と損害賠償請求権との関係である[1]。これは先ずは少なくとも，不作為の訴えの裁判後に，この訴えによって異議を唱えられた挙動を継続した行為につき損害賠償が要求される場合に妥当する。なぜなら，これについてすでに述べたところによれば，不作為訴訟によって主張された法律効果が，かかる場合，それでも，そうなった場合には損害賠償請求権が——これのその他の要件が具備する限り——事後に塡補すべきものを予防的に阻止することに向けられていることは明らかであるからである。したがって問題となる種

---

[1]　上述2頁以下，27頁以下参照。

第7章 第二次的法律効果との関係における妨害排除的不作為義務と所有権に基づく返還請求

類の目的論的な関係が存在する場合，ライヒ裁判所の見解に反して，権利侵害の存在についてその裁判において判断され，かつ，訴えがたとえば繰返しの危険がないためだけで棄却されているのでない限り，不作為訴訟の裁判が後続の損害賠償請求訴訟にも作用しなければならない。したがって，裁判所が被告に不作為を命じ，被告がその挙動をそれにも拘わらず続行する場合，原告がこの理由から損害賠償を請求すると，被告は不作為判決の既判力により，自分の挙動は原告の権利または保護法益を侵害していないという提出をもはや聴いてもらうことができない。その限りで，裁判官は不作為判決の理由中で行われた確定および裁判から離反することを禁じられる。したがって，前訴判決が主文において問題の行為の権利侵害的性質を確定していることは，ライヒ裁判所の見解[2]に反して，かかる拘束のためには必要でない。逆に，異議を唱えられた挙動が違法性を欠くという理由で不作為訴訟が棄却され，原告がこの判決の確定後，すでに前訴で争われた挙動の続行に過ぎない被告の新たな行為を理由に損害賠償を要求する場合，同じように，問題の種類の行為は違法に原告の権利または保護法益を侵害しているとの彼の主張は，聴かれない[3]。RGZ 125, 159において裁判された上述の事案においては，したがって，ライヒ裁判所は既判力を有する前訴裁判によって拘束されていると見なければならなかったであろう。その場合には，ライヒ裁判所の主張する見解が導かなければならない――上で示された[4]――違和感のある結果も，それでなくなるのである。

2 解明すべき問題は，不作為訴訟で下された判決が後続の損害賠償請求に対しても，損害賠償が事後的になされた行為に関してではなく，不作為訴訟のきっかけとなった行為に関して要求される場合にも，既判力を及ぼすかどうかである。明らかにされた原則によれば，これは，前訴が裁判した不作為義務が

---

2 RGZ 121, 287 (289 f.). 上述29頁参照。
3 それに対して繰返しの危険がないという理由での棄却は，当然，損害賠償請求の妨げとはならない。このような場合，状況は確認の必要性がないため確認の訴えが却下される場合と異ならない。ここでも既判力は，確認されるべき法律関係に従属する法律効果を主張する可能性を遮断しない。因みに，所有権に基づく返還請求の棄却と BGB 987条以下の付随請求権との関係については，後述82頁以下も参照。
4 上述30頁以下。

I 妨害排除的不作為義務と損害賠償請求権

新たな侵害だけに向けられているのか,すでになされた最初の行為にも向けられているかに係っている。

たとえば BGB 1004条の規定について,このことを検討すれば,不作為の訴えで主張された被告の義務は所有権の侵害がすでに行われた場合に初めて成立すると,先ずは考えられるかもしれない[5]。しかし,この考えが意味するところは,問題の不作為義務は最初の侵害に対してではなく,続く行為に対してのみ向けられるということである。だが,このような見解は,仔細に調査すれば,直ちに疑問に遭う。意味上(sinngemäß)共属しているものを初めから引き裂くのは,注意を惹かざるをえないからである。すなわち,不作為の訴えによって主張される法的義務は,ひょっとすると繰り返されまたは持続するかもしれない挙動で,最初の侵害行為によってすでに始まり,それゆえ最初の侵害行為が本質的部分として属する挙動に対抗すべきである。このことが実際に可視的になるのは,とりわけ,不作為の訴えの予防目的は最初の侵害行為に先行するために必要な場合にはすでにこれが行われる前に不作為の訴えを許すことを命じるという[6],今日例外なく承認されている事情によってである。それゆえ不作為の訴えによって主張される法律効果を原則として最初の違反に結びつけ,それによって最初の侵害を不作為義務が向けられている対象から除外することはよくないのである。むしろ,この義務は全く一般的に少なくとも,最初の違反が直接差し迫っている時点から始まらなければならない。そうであって初めて,この義務の意味内容を正しく評価することができる。

不作為の訴えによって主張される被告の義務が,すでに違反があって初めて

---

5 So z. B. *Pagenstecher*, Rechtskraft, S. 13; vgl. auch *Schönke/Schröder*, § 44 II 4 b.
6 Vgl. z. B. *Benkard*, Patentgesetz, § 47 Anm. 2; *Baumbach/Hefermehl*, Allgemeines, Anm. 196; *Enneccerus/Lehmann*, § 252 I 3 b; *Erman/Hefermehl*, § 1004 Anm. 8; *Heck*, Sachenrecht, § 66 8; *Krauße/Katluhn/Lindenmaier*, 4. Aufl., § 47 Anm. 5; *Larenz*, Schuldrecht, II, § 70 I (S. 378 f.), § 70 II (S. 381); *Lehmann*, Allgemeiner Teil, § 19 III 1; *Neumann-Duesberg*, JZ 1955,480; *Palandt/Hoche*, § 1004 Anm. 2 b; *Reimer*, Patentgetz, § 47 Anm. 3; Wettbewerbs- und Warenzeichenrecht, 107. Kap. Anm. 8; RGR-Komm. (*Johannsen*), § 1004 Anm. 1 f.; *Westermann*, § 36 I 1 a; RGZ 101, 335 (340), 104, 376 (379); 151, 239 (246); RG JW 1927, 1557 Nr. 1 mit zust. Anm. von *Kisch*; 1933, 1191; 1938, 3125 Nr. 31; BGHZ 2, 394 = LM Nr. 3 zu § 24 WZG mit zust. Anm. von *Lindenmaier*.

第7章 第二次的法律効果との関係における妨害排除的不作為義務と所有権に基づく返還請求

成立するのでないことは，別の面からもなお確認することができる。文献において今日圧倒的に主張されている見解によれば，たとえば BGB 1004 条が念頭においている不作為の訴えの要件は，主張される不作為義務の要件ではなく，訴えのための権利保護要件である[7]。当面の関連では，——たとえば *Lehmann*（レーマン）[8] のように——不作為の訴えを，その訴求可能性の前に存在する不作為請求権の行使手段と見るか，それとも，文献において有力化している見解とともに，不作為請求権に合わせて裁断されておらず，特定の権利または法益の保護のためにいわば万人のために存する，他人の法益を侵害しない一般的な法的義務を強化する純然たる訴訟上の権利保護制度として不作為の訴えを見るか[9] どうかによって，違いは生じない。なぜなら，これら2つの見解によって，主張された不作為義務はすでに，争いを引き起こす最初の侵害に対して向けられているからである。

この結果を確実なものと見なすことができる場合，不作為訴訟と損害賠償訴訟の関係についてなお問われるべきは，ある法律効果の存在または不存在の確定は，後続訴訟において前訴の事実審最終口頭弁論前におけるその存在が問題となる限りにおいても既判力を及ぼしうるかどうかである。具体的に述べると，不作為訴訟において下される，被告の不作為義務の存在または不存在の確定は，不作為訴訟の事実審の最終口頭弁論前に行われた行為の時点における不作為義務の存在が損害賠償訴訟において重要となる限りにおいても，基準となるかどうかである。この問題も肯定に答えられなければならない。*Rosenberg*[10] が適切に強調するように，過去に関する確定が裁判の内容に属する場合には，既判力は例外なくこの種の確定にも関係しうる。この考え方が実際的に必要なことは，次の例が明らかに示すところである。すなわち，原告がずっと以前に遡る

7　Vgl. *Enneccerus/Lehmann*, § 252 I 3 b; *Esser*, § 320 3; *Larenz*, Schuldrecht, II, §70 II; NJW 1955, 263; *Lehmann*, Allgemeiner Teil, § 19 III; Unterlassungspflicht, S. 222; *Nikisch*, Zivilprozessrecht, § 38 IV 3; *Siber*, Schuldrecht, § 1 I 2 a (S. 3), § 76, V 3 c (S. 470 ff.); Rechtszwang, S. 99 ff. 113 f.; vgl. auch *de Boor*, Gerichtsschutz und Rechtssystem, S. 56.

8　Allgemeiner Teil, § 19 II; Unterlassungspflicht, S. 107 ff.; *Enneccerus/Lehmann*, § 252 I 1.

9　上述31頁注35参照。

10　Zivilprozessrecht, § 150 II 1, III 2 a. E.; vgl. BAG Nr. 11 zu § 626 BGB.

I 妨害排除的不作為義務と損害賠償請求権

ある物の所有権の譲渡に基づき所有権を取得したかどうかをめぐって当事者が争っている訴訟において，原告の所有権が確認される。この判決が既判力を生じた後，被告が確認訴訟の最終口頭弁論の直前に物を毀損したことが明らかになる。今や原告が新たな手続において損害賠償を請求する場合，所有権の侵害は確認訴訟の最終口頭弁論の後ではなく，その前の日に行われたのであるから，かなり時を遡る取得事象（Erwerbsvorgang）に基づく所有権の既判力ある確認を無視することは困難である。確認判決の意味は，原告が問題の取得事象以後，物の所有者であるということに一義的に向かっているからである。同様のことを，ライヒ裁判所も RGZ 130, 119の裁判で請求棄却の事例において認めた。すなわち，船の注文主の引渡請求が，被告の解除により既判力をもって棄却された。後続訴訟において，注文主は遅滞損害の賠償を訴求した。上告の見解，すなわち，引渡請求権が前訴の事実審最終口頭弁論の時点からは否定されているので，損害賠償請求権は解除についての異なる判断に基づき，いずれにせよ前訴の事実審最終口頭弁論までの時点については認容されうるとする見解を，ライヒ裁判所は退けた。ライヒ裁判所によれば，前訴裁判の内容によれば，合意された引渡期日の経過前において，被告の義務はもはや存在しなかったので，原告は既判力効により，前訴において原告に否定された給付請求権をもはや何らかの損害賠償請求権の基礎にすることはできない[11][12]。

ここで関心のある不作為事案においても，事情は本質的に異ならない。上の所有権の例において，裁判は一定の取得事由を引合いに出すことによって，原告が当時以来所有者であることについて少し述べているのと同じく，不作為訴訟の判決は——過去に関することであるが——被告はすでに当時争われている

---

11 この裁判に同意するのは，*Blomeyer*, Festschrift f. *Lent*, S. 81; vgl. auch BGH LM Nr. 3 zu § 987 BGB：訴訟係属以後に収受された利用利益の返還を求める BGB 292条，987条による請求権についての返還命令判決の既判力効。これについては，82頁注29，82頁注31を見よ。

12 これに対して，将来に向けて効力をもつ事後的な消滅（たとえば弁済による）を理由とする請求棄却の既判力は，原告が後の手続において消滅前に成立した BGB 286条による遅延損害賠償請求権を主張する場合には，当然のことながら，その妨げとはならない。これにつき，A. *Blomeyer*, Festschrit f. *Lent*, S. 80 f. 参照。請求権の不成立による棄却と，消滅による棄却で既判力効を区別することに一般的に反対するのは，*Nikisch*, Zivilprozessrecht, § 106 Ⅲ 4; *Hellwig*, Syst. Ⅰ, § 231 Ⅲ 2.

第7章　第二次的法律効果との関係における妨害排除的不作為義務と所有権に基づく返還請求

種類の行為を法上すべきでなかったのかどうかについて判断している。被告の不作為義務について既判力効をもって確定されているものは，したがって，法的には将来の行為についての損害賠償義務の存在または不存在を狙っているだけでなく，むしろ不作為訴訟の基礎となっている，最終口頭弁論時点においてすでに行われた行為による損害賠償義務にも同様に関わっている。上述の原則によれば，不作為義務について出された裁判は，不作為訴訟の基礎にある行為に関して賠償が要求される場合にも，損害賠償訴訟について基準となることを伴わなければならない。不作為訴訟で出された裁判が事後的な違反行為による損害賠償債権に対して及ぼす既判力効について得られた認識は，したがってこの場合にも同様に妥当する。

3　注目すべきことに，近時の連邦通常裁判所の裁判[13]も――もっとも意図的ではないが――この方向を示唆している。事案は次のようなものである：原告が被告の競争違反行為を理由に不作為，情報付与および損害賠償を要求した不正競争訴訟において，ラント裁判所は不作為についてのみ先に一部判決によって判断した。この判決に対する控訴に基づき，上級ラント裁判所は控訴を棄却した。しかも，不作為申立てだけでなく，情報付与と損害賠償についても裁判した。これに対して向けられた上告論旨，すなわち，上級ラント裁判所はZPO 537条により不作為申立てについてのみ裁判することが許されたのであって，第一審にまだ係属している情報付与や損害賠償を求める請求については裁判してはならなかったという主張を，連邦通常裁判所は退けた。同裁判所は，理由づけのために次のように述べた。すなわち，提起された複数の請求の一部だけが裁判されている場合，確かに ZPO 537条により原則としてこの部分だけが控訴裁判所の裁判の対象である。だが，一部の請求（Teilanspruch）の棄却の場合，残部の請求（restliche Ansprüche）を肯定する可能性が「概念的にもはや」存在しない場合，この原則から1つの例外が生じる。控訴裁判所は，提起された不作為請求を理由なきものと見たことにより，情報請求および損害賠償の確認を求める他の請求の基礎を奪った。それゆえ，単に形式的な理由から残部請求について，事件が第一審に差し戻されなければならないとすると，

13　LM Nr. 14 zu § 16 UWG; これに同意するのは，*Benkard*, NJW 1955, 1135 Anm. 8.

それは終局的な事件解決の全く余計な遅延である，と。

一部判決についてのみ控訴の提起を受けた控訴裁判所は，一部の請求を否定し，これにより残部の請求を肯定する余地がない場合には，ZPO 537条にもかかわらず訴えを全範囲において棄却しなければならないとする，この判決において主張された見解に関しては，連邦通常裁判所は支配的見解を援用することができる[14]。これらの要件の存在は，主として2つの事例において認められている。すなわち，第1に，一部判決により裁判される請求が残部請求に対して，前者がなければ後者が存在しえないという形で，先決的である場合。第2に，段階訴訟において，控訴裁判所が主たる請求と情報請求との共通の原因を否定するために，差し当たり専ら裁判に供されている情報請求の棄却に至る場合。第2のグループは別の箇所で正確に考察することにするが[15]，これらの事案において説かれていることを，連邦通常裁判所は今や不作為申立てと損害賠償申立てとの関係に移す。しかし，そのさい，なぜ本来，不作為の訴えの棄却は損害賠償請求の基礎を奪うことになるのか，したがって損害賠償請求の肯定が「概念的に排除」されているのかという問題が必然的に生じる。不作為請求と損害賠償請求とが，両者につき存在しうるか，両者につき存在しえないのかの，いずれかである（部分的に）共通の要件に基づいているという事情は，このような「概念的排除」の仮定をまだ正当化することができない。そうでなければ，一部判決を扱う控訴裁判所は，不服を申し立てられた一部判決が訴求債権の一部額を認容しているが，控訴裁判所が訴求債権全部に関わる考量により反対の結論に達する場合には，訴えを全範囲にわたって棄却しなければならないことになる。もっとも，ライヒ裁判所は——散発的にとどまった——1941年の裁判[16]において，537条に掲げられた準則をこのような場合に適用すると形式的

14　Vgl. z. B. *Baumbach/Lauterbach*, § 537 Anm. 1 B; *Nikisch*, Zivilprozessrecht, § 122 Ⅱ 2; *Rosenberg,* Zivilprozessrecht, §137 Ⅱ; *Schönke/Schröder*, § 86 Ⅱ; *Stein/Jonas/Schönke/Pohle*, § 537 Ⅰ 1 Note 3; *Sydow/Busch/Krantz/Triebel*, § 537 Anm. 1; RGZ 171, 129 (131); RG JW 1926, 2539 mit zust, Anm. von *v. Scanzonis*; RG HRR 1936, Nr. 219; vgl. auch RGZ 132, 103 (104 f.); RG HRR 1935, Nr. 1244; BGHZ 12, 273 (276 f.).

15　後述180頁以下参照。

16　DR 1941, 2334 Nr. 4. もっとも同じ基本的見解に，MuW 1929, 440 (442) におけるライヒ裁判所の裁判もほぼ傾いている。

第7章　第二次的法律効果との関係における妨害排除的不作為義務と所有権に基づく返還請求

な理由から訴訟の無益な長期化を招くという理由で，上告審のそのような棄却権能を認めた。ZPO 537条に定着した原則を，このように著しく破ることを適法とする手掛かりを現行法に求めても，無駄である。このようにして敗訴当事者は，法律がこの者に明示的に附与し，実際的な観点によっても決して意味がないわけではない可能性，つまり残部の請求の弁論において——たとえば事実的な，または法律的な新提出によって——異なる判断に到達する可能性を奪われるからである。それゆえ問題のライヒ裁判所の裁判は，正当にも圧倒的に拒否に遭い[17]，近時，連邦通常裁判所[18]もこれに続いた。したがって一部棄却が残部の請求の基礎を奪い，かくて，残部の請求の肯定が概念的に排除されているといえるためには，訴訟の結果がすでに完全に決まったものと思わせる事情がすでに存在しなければならない。

　この関連において，先ず ZPO 565条2項の規定を考えることができよう。この規定において定められている，上級審の取消裁判の基礎とされている法的判断への下級審の拘束は，下級審裁判所が取消しおよび差戻しによって，取り消された判決の対象につき改めて裁判しなければならない限りでのみ生じる[19]。上訴裁判所が不作為の訴えだけを裁判する場合，それゆえこの規定からは，原審に係属したままになっている損害賠償請求に関しては原審の拘束は生じない。この手続の続行は，ZPO 565条の意味での取消しおよび差戻しを全くその基礎にしない。問題となっている拘束は，単に上訴裁判所の地位および権威から引き出されるものではない。すでに上級裁判所の裁判がある争訟を裁判するに当たり，下級裁判所は上級裁判所の見解を ZPO 565条2項の範囲を超えても尊重しなければならないという一般的な命題は，現行法には知られておらず，ZPO 537条の意味とも調和しえないであろう。最初の一部判決の取消しまたは変更のさいに上訴裁判所が導かれた見方を，下級裁判所がそこに係属する残部

17　Vgl. z. B. *Letzgus*, Anm. zu RG DR 1941, 2334 Nr. 4; *Nikisch*, Zivilprozessrecht, § 122 II 2; *Rosenberg*, Zivilprozessrecht, § 137 II; 結果として，*Stein/Jonas/Schönke/Pohle*, § 529 Anm. IV 2 d も同旨。それに対して，§ 537 Anm. I 1の脚注3には DR 1941, 2334が明らかに肯定的に引用されている。この裁判は肯定的な言及を *Schönke/Schröder*, § 86 II においても見出す。

18　BGHZ 12, 273 (276 f.).

19　*Stein/Jonas/Schönke/Pohle*, § 565 Anm. II 2 c.

請求の裁判のさいに基礎にしない場合に，この残部請求に関する裁判も上訴手続において取り消されまたは変更される一定の事実上の蓋然性は，そのさい意味がない。法的必然性をもっては，訴訟の結末はまだこの種の単なる蓋然性によっては決っていない。

控訴裁判所による不作為申立ての棄却が第一審に係属している損害賠償請求の肯定を法的に排除できるのは，この状況に鑑み，不作為手続において下された判決が損害賠償請求に関して既判力を及ぼす場合だけである。もっとも，かかる拘束を問題となる場合すべてのために間隙なく基礎づけるためには，既判力だけではまだ十分ではない。すなわち，ドイツ民事訴訟法によれば，既判力は形式的確定力の前には発生しないので，事情によっては，判決の言渡しと確定の開始との間に拘束力のない時間が残る[20]。ここではしかし，ZPO 318条において定められた効力が介入する。これは，裁判所に自己の判決を取り消しまたは変更することを禁止するのみならず，これが不服申立てのできない状態になる前にすでに，他の裁判所が下した同じ内容の裁判の既判力が行うのと同じ方法で，かつ──ここではこの点がとくに重要なのであるが──また同じ範囲で，判決をした裁判所をこの判決の内容に拘束する[21]。不作為訴訟で出された判決が損害賠償請求に関して既判力を有する場合，それは同じ範囲においてZPO 318条による効力をも有する。それゆえ，このような場合において控訴裁判所が，異議を唱えられた被告の行為は原告を侵害していないという理由で第一審の不作為判決を訴えの棄却に変更すると，それにもかかわらず下級審裁判所が自分のところに係属する損害賠償請求を認容する場合，控訴裁判所はこれに対して提起された控訴により ZPO 318条による拘束に従い，その点でも訴えを棄却しなければならない。不作為訴訟の棄却により，したがって，（不作為請求を棄却する控訴裁判所の判決が直上審によって取り消されるのでなければ）損害賠償請求も後に控訴手続において挫折せざるをえないことが，すでに確定

---

20 もちろん実務では，その対象上残部訴訟に対して拘束力をもちうる一部判決の言渡後，一部判決が確定する前は通例結末判決は出されないであろう。

21 Vgl. z. B. *Baumbach/Lauterbach*, § 318 Anm. 1; *Bötticher*, Kritische Beiträge, S. 72 ff., 145 ff.; *Rosenberg*, Zivilprozessrecht, § 57 I 1; *Stein/Jonas/Schönke/Pohle*, § 318 Anm. II, III; *Sydow/Busch/Krantz/Triebel*, § 318 Anm. 2; *Wieczorek*, § 318 Anm. B.

第7章　第二次的法律効果との関係における妨害排除的不作為義務と所有権に基づく返還請求

している。すでにこの結果は、不作為請求の棄却後は損害賠償請求の肯定の余地はもはやないという命題を正当化できるかもしれない。しかしもう一歩前に進めて、ZPO 318条に基づき、係属中の損害賠償請求の裁判のさいに下級裁判所も不作為訴訟で下された控訴裁判所の判決に拘束されると見なければならない。確かに、ZPO 318条の文言が前提にしているように、この（不作為訴訟の）判決は下級審裁判所自身によって下されたものではない。しかし、それは、法的には、下級裁判所によって下される裁判に代わったのであり、それゆえ下級裁判所にとっては対応する自身の判決と変わらないであろう。

コメントされた拘束力以外の拘束力は、当面の関連では問題にならない。ZPO 537条2項についての連邦通常裁判所の上記の見解は、したがって、不作為訴訟で下される判決は既判力およびZPO 318条による拘束力を損害賠償請求の手続にも及ぼすゆえ、そして、その理由だけで正当なのである。連邦通常裁判所の裁判した事案は、支配的見解が同じ理由づけによってZPO 537条の原則からの例外を承認する事案の第1グループ、すなわち控訴審に上がり、そこで否定された法律効果の存在が下級審に残っている請求の肯定に先決的である事案と、ドグマーティシュには少なくとも同列にある[22]。なぜならこの状況においても、控訴裁判所に至った対象についての裁判は、第一審に係属する法律効果に対して既判力を及ぼすからである。不作為訴訟と損害賠償訴訟について行われたのと同じ考量から、それゆえ、この法律効果は、先決的請求権を否定する控訴裁判所の判決が存在する場合には、もはや肯定されえない[23]。

22　たとえば相続権の確認および遺産に属する物の返還をめぐる争いにおいて先ず、第一審が一部判決によって原告の相続権を確認するが、控訴裁判所がこれを否定し、これに基づき訴えを全範囲において棄却する場合、事情はそうである。

23　同じ関連でしばしば挙げられている段階訴訟——支配的見解によれば情報付与または計算を求める請求権だけを扱った控訴裁判所は、この請求権から生じた補助請求権を基本関係の欠缺を理由に否定する場合には訴えを全範囲にわたって棄却しなければならない——において、問題はどのように判断されるべきかという問題は、差し当たり不問に付されてよい。この事案は別の箇所で（後述180頁以下）詳しく扱われる。

II　BGB 985条による返還請求権

1　第一次的法的義務と，不遵守の場合に介入する第二次的法的義務の間の——不作為義務と損害賠償義務の関係において確定されえた——事物関連の中には，RGZ 136, 162に掲載されているライヒ裁判所の裁判の正当化のための手がかりもある[24]：前訴において原告土地所有者は，被告に居住権が帰属しているとの理由で，BGB 985条に基づく明渡訴訟を棄却された。この判決が確定した後，所有者は BGB 812条により利用補償金（Benutzungsvergütung）の支払いを求めて訴えを提起した。カンマーゲリヒトは請求を認容した。同裁判所は，明渡訴訟の既判力ある棄却にもかかわらず，明渡訴訟において成功裏に提起された被告の居住権の抗弁は ZPO 322条1項により既判力を生じていないとの理由で，そうする権限があると見た。だが，ライヒ裁判所は，これに対して，前訴裁判の既判力により新たな訴えは棄却されなければならないという見解を主張した。理由づけのために，同裁判所はとりわけ次のように判示した。すなわち，明渡訴訟の確定的な棄却により，原告が被告に明渡しを要求できるということは，当事者間では不可変更的に否定されている。ここから必然的に，被告は原告に対して住居の占有権限を有することが生じる。そのさい，既判力が居住権自体の存在または不存在に及ぶかどうかは重要ではない。すでに明渡請求の既判力ある否定によって，直ちに不当利得の要件が除かれる。なぜなら，誰かが不返還による利得償還請求権を持つことは，この者に返還請求権が帰属していない場合には，排除されているからである。それゆえ，BGB 812条による訴えにかかる請求には，原告に既判力をもって否定された要件，すなわち被告が法的原因なしに占有しているという要件が欠けている，と。

支配的見解の立場からは，ライヒ裁判所の主張した結果の理由づけのために主張できるのは，せいぜい主張された利得償還請求権は BGB 988条からのみ導き出すことができ[25]，この規定はしかし BGB 812条の要件の他に，BGB 985

---

[24]　同意するのは，*Stein/Jonas/Schönke/Pohle*, § 322 Ⅷ 1, Fußnote 124：この裁判については，*A. Blomeyer*, Festschrift f. *Lent*, S. 81f. も参照。

[25]　BGB 987条以下は不当利得返還請求権を原則として排除するという見解に同意することができるかどうかは，未定にしたい。これにつき，*Westermann*. § 31 Ⅲ 1参照。

第7章 第二次的法律効果との関係における妨害排除的不作為義務と所有権に基づく返還請求

条による返還請求権の存在を要求していると述べることであろう。事態をこのように見ると、返還請求の棄却によって直ちに不当利得償還請求権の必要的要件が既判力をもって否定されるが、このことは、先決的裁判の基準性についての理論によれば、不当利得償還請求の棄却をもたらさなければならない。所有権に基づく返還請求の訴えと利用利益返還請求との間の概念的＝構成的関係を実際にそのように見ることができるかどうかは、すでに述べられたように[26]、少なくとも疑わしい。ライヒ裁判所は、いずれにせよその裁判の理由づけにおいて、この道をとっていない。ライヒ裁判所は、BGB 988条に基づく不当利得返還請求権のために——BGB 812条に対して——付加的な所有権に基づく返還請求権の法律要件が欠けているとは述べていない。ライヒ裁判所は、むしろ、被告は前訴の確定裁判によれば法的原因なしに占有しているのでないことに、訴えを挫折させる。しかし、これによって、ライヒ裁判所は支配的見解の地平を去る。支配的見解によれば、明渡請求の訴えを棄却する裁判の既判力が確定するのは、主張された所有権に基づく返還請求権が存在しないことだけだからである。この返還請求権の不存在は、しかし、被告の占有の法的原因ではなく、これの結果に過ぎない。なぜなら、被告の占有権は被告が返還しなくてよいことに基づくのでなく、逆に被告は、——居住権の帰属者として——占有権限を有するので返還する必要がないのである。したがって、被告の占有原因（Besitzcausa）は、既判力をもって確定された返還請求権の不存在にとって原因の意味しかなく、しかも抗弁（Einwendung）の形式で主張されている原因の意味しかない。それゆえ支配的見解によれば、裁判はその点では既判力をもたず、不当利得訴訟における法律上の原因の欠缺の問題は、カンマーゲリヒトも認めたように、前訴手続とは全く無関係に改めて調査すべきであろう。だが本研究で展開された原則からは、ライヒ裁判所の見解がそれにもかかわらず正しいことが明らかになる。すなわち、物自体が返還されないので、不当利得償還請求によって、利用利益の補償が要求されている。この請求権は、したがって、第一次的請求権の不履行のために介入する第二次的請求権の特徴を備えている。したがって、それは所有物返還請求において決定された秩序内容が充足されない場合のための、この秩序内容の補充および続行として現れるに過ぎない。し

---

26 上述25頁参照。

かし不当利得償還請求権が所有物返還請求権によって狙われた秩序に属する場合，逆に所有物返還請求の拒絶が狙っている秩序には，この不当利得償還請求権の不存在も属している。ここでは状況は，たとえば契約上の給付請求権と遅滞による損害賠償請求権の間の関係と異ならない。すなわち，もともと給付請求権が存在しないことが確定している場合には，遅滞による請求権は排除されているように，所有物返還請求権が存在しない場合には，問題の不当利得償還請求権の余地もない。ライヒ裁判所は，ある者に所有物返還請求権が帰属していない限り，不返還による利得償還請求権がその者に帰属するということは排除されていると述べる場合，まさにこの点を突いている。

かくて，既判力をもって確定された所有物返還請求権の不存在と後訴で主張される利得償還請求権との間に，既判力が守らねばならない合目的的な事物関連が存在する場合，説明された原則によれば，後訴裁判官は，この連関の保持に必要な限り，前訴裁判の理由に含まれた確定から離反してはならない。本件では，被告が居住権に基づき占有権原を有するという確定がそうである。支配的見解と相容れないライヒ裁判所の見解は，すなわち被告が法的原因なしに占有しているという——原告に対して既判力をもって否定されている——要件がBGB 812条による原告の請求に欠けているという見解は，かくて，既判力の限界づけに関するここで主張された見解の中に，その完全な確認を見出す。

2　この扱われた裁判は，すでに本研究の第1部において述べられた一般的な問題へと目を向けさせる。つまり，所有物返還請求と，損害賠償と利用利益の返還を求めるBGB 987条以下の付随請求との関係の問題である。この点については，これまでの論述により，それ以上論じる必要なく，次のようにいうことができる。すなわち，損害賠償請求権は，所有者が物の返還を受けず，または無傷で返還を受けていないことに対して[27]，所有者に賠償を与える限りにおいて，所有物返還請求権で決められた秩序内容をさらに形成していることである。利用利益に関わる請求権に関しても，用益の収受は通常，返還すべき占有と関係しているので，事情は似たものである。したがって返還請求権は，付随請求権が装置上（nach der Anlage）返還請求権の狙う秩序に属するという

27　この請求権の内容について，因みに後述170頁も参照。

第7章　第二次的法律効果との関係における妨害排除的不作為義務と所有権に基づく返還請求

形で付随請求権に狙いを定めている。上記において指摘した構成問題がどのように決定されるにせよ[28]，それゆえ返還判決は付随請求についての訴訟にも既判力を及ぼす[29][30]。BGB 985条に基づく請求が既判力をもって認容されている限り[31]，それによって，後に主張される付随請求も，前訴裁判に反して返還請求権を条件づける所有権が存在しないとか[32]，被告は物の占有者でない（または，なかった）という理由で，もはや否定されてはならない[33]。

なお論ずべき残る問題は，返還請求訴訟が既判力をもって棄却された場合の状況である。この場合にもともと考慮すべきは，返還請求は挫折せざるをえないが，付随請求の余地が残る事情が考えられることである。たとえば被告が今はもはや物の占有を有しておらず，それゆえ，もはやBGB 985条の意味で返還義務を負っていないが，被告に対して彼の以前の占有から付随請求権が存在する場合を先ず考慮に入れることができよう。同じ地平にあるのは，たとえば，原告はもはや所有者でないが，以前所有者であった時期の付随請求権を留保している場合である。しかし，これらの場合は，とくに奇異なものではない。なぜなら，ここで付随請求権の存在が返還請求権の不存在と競合する場合，それは返還請求権と付随請求権が異なる時点に関係しており，それゆえ相互に関連していないからである。同様のことは，すべての先決関係に見られる。また，他の事案も可能である。BGB 987条以下の請求権は，全く無権限の占有者だけ

28　上述21頁以下。

29　Vgl. BGH LM Nr. 3 zu § 987 BGB. 同意するのは，たとえば *Baumbach/Lauterbach*, § 322 Anm. 4 (Herausgabe); *Palandt/Hoche*, Vorbem. 1 v. § 987 ff.; *Rosenberg*, Zivilprozessrecht, § 150 III 1; *Staudinger/Berg*, § 987 Anm. 1.

30　返還請求訴訟で下された判決の既判力については，因みに後述164頁以下も参照。

31　所有物返還請求訴訟の最終口頭弁論前の時点に関しては，72頁以下において不作為判決について述べたことが妥当する。これにつき，BGH LM Nr. 3 zu § 987 BGB も参照。ここでは，返還判決はBGB 292条，987条から導き出された，訴訟係属以後収受された利用利益の返還請求権に対しても，したがって最終口頭弁論終結前の期間についても既判力を及ぼすことが認められている。

32　基礎となる所有権なしに譲渡されたBGB 985条による返還請求権の認容の場合の状況については，後述173頁注28参照。

33　占有権原による被告の防御に関しては，117頁以下，130頁以下の論述を参照されたい。それによれば，すでに返還請求訴訟において提出されかつ否定された占有権原の主張は排除される。

ではなく，占有権原を踰越したに過ぎない者にも関係するという見解[34]に従えば，返還請求が（踰越した）占有権原のゆえに否定される同じ時期について，付随請求がありうるという場合も視野に入ってくる。ここでも既判力ある返還請求の棄却が付随請求の認容の妨げとなりえないことは，これ以上理由づけを要しない。しばしば，この状況は別の特徴をもつ。すなわち，原告が物の所有者でないという理由で，返還請求が棄却されると，この場合に確定された返還請求権の不存在は，どうしても，所属する付随請求権の同様の不存在を意図している。ここでは，それゆえ，これらの付随請求に関する後続訴訟について既判力効が要請される。同じことは，たとえば被告が問題の物を占有していないとか，占有権原が被告に帰属しているとの理由で，返還請求が棄却され，主張された付随請求がこの占有権限と一致しえない場合に，妥当する。この最後に挙げた場合もこれに属することは，RGZ 136, 162 の裁判の事案に即して印象深く分る。そこで争われた，「不返還」による利用利益の補償請求は，被告の占有権原によって特徴づけられた返還請求の棄却がこれの妨げとなるので，否定されねばならないからである——そのさい，この利用利益補償請求権の基礎として BGB 987条以下の規定だけを考慮するか，BGB 812条以下の規定のような（直接的な）一般規定をも考慮するかどうかはどうでもよい[35]。

したがって，返還請求の棄却が後に主張される付随請求に関しても既判力を及ぼすかどうかは，場合によっては，この裁判が依拠する理由に依存する。これは，たとえば消費貸借の（主張の）場合に，元本債権と利息債権との関係において同じように観察することのできる現象である。すなわち，元本の返還に向けられた訴えが元本債権の履行期未到来を理由に棄却されると，この判決の既判力は利息請求の訴えの手続に影響しない。それに対して，元本請求の棄却が，元本債権が全く成立しなかったことに基づく場合は，利息請求の訴えの余

---

[34] So z. B. *Westermann*, § 32 I; *M. Wolff*, 9. Bearb., § 85 I 1 und Anm. 20; しかし，今日，*Wolff/Raiser*, 10. Bearb., § 85 I 1 und Anm. 2 は別。*Dietz*, S. 190 も異説。

[35] しかし，たとえば被告が自分の権利がそれにも及ぶと誤解して，共同利用に服する家の庭から果実を収穫し消費したことが問題となるならば，既判力問題の判断は異なるであろう。原告がこの用益について補償を請求するとすれば，前訴裁判の既判力は妨げとならない。返還請求の棄却にとって決定的な被告の「占有が許されること（Besitzendürfen）」はこのような請求と対立しないからである。

第 7 章　第二次的法律効果との関係における妨害排除的不作為義務と所有権に基づく返還請求

地はない。これらすべての場合において問題になっているのは，既判力にとって，棄却は一様に棄却ではなく，この種の裁判の法的性質がむしろ棄却の既判力の内容および射程に決定的な影響を及ぼすという，すでに強調された一般的な現象である。

第 8 章　補償関係

I　仲裁合意に基づく訴えの却下

　今や扱われる問題の頂点において，裁判実務由来の，すでに冒頭で言及した事案で，法学において既判力の限界づけに関し種々の見解をもたらしたものが提起される。考えられているのは，当事者間で有効な仲裁合意が存在するという理由で訴えが却下され，得られた仲裁判断の執行力に関する手続において，仲裁裁判所の管轄権の問題が再び提起される事案である[1]。すでに述べたように，判例においてライヒ裁判所の指導のもと，理論の大部分の是認によって，この場合には前訴の却下は仲裁裁判所の管轄権を既判力をもって確定し，したがって執行力に関する手続においては，裁判所はこの問題において拘束されるという見解が形成されている。この見解に遡る裁判において[2]，ライヒ裁判所はこの点について次のように述べた。すなわち，前訴において，争訟の直接の対象は，原告の提起した請求に関し有効な仲裁契約が存在するか否かであった。それゆえ，当時行われた裁判が積極的な点においても既判力を持つことができると見ることは正当である。ライヒ裁判所の判例によって，係争法律関係の存在を理由とする消極的確認の訴えの棄却がこれに対応する積極的裁判を含むのと同じように，ここにおいても訴えの却下の中に，係属した訴訟は仲裁裁判所に服するという積極的な判決が見出される。この裁判は単なる却下理由ではなく，むしろ下された判決の真の内容である，と。

　ライヒ裁判所は，自らはそれで既判力と判決理由との関係に関する支配的見解と一致していると思い込んでいたけれども，*Kleinfeller*（クラインフェラー）[3]はライヒ裁判所を非難した。すなわち，判決の対象は仲裁契約からの効果だけ

---

[1]　上述 3 頁参照。
[2]　RGZ 40, 401.
[3]　Festschrift f. *Wach*, 2. Bd. S. 404 f.

であったが，これに対し，仲裁契約の存在自体は訴えの却下のための裁判理由に過ぎなかったので，ライヒ裁判所は裁判理由の既判力を承認しているというのである。

仲裁契約の存在または不存在は前訴の本来の裁判対象でなかったという限りで，*Kleinfeller* の批判には確かに正しいものがある。このことは，「仲裁契約」というテーマは訴えによって訴訟に導入されたものではなく，被告が争訟の実体裁判を原告の訴えた国家裁判権から切り離すために，抗弁によりこれを援用したということを注視すれば，直ちに明らかになる。それゆえ訴えの却下の対象と見ることができるのは，国家裁判所の管轄権だけであり，仲裁契約の存在または不存在は前提問題に過ぎない。それによって，消極的確認の訴えの実体的棄却の中には係争法律関係が存在するとの積極的な既判力ある確定が含まれているのと同じように，仲裁裁判所の管轄による訴えの却下の中には，この管轄に関する積極的な裁判があるという論拠も，根拠薄弱となる。消極的確認の訴えが係争法律関係の存在により棄却される場合，裁判され，そして既判力が関係するのは同じ法律効果——まさに係争法律関係——である。これに対して問題になっている仲裁事案では，2つの異なる法律効果が問題になっている。すなわち，前訴の裁判は国家裁判所の管轄権に関するが，後訴では仲裁裁判所の管轄権が問題である。これら2つの法律効果は，確かに相互にとても堅固な関係にあるので，現行法上仲裁裁判所の管轄には国家裁判権の無管轄が対応している。しかし支配的見解の立場からは，この関係は一方の法律効果に関する裁判が他の法律効果に関する裁判に関して既判力を与えることになりえないことは，すでに区裁判所とラント裁判所間の同様の関係に即して説明された[4]。ここでは，これを援用することができる。*Kleinfeller* が，ライヒ裁判所の主張した見解は前訴裁判の理由で扱われた問題に関して拘束力を認めることになると考える場合——これは ZPO 11条，ArbGerGes. 48 条に関して，そう*Rosenberg*（ローゼンベルグ）[5] もはっきりと強調したことである——彼は全く正しい[6]。

---

4 上述57頁以下。

5 Zivilprozessrecht, § 149 I 2.

6 しかし *Rosenberg* は，仲裁契約の存在についてのライヒ裁判所の判例を無留保で是認しているように思われる。Zivilprozessrecht, § 149 I 2.

I 仲裁合意に基づく訴えの却下

　Kleinfeller の批判はその限りで正しいが，彼の批判は，説明された事情により既判力はここでは介入しえないと結論づける場合，矛盾に遭遇せざるをえない。支配的見解の立場からは――この点では *Kleinfeller* が正しいことを認めなければならない――この，既判力は介入しないとの結論は避けがたい。しかし本研究とともに支配的見解の立場から離れ，ここで展開された見解に従うならば，却下判決の既判力の範囲にとっては，訴えの却下によって確定される国家裁判権の無管轄が内容的に仲裁裁判所の管轄権を狙っているかどうかが重要である[7]。そして，そうなのである。区裁判所とラント裁判所との事物管轄の関係，および通常裁判所と労働裁判所との事物管轄について説明されたのと全く同じように[8]，一方における国家裁判所の無管轄は，他方において必然的な対応物として仲裁裁判所の管轄権と結び付けられている。彼此，補償（Ausgleich）または交換（Austausch）の要素によって特徴づけられる関係が存在する。いわば，ある裁判所の管轄が他の裁判所の無管轄を補償しているからである。既判力をもって確定された国家裁判所の無管轄と後訴において争われた仲裁裁判所の管轄の間には，したがって既判力が守らなければならない事物関連が存在する。そのような関連が及ぶ限り，――上述のように――裁判所は後訴において前訴裁判の理由からも離反しない義務を負う。ここで関心のある仲裁事案にとって，これが意味するのは，（仲裁判断の執行力に関する）第2の手続において仲裁裁判所の管轄はもはや否定されてはならないことに他ならない。ライヒ裁判所の見解は，理由はともかく，結果において全く正しいことが明らかになる。この結果が実際的な必要に対応していることは，容易に理解することができ，支配的見解の主張する原則との不一致にもかかわらず，広く同意を得ている理由も多分ここにある[9]。訴えが仲裁裁判所の管轄権を理由に却下された後，それに続いて取得された仲裁判断が，問題の訴訟について裁判する権限を有しているのは仲裁裁判所ではなく，国家裁判権だとの理由で国家裁判所により再び取り消されうるとすれば，極めて違和感があるに違いないからである。ライヒ裁判所は，明らかに，はっきりとこの状態を指摘し，これについて，国家裁判所の面前での新たな訴えも第1の却下判決の既判力により本案判決を

7　土地管轄の欠缺による訴えの却下の場合の同様の状況について，上述57頁参照。
8　上述57頁以下。
9　3頁注14の文献参照。

もたらさないので，原告はこのような場合，全く無権利状態に置かれると述べる[10]。仲裁契約の欠缺による仲裁判断の取消しが，国家裁判所での再訴の提起を正当化する新たな事実状況を生み出すことが認められる場合——ライヒ労働裁判所の見解によれば，仲裁裁判所には管轄権がないという仲裁裁判所の判断も，国家裁判所の面前で再訴を許すように[11]——，この結果もつねに耐え難いものである。執行力ある本案判決の前に，国家裁判所と仲裁裁判所の面前での3つの手続とは！ *Kleinfeller* もそう感じていることを，BGB 242条に助けを求める彼の試み[12]が証明している。この点には，後の関連においてなおより詳しく立ち入ることにする[13]。

II 双務契約

1 国家裁判所の無管轄とこれを補償する仲裁裁判所の管轄権との間に看取されたのと類似の補償関係は，他の関係においても出てくる。このようにして連続する法律効果の完全な支配が現れるのは，双務契約の領域においてである。双方の法律効果の目的論的な関連は，ここでは各当事者が定型的に反対給付請求権を取得するために義務を負うことに基づく。双方の請求権の各各は，したがって同時に当事者の一方にとっては手段として，他方にとっては目的として現れる。このような事実状態にあって請求権の一方を彼の反対請求権から，その意味内容を害することなしに切り離すことができないことは，これ以上理由づけを要しない。相互の請求権の関連に関する BGB 320条以下の規定において，明らかに誤解の余地なく現れているのは，各各の請求権が向けられている秩序には，原因上不可離に反対請求権も属していることである。しかし，これによって再び既判力効に生ずることは，この関連が請求権と反対請求権についての別々の訴訟によっても切り離されえないように既判力の限界づけを測定する必要性である。当事者が双務契約に基づき給付を命じられた場合には，だか

---

10 A.a.O., S. 404.

11 RAG 12, 116（118 f.）.

12 A.a.O., S. 405 f.

13 後述91頁以下。

ら，——すでに *Reichel*（ライヘル）が確定しているように[14]——この当事者の反対給付を求める後訴は，双務契約が前訴の事実審の最終口頭弁論の時点においてすでに存在していた原因により有効でないとか，もはや有効でないという理由で棄却されてはならない。最初の判決の既判力により，反対給付に関する後訴の裁判官はむしろ，前訴判決の基準時において契約は有効であったことから直ちに出発しなければならない[15]。逆に前訴において，有効な契約が存在しないという理由で，訴えが棄却されていた場合には，後に反対給付を求める訴えを扱う裁判所は契約の効力に関する異なる見解により被告に給付を命じることを阻止される。反対給付請求権に関する裁判が問題になる限り，したがって——一般的にいえば——既判力は，給付請求権に関する判決の確定と相容れない，基礎にある契約の存在または不存在に関する見解から出発することを禁止する。

　もっとも実体的正義の利益のために是非とも要請される給付請求権と反対給付請求権との関係の維持が，すでに契約不履行の抗弁 (die Einrede des nicht erfüllten Vertrages) によって確保されないかどうかを，考慮することができるかもしれない。だが，これは否定されるべきである。しかも，この抗弁権は両請求権の完全なバランスを維持することができないために，すでにそうである。この抗弁は，BGB 320条，322条により引換給付を命じられた契約当事者に，彼に与えられるべき給付を強制する根拠を与えていないからである。しかし，なかんずく，先履行義務を負う当事者の保護が問題となる場合，および，双務契約が存在しないという理由で最初の訴えが棄却されている場合には，この手段は全く役立たない。

　Reichel によってかつて主張され[16]，しかし既判力の拡張のために後に放棄された[17]見解，すなわち当事者の一方が確定した給付命令によって給付したが，その間に発見された契約の無効を理由に反対給付を命じる判決を得ることができない場合には BGB 812条によって救済されなければならないという見解も，問題の満足の行く解決に到達することができない。先ず，この見解はすでに，

14　Festschrift f. *Wach*, 3. Bd., S. 64.
15　Vgl. *Reichel*, a.a.O.
16　AcP 104, 74.
17　Festschrift f. *Wach*, 3. Bd., S. 63 f.

第8章 補償関係

それが実体法の平面で始めており，それゆえ請求権と反対請求権の相互に矛盾する裁判によって双務性（Synallagma）が切り裂かれることを阻止しえないという不利益を有する。それは破壊された相互関係の清算に奉仕することができるだけである。このことは，状況が事情によって 3 つの訴訟後にようやくはっきりするということである。そのさい，最初の手続で給付を命じられた契約当事者は，清算の過程において彼にはまさにあらゆる弱点を伴う不当利得償還請求権しか帰属しない点においてまさに不幸な状態にいる。加えて，この不当利得償還請求権は，一定のドグマーティシュな困難に出会う。すなわち，初めから存在した無効原因の発見または事実関係が変わらないまま判断が変わったことは，原則として，既判力をもって確定された請求権を事後的に除去し，それによって，認容された給付の返還を求める請求権を基礎づける新事実ではない。反対給付が事実上行われていないことによっても[18]，不当利得償還請求権——BGB 812条 1 項 2 文第 2 半文が考えられる——を直ちに基礎づけることはできない。双務契約において給付の法的原因は各各給付者の自己の義務であって，したがって BGB 812条 1 項 2 文第 2 半文がここで介入するのは，契約の内容上，給付によって反対給付を超えてそれ以上の効果が目的とされていた場合だけであることが一般的に承認されているからである[19]。その他の点では，この関係は細かく特定された場合についてのみ不当利得法への依拠を定めている（BGB 323条 3 項，325条 1 項 3 文，327条 2 文）BGB 320条以下によってのみ規律される。もっとも反対給付請求の終局的棄却は，ここで論じられている事情の下では，そのような依拠も問題となる事後的給付不能と同視できるのではないか，と問うことができるかもしれない。しかしながら，その場合には，反対給付請求権を否定する（宣言的）裁判でも，その典型的な規定によれば，既判力をもって認容された給付請求権を事後的に覆す実体法上重要な事実ではないことが熟慮されるべきである。この事情に考慮を払うためには，たとえば反対給付の持続的不存在を事後的な不能のように扱うか，または少なくとも有

---

[18] *Reichel* はこのことを考えた。

[19] Vgl. z. B. *Enneccerus/Lehmann*, § 224 Ⅰ 2; *Esser*, § 306 2; *Larenz*, Schuldrecht Ⅱ, § 63 Ⅱ; *Palandt/Gramm*, § 812 Anm. 6 A d; RGR-Komm. (*Scheffler*), § 812 Anm. 11; *Siber*, Schuldrecht, § 74 Ⅲ 1 b (S. 425); RGZ 66, 132 (133 f.); 106, 93 (98); 132, 238 (242); RG Warn. 1917, Nr. 112; BGH MDR 1952, 33 Nr. 2.

効な反対給付請求権が初めから欠けている場合には，BGB 812条の1項2文第2半文の直接適用を許さなければならないであろう。どの範囲で，この方法を個々の場合に用いることができるかを，ここで考慮する必要はない。なぜなら，1つだけ直ちに理解できるからである。すなわち，反対給付が行われず，給付請求の認容にもかかわらず反対給付請求権が存在しないことは，両債権の共通の基礎の判断における矛盾の兆候であるので，いずれにせよ，このような方法では問題の根っこは実際には摑まれていない。

相互に矛盾する判決に鑑み BGB 812条の助けを借りて，給付と反対給付の関係を正す試みは，最後に，給付を求める訴えが——たとえば職権によって考慮すべき，その意味において極めて疑わしい法律上の禁止のために——棄却されるが，後に反対給付訴訟を担当する裁判官が問題の禁止は契約の効力に立ちはだからないとの見解に至る場合に，苦境に陥るであろう。

支配的見解にとって，示された困難は全く克服しえないものではないかもしれないが，それは，この問題の最も単純な解決が，給付と反対給付についての相互に矛盾する裁判による相互関係の切裂きを初めから阻止することにあることを強く示している。このための与えられた手段は，しかし既判力である。

2　もちろんなお解明を要する点は，ここでは——1で扱った仲裁裁判所の管轄権に関する裁判の場合のように——単に BGB 242条の適用事例の問題ではないのかどうかである。実際に，*Kleinfeller*[20]はこの観点を，仲裁契約の存在による訴えの却下は仲裁裁判所の管轄権を既判力をもって確定するというライヒ裁判所の見解[21]に対立させた。*Kleinfeller* は，このような既判力効を認める必要はないと考える。国家裁判所の面前で仲裁契約の抗弁により訴えの却下を得た当事者が，後に当事者間には仲裁契約は存在しなかったという理由で仲裁判断の取消しを要求する場合には，その主張は奸計（Arglist）を理由に却下されるという理由からである。ここでは実際に矛盾挙動の禁止（vrnire contra factum proprium）が存在することは，争いのないところであり，因みに問題のライヒ裁判所の裁判においてもはっきりと確定された[22]。そして双務契約の

20　Festschrift f. *Wach*, 2. Bd., S. 405 f.
21　RGZ 40, 403.
22　最近では再び *A. Blomeyer*（Festschrift f. *Lent*, S. 55 Anm. 57）は，双務契約に基

第8章 補償関係

一方の当事者がその相手方に対して給付判決を取得するが，次に自分に対する給付命令は基礎にある契約の無効を主張することにより免れようとする場合，しばしば信義誠実の原則に違反するであろう。それにもかかわらず，当事者の挙動に照準を合わせる考察方法が問題を実際に根本において掴んでいるかどうか，疑わしい。このことは，一度次のような事案を見れば直ちに明らかになる：ある双務契約により自己に与えられるべき給付につき確定判決を取得した当事者が，反対給付を請求する訴えに対して相殺の抗弁によって防御する。裁判所は，反対債権は理由がないと見るが，前訴の裁判所と異なり，訴求債権の基礎にある契約は職権によって調査されるべき事情（被告が援用しなかった事情）により無効であり，したがって請求は棄却されざるをえないと考える。ここまでは，前訴で訴求し，第2の訴訟で訴えられた当事者の信義違反をいうことはできない。この場合にBGB 242条の適用のためになお持ち出すことができるかもしれないことは，給付と反対給付についての相互に矛盾する判決が，既判力を援用して給付を要求するが，反対給付は拒否しうることによって，当事者に将来の矛盾した挙動のための攻撃の難しい出発ポジション（Ausgangsposition）を提供することである。しかし，かくて，信義違反は第二次的な性質を有し，問題の本来の核心は，順次に狙われる（給付と反対給付のような）2つの法的ポジションについての裁判の内的な矛盾にあり，この矛盾は当事者の信義違反がなくても生じうるのである。それゆえ，これが――信義則違反ではなく――問題の法的取扱いが始まらなければならないポイントである。このことは，なお他の面からも明らかにすることができる。すなわち，問題の事案において信義違反と感じられることは，客観的法によればこのようには並列的に存在すべきでない2つの法的ポジションの同時的主張である。したがって信義違反の確定は，すでに，その側では，2つのポジションの間に，給付と反対給付との間の関係，または国家裁判所の管轄権と仲裁裁判所の管轄権との間の関係のような一定の関係が存在することに基づく。それゆえBGB 242条で助けようとする試みは，これらの2つのポジションの間に存在する特別の法的関係を先ずは放棄し，次いで再び広く内容を同じくする帯でそれらを括ることに他な

づく既判力ある給付命令の後に，反対給付ををめぐる訴訟において，裁判所がこの契約を無効と見るような場合につき「悪意の抗弁（exceptio doli）」を指示する。

Ⅱ 双務契約

らない。しかし，かくて，給付と反対給付のようなポジションが別の訴訟によって無関係に並べられてはならないことが示される場合，ここで主張された既判力見解が行っているように，両者の間に示された法的関係を初めから尊重する以上に当然なことは何もない。既判力の範囲が他の点においても，本研究がすでに示したように，必然的にその都度確定された法律効果の意味内容に同調すべきであればあるほど，以上のことは一層妥当しなければならない。

3 双務契約の実行についてこれまで説明されたことは，実体法上の諸理由からその清算が必要になる場合にも，同じように妥当する。基礎になっている契約の不存在または契約がもはや存在しないことを理由とする給付請求の棄却が，その限りで，後に提起される反対給付を求める訴えにも既判力をも及ぼすことは，すでに述べた。ここからは，反対給付がすでになされていた場合に給付を求める訴えが既判力をもって棄却された後，または給付の受領者がその返還を命じる判決を受けた後に，今後は反対給付の返還が訴求される場合にも，状況は異なりえないとの認識まではほんの一歩に過ぎない。そのさい，清算が契約の不存在のゆえに BGB 812条を通って行われるか，解除（Rücktritt）を理由に BGB 346条以下によって行われるか，または事後的な給付不能のゆえに BGB 323条3項，812条以下によって行われるかで，違いはない。これらすべての場合に，双方のポジションは同じように相互に狙っているからである。解除（Wandlung）の場合の事実状況も，ここで言及されるべきである。そのさい，買主が抗弁として主張した解除（Wandlung）により売買代金請求の訴えが既判力をもって棄却され，売主が今度は売買目的物の返還を訴求する場合がとくに考えられる。もっともこの解除（Wandlung）が *Bötticher*（ベティヘル）の展開した理論に従い裁判官による形成行為の理論によって行われる限り[23]，すでにこれによって裁判の調和は確保されている。しかし，とりわけ契約の方法での解除実施（Wandlungsvollzug）の場合のように，裁判官による形成が存在しないところでは，なおかなり広い既判力の領域が残されている。勝訴買主に BGB 478条による解除の抗弁権（Wandlungseinrede）しか与えら

---

[23] Wandlung, insbes. S. 31 ff.: これに同意するのは，たとえば *Larenz*, NJW 1951, 499 f., Schuldrecht Ⅱ, § 37 Ⅱa.

れていない場合も，問題になる。なぜならこの事情のもとでも，*Bötticher* の理論によれば，裁判所は売買代金請求訴訟の棄却によって形成を行うのではないからではある[24]。この種の場合には，示された原則によれば，解除による売買代金請求の棄却後は，売主の物の返還請求が，当事者間で締結された売買契約は依然として影響を受けずに存在するとの理由でもはや否定することができないよう配慮するのは既判力である。すなわち解除に条件づけられた，支払義務の実行不可能性または廃棄には，代償として，売主給付を求める権利の同様の消滅が，そして――もし売主給付がすでに行われている場合には――この給付の返還義務が属するのである。それゆえ一方が既判力をもって確定している場合には，他方はこの基礎によってもはや否定されえないのである[25]。

III 実体法における他の補償関連

1 双務契約は，既判力の限界づけが顧慮しなければならない補償関連（Ausgleichszusammenhänge）の特に重要な領域であるが，実体法において現れるこの種の事案がこれに尽きるのではない。ここでは，不完全に相互に義務付ける契約を一瞥するだけで，このことは分るであろう。ここでは，受託者の実施義務と委託者の費用賠償義務を伴う委任を強調するだけでよい。確かに，これら 2 つの義務の間には，売買契約に基づく双方の義務のような代償関係（Äquivalenzverhältnis）は存在しない。それにもかかわらず，決定的な点において共通点を確認することができる。委任による各請求権も，各々，相手方の請求権がある種の補償の意味において装置上（der Anlagen nach）属している秩序に向けられている。すなわち委任の実施請求権は，相手方に費用償還請求権が生じることを犠牲に付与され，そして費用償還請求権は対応する委任実施請求権なしには存在しえないのである。ポジションと反対ポジション，権利と義務は，その限りで双務契約に類似して，両者が切り離されると，両者の意味内容が害されるというように相互に関連づけられている。ここから既判力にとって再び生じるのは，双方の請求権に対する相互に矛盾する裁判により，こ

---

24 Wandlung, S. 51; これにつき，*Larenz*, Schuldrecht II, §37 IId も参照。
25 これについては，しかし後述101頁以下も参照。

Ⅲ　実体法における他の補償関連

のような切離しが行われるのを避けるという要求である。それゆえ，受託者が既判力をもって委任を実施するよう命じられている場合，裁判官は後続訴訟において受託者の費用償還請求を，すでに前訴において基準となった事実状況によれば当事者間には全く委任関係は存在しないという理由によって棄却してはならない。そうであって初めて，費用償還請求権との関係を狙った，既判力をもって確定された委任実施請求権の意味内容が維持される。逆に，費用償還請求権が既判力をもって確定しており，受託者が委任を適正に実施しなかったことが明らかになったとして，委託者が後にたとえば損害賠償を請求する場合，違反された実施義務に関して同種の拘束が存在する。最後に，同じことは請求の棄却にも当てはまる。たとえば実施請求の訴えが委任の不存在を理由に既判力をもって棄却されている場合，費用償還につき万一，後訴を担当する裁判所は，これと矛盾して，前訴の裁判の基準時において委任関係は存在したことを前提にしてはならない。

2　（完全または不完全な）相互に義務づける契約に基づく双方の権利について示されたのと類似の，既判力上重要な関連は，さらにこの領域の外においても看取される。その興味深い例を提供するのは，RGZ 94, 195の裁判である。前訴において保証に基づき被告に請求した原告は請求棄却の確定判決を受けたが，その理由は被告が保証の引受けを他の担保設定の有効性に関する錯誤を理由に取り消したことであった。続いて，原告は新たな訴訟においてBGB122条による信頼利益の賠償を要求した。それに対して，被告はとりわけ，原告自身が被告の錯誤を惹起したので，原告にはこのような請求権は帰属していないという，ライヒ裁判所の判例上相当な抗弁によって防御した。控訴裁判所は，請求を認容した。控訴裁判所は，被告の錯誤は証明されていないと見なし，したがって原告がこの錯誤を惹起したとの主張も基礎を欠くと見た。これに対して，被告は，上告を提起して次のように主張した。すなわち，前訴において訴えが被告の錯誤を理由に既判力をもって棄却された後は，被告の錯誤はもはや問題にされてはならない。しかし前訴の事実的基礎に立ち返るならば，現在の手続の証拠結果から，原告は保証の時点において取消原因を知っていたと判断されるべきであり，それゆえ訴えはBGB 122条2項により棄却されるべきである，と。だが，ライヒ裁判所は，前訴では別の訴訟物が裁判に供されていた

第8章 補償関係

のであり，かつ判決の事実確定には既判力は生じないという理由で，上告を棄却した[26]。

　BGB 122条による請求権に対して提起された，原告は被告の錯誤を自ら惹起し，知っていたという・抗・弁（Einwendung）に関しては，前訴裁判への拘束を拒否することは直ちに正当である。既判力をもって確定された，錯誤取消しに基づく保証債務履行請求権の不存在は，この抗弁（Einwand）と，ここで問題になっている種類の確固とした関係に立っていない。それに対して，このような保証債務履行請求権の不存在は，その意味内容上，BGB 122条による・請・求・の・原・因に適合されている。すなわち，錯誤取消しによるある権利の不存在（もはや存在しない）には，BGB 122条による損害賠償請求権の装置（Anlage）が必然的に属している。なぜなら，これは，客観的法によれば，錯誤により取り消す者が取り消された意思表示に対する拘束を脱する代わりに支払うべきいわば代償であるからである。そして，ここではライヒ裁判所が既判力の範囲に関する自らの見解表明に反して，この関連を維持し，この結果の必要性について一言なりとも疑問を呈していないことは，人目を引くに違いない。争われた錯誤は，被告の・抗・弁にとってだけ重要であったのではなく，・請・求・原・因にとってもそうであったことを考えられたい。ここで専ら関心のあるBGB 122条の第2段による損害賠償請求権は，有効な錯誤取消しの全要件を要件とし，とりわけ取消者の錯誤はこれに属するからである。これらの事情の下では，前訴で出された判決の既判力が保証債務履行請求権の不存在にのみ関連しているとすれば，損害賠償請求においてはこの取消要件は今や主張された請求権の・原・因との関係で先ず改めて調査されるべきであったであろう。そして，そのさい取消者の錯誤が有効な取消しの必要的な要件として証明されていることが明らかにならなかったならば，訴えは棄却されなければならなかったであろう[27]。しかし実際

26　A. Blomeyer が Festschrift f. Lent, S. 61 Anm. 73 において，不完全にしか公表されていない裁判の掲載部分においては，この事案はどのように裁判されるべきであるかは述べられていないという場合，これには賛成することができない。この公表から，ライヒ裁判所が原裁判を是認していることがほぼ推論できる。これにつき，同時に同時掲載されたコメント「上告は棄却されるべきであった」（a.a.O., S. 197）を参照されたい。もっとも，公式判例集において裁判に前置された問いは，全くミスリーディングである。

27　Vgl. A. Blomeyer, Festschrift f. Lent, S. 61; Rosenberg, Zivilprozessrecht, §150 II 1; Sydow/Busch/Krantz/Triebel, §322 Anm. 3.

III 実体法における他の補償関連

には，ライヒ裁判所は錯誤の無証明を明らかに錯誤に基づく抗弁に関してのみ考慮し，それに応じて被告に対する給付命令を是認した[28]。しかし，それによってライヒ裁判所は，請求原因に関しては，保証債務履行請求訴訟において（前提問題の裁判として）行われた確定，すなわち有効な取消し，したがって被告の錯誤も存在したという確定から出発した。理由づけの一文は，その中に前訴裁判へのこの従属性が感じとれるというようにも多分解釈されうる。すなわち，ライヒ裁判所は，先ず前訴判決で行われた事実確定の既判力効を否定した後，「新たな請求自体が以前の判決によって生み出された法状態を基礎としていることも，このことを変えることができない」[29]と述べる。この一文において，差し当たり前訴裁判の既判力を超える形成力が考えられるかもしれない。しかし，前訴判決は給付請求の単なる棄却に過ぎなかったので，前訴判決はそのような効力を決して持たなかった。前訴判決によって生み出された法状態という独特の言い回しは，それゆえ，保証債務履行請求が有効な取消しによって既判力的に棄却された後は，まさに事物の性質により，このような場合のためにとくに生み出されたBGB 122条による「賠償」請求権は，取消しが無効だという理由ではもはや否定されえなかったことの表現としてのみ多分理解されよう。ライヒ裁判所および支配的見解の一般的テーゼによって理由づけえないこの結果は，まさに本稿で主張された見解に合致する。すなわち，最初の手続において既判力をもって確定されたポジションが，後訴で主張される法律効果に（またはその否定にも）——当面の事案では，取消しによって無効化される保証債務履行請求権の不存在がBGB 122条による請求権の原因に——狙いを定めている限り，前訴裁判の理由が述べている問題に関しても拘束力が存在する。後訴において裁判する裁判所は，これらの問題においては，そうでなければ決定的な目的論的な関連が切り裂かれ，そのため前訴において既判力をもって確定された事項の意味内容が害される限りにおいて，前訴の裁判から離反してはならない。コメントされたライヒ裁判所の裁判は，そのさい，この拘束の限界をも印象深く示している。すなわち，この拘束は，以前の手続におけるのと同一の問題が現れる任意のあらゆる争訟に関して発生するのではなく，むし

---

28 これについては，96頁注26参照。
29 強調は著者による。

ろ，それは既判力ある確定の対象と後訴で争われる法律効果との間に明確に規定されたような種類の関連が存在する限りでのみ発生する。すでに言及されたように，当面の事案では，かかる関連は，取消しによって除去された保証債務履行請求権の不存在の既判力的確定と，BGB 122条による損害賠償請求権という「装置（Anlage）」との間にのみ存在したのであり，この確定された事項と損害賠償請求に対して提起される抗弁との間には存在しなかった。ライヒ裁判所が損害賠償請求権の基礎が問題になった限りで直ちに，前訴判決の理由中で錯誤取消しについて行われた確定から出発し，それに対して被告の抗弁に関しては，──その結果，実際には裁判は一部で錯誤の仮定に，一部で錯誤の否定に基づくことになったにもかかわらず──前訴裁判への拘束を否定した場合，ライヒ裁判所はそれゆえ全く正しかった。

3　当面の事案においては，ある請求権の不存在に他の請求権の存在が（その装置上〔der Anlagen nach〕）割り当てられたが，一方の側の不存在に，これに準じた形で他方の側の不存在が属する事案にも出会う。以前の関連において，訴えが被告の主張した相殺によって既判力をもって棄却された場合に，そのような状況が問題になることがすでに指摘された[30]。相殺の額において，反対債権の不存在（もはや不存在）は訴求債権の確定された不存在（もはや不存在）に対応する。支配的見解はこの場合，ZPO 322条2項の実定規定に依拠して周知の如く，反対債権の裁判は相殺額の限度で既判力に与ることから出発する[31]。それゆえ勝訴被告は，相殺の意思表示は無効であったとか，訴求債権が存在しなかったとか，もはや存在しなかったため，相殺は無効であったのであり，したがって自分の請求権は影響を受けなかったという理由で，相殺された反対債権を新たな手続において訴求することができない。この結果からは，請求の棄却が成功した弁済の抗弁──弁済代替物たる「相殺」の抗弁ではなく──に基づく場合，状況はどう判断されるべきかという問題へは，ほんの一歩に過ぎない。この場合において，勝訴被告は，弁済は無効であったとか，給付の基礎をなす債務が存在しなかったという理由で，裁判の確定後，弁済のために給付し

30　上述56頁参照。
31　上述12頁参照。

III 実体法における他の補償関連

たものを BGB 812 条により返還請求することができるか。相殺事案とのパラレルは明らかである。被告は自分の勝利のために前訴において支払った「代償」を実際上，二度返還請求するからである。

　支配的見解とともに相殺の場合の既判力規定を，抗弁権および抗弁に関する裁判は既判力に与らないという原則の例外と見る場合には，——相殺と異なり——弁済の抗弁に基づき下された既判力ある請求の棄却は，後の給付物返還要求を遮断しないという結論に多分に到達せざるをえない。しかし仔細に見ると，この結果は脆弱な基礎に立っていることが明らかになる。すでに言及したように，ZPO 322条2項の起草のさい，成功した相殺による請求棄却の場合は規定しようとされなかった。ZPO 322条2項が今日の文言を獲得した1898年の改正法律の理由書に曰く。「反対債権が相殺の意思表示の時点において存在すると認められ，行われた相殺に基づき訴えが棄却される場合，反対債権の存在に関する裁判には，原告の債権が他の理由から消滅していることについての裁判と同じく，既判力を生じない」[32]。ZPO 322条2項の例外的性格の論拠は，ここでパラレル事案として専ら問題になる相殺の成功による請求棄却については，少なくとも初めから説得力を有しない。この場合において既判力の拡張の承認に至ったものは，歴史的立法者の望んだ実定的な例外規律ではなく，まさに立法者が見逃した，事物の本質に発する実際上の必要である。この状況につき特徴的なのは，スイスの法理論が——すでに述べたように——成功した相殺の場合につき，スイス法には ZPO 322条2項に相当する，援用できる規定がないにもかかわらず，ドイツの支配的見解と同じ既判力拡張を承認していることである[33]。ここで，絶対的（gebieterisch）と主張される必要性の原因は，明らかに，相殺が双方のポジションの間に生み出す関連にある。すなわち，相殺が両債権を消滅させることによって，両当事者の各自に，もはや請求してはならないが，もはや給付する必要もないという結果が生じる。しかし弁済も，全く似た関係をもたらす。すなわち，債権者はもはや請求してはならないが，その代わりに給付を原則として保持してよい。それに対して，債務者はもはや給付する必要はないが，給付物を通例返還請求してはならない。彼此，訴求債権の消

32　*Hahn/Mugdan*, Materialien, Bd. 8, S. 103.
33　Vgl. *Kummer*, S. 116 ff.

滅と反対ポジションの犠牲との間のこの補償関係は，確定された訴求債権の不存在（もはや不存在）の秩序内容を害することなしには切り裂かれることはできない。それゆえ，（奏効した）弁済が相殺と似た補償関連を生み出すこと，すなわち既判力が守らなければならない関連を生み出すことは，紛れもないことである。このことは次の熟慮によって確認される。すなわち，前訴で勝訴した被告が，前訴で原告が主張した債権は当時事件を担当した裁判所の見解に反して初めから存在しなかったという主張に彼の後訴を基礎づけることができるとすると，そこには相殺の場合に劣らず，弁済の場合に不当な被告の利益扱いが存在するであろう。相殺の場合と同じく，ここでも，既判力が，原告の債権の否定の基礎となっている（弁済または相殺の）抗弁についての前訴裁判官の見解をも逆に調査させる同様の原告の可能性を遮断するからである。事実＝利益状態における同じパラレルは，更に，多分もっと重大な場合，すなわち前訴で勝訴した被告が相殺の意思表示または弁済行為（Erfüllungs*geschäft*）が——たとえば行為無能力により，当時の裁判官が誤って理由がないと見なした取消し等々により——無効であったとの主張に彼の後訴を基礎づけようとする場合においても現れる。すなわち，被告はその訴えをそのような主張に有効に基礎づけることができるが，彼の相手方は旧事実関係の新たな判断からの推論を彼に否定された債権のためにも行おうとしても前訴判決の既判力に晒されてしまう場合，弁済事案において，不当性は相殺事案に劣るものではないことを意味しよう。

　要約すると，成功した相殺の場合に裁判の既判力が反対債権の裁判へと拡張されるのと同種の事実＝利益状態が，成功した弁済の抗弁の場合においても，弁済のために給付された物の返還請求権に関して存在することを以上により確認することができる。しかしここから不可避の帰結として生じるのは，既判力の限界づけも両者の場合に同じように扱われなければならないことである。訴求請求権の弁済を理由に訴えを棄却する判決は，それゆえ，弁済のために行れた給付は最終口頭弁論時点において存在する事実関係により有効な請求権に基づき前訴原告に流れ込んでいることを，その既判力によって，万一の後の返還請求訴訟のために係争外に置く[34]。

---

[34] これについては，*Pagenstecher*, Eventualaufrechnung, S. 79における例も参照。上に述べた種類の既判力の拡張に反対するのは，たとえば，RGZ 41, 378 (381).

IV 既判力効の制限

　これまで展開された，既判力の限界づけにとって重要な補償関係の概観は，なお一定の補充を必要とする。そのため，最初にもう一度相殺に目を向けていただきたい。すなわち，反対債権が既判力をもって裁判されるのは反対債権そのものではなく，相殺が主張された額にとどまる。したがって反対債権は訴求債権にぴったり合致しており，それゆえ相殺によって全範囲において消滅しているという裁判所の見解表明は，既判力に与らない。それゆえ，相殺による全面棄却を目指した被告が，このような場合，後の手続において彼の債権の残額を，この額だけ彼の請求権が相手方の債権を上回っていたとの理由により訴求することは禁じられない。

　ここで現われることは，もちろん「補償事案」の特殊性ではない。それは，もともと，この狭い領域の外側においても確定された原則の表現に過ぎない。すなわち，判決理由において扱われるべき問題に関する既判力効というのは，決して任意の後訴に対する裁判基礎の拘束力ある確定の問題ではない。この種の既判力効が問題となるのはむしろ，すでに既判力をもって確定された事項（ないしは確定された不存在）と一定の意味連関に立つ法律効果が後の手続において争われる場合に限られる。この連関の保持が要求する限りでのみ，後訴の裁判官は今や争われた法律効果の調査のさい前訴裁判の理由と一致させる義務を負う。相殺の場合には，債権と反対債権の間の，既判力拡張を基礎づける連関は相殺額の限度でのみ生み出される。この額への既判力拡張の限定は，それゆえ，もともと一般原則の一適用場面に過ぎない。

　この現象がそれにもかかわらず，まさに当面の関連において強調される場合，それは，ここで扱われた事案の領域においてとくにアクチュアルである一般原則の帰結を注意させるからである。すなわち，既判力の測定の基準となる意味連関は，もともと統一的な法的ポジションの一部に関してのみ時たま現れ，したがって前訴裁判はこの一部ポジションに関してのみ既判力効を有する。これまでの論述においては，この種の情況は――もちろん特別の明瞭な特徴を伴うが――原告が被告の表示した錯誤取消しにより保証債務履行請求を棄却され，今や BGB 122条により損害賠償を請求した事案においてすでに現れていた。

第8章 補償関係

ここでBGB 122条による請求権の基礎として有効な取消しの存在が問題になる限りにおいて，裁判官は，既判力をもって確定された保証債務履行請求権の不存在（もはや不存在であること）とBGB 122条による請求権の基本装置（Grundanlage）との間の意味連関のゆえに，前訴裁判から離反することができなかった。これに対して，この請求に対して被告が提出した抗弁，すなわち，原告自身が錯誤を惹起したという抗弁に関しては，裁判官は，この点では同様の意味連関が存在しなかったので，自由に裁判することができた。その限りで，裁判官はそれゆえ，BGB 122条による請求権の基礎との関係では調査が禁じられていた錯誤事実について，異なる確定に至ることもできた[35]。

この場合において既判力を決定する意味関係は，後訴において提起された損害賠償請求権の法律要件の一部にのみ関したが，さらに，とりわけ——訴求債権の額を超える請求権による相殺の場合にもまさにそうであるが——意味連関が反対ポジションの量的一部に限定されている事案も考えることができる。これを明瞭にするため，1つの事例を作ろう。住居の賃貸人が四半期の初めに賃借人に対してこの四半期について予め支払うべき賃料について確定判決を取得したという例である。ここで既判力をもって確定された賃料支払請求権は，同じ四半期中の賃借人の利用権の等価物である。これに対して，それは後の期間における賃借人の利用付与請求権と交換関係（Austauschverhältnis）には立たない。この請求権に対応するのは，むしろ後の期間についての賃料債権であるが，これには既判力ある確定は存在しない。その結果は，第一四半期についての賃料請求に関する判決は，この期間に関してのみ利用付与請求権のために既判力を及ぼしうることである。したがって，賃貸人が後の四半期において，当事者間には有効な賃貸借契約が成立しなかったという理由で明渡訴訟を提起する場合，賃料判決の既判力はその妨げとはならない。しかし賃借人が既判力をもって賃料の支払いを命じられている期間については，彼の利用権は，双方の権利が生じる賃貸借関係がすでに前訴当時，当時存在した事実状態から見て存

---

[35] 前訴において被告が訴求債権を上回る反対債権によって相殺し，相殺が相殺債権の不存在のため成功しなかった後，後の手続において反対債権の全額を訴求する場合にも，同じ現象が観察される。相殺額を上回る部分に関しては，裁判官は，相殺額に合致する債権部分に関してZPO 322条2項により調査することを禁じられている事情の判断においても自由である。

IV 既判力効の制限

在しなかったという理由では，もはや否定されえない。もし，このような賃借人の利用権を否定する判決がなされると，それは既判力をもって確定された賃料請求権と賃借人の利用権との間の交換関係を同じ期間について切り裂くので，既判力はこのような裁判の妨げとなる。この期間については，賃借人の利用権は——告知または裁判上の賃貸借の廃棄のような——新事実に基づいてしか否定できないが，この事実の主張は当然，両当事者の権利に関して可能である。

　たとえば，BGB 122条による損害賠償請求権の事後的主張を伴う[36]，コメントされた取消事案において，前訴では一部請求だけが提起され，取消しに基づき請求が棄却された場合にも，同じ意味で裁判されるべきであろう。この場合には，請求の棄却が損害賠償請求に対して既判力を及ぼすのは，この損害賠償請求が前訴において棄却された一部請求に関わる限りにおいてだけである。これに対して，賠償請求権がまだ確定裁判の存在しない残部債権の消滅に対する補償を与える限りでは，拘束力は生じない。残部債権は——既判力に関しては——まだ原告に認容されうるので，賠償請求権という「装置（Anlage）」がその場合にもすでに争いの外に置かれるとすると，それは基準となる意味連関と調和しえないであろう。

　言及された諸事案において，相殺の場合と同様に，既判力をもって確定された事項と後訴において主張される法的ポジションとの間に明確に述べられたような意味関係が存在する範囲において，既判力を及ぼすことが例外なく可能である。しかし，考えられうるすべての事案において，そうである必要がないことは，隠しておくことができない。1つの例がこれを明確にするであろう。すなわち，1つの統一的な物——たとえば土地建物——の売主が，買主に対して最初の一部額に関して確定判決を取得した。今や買主が売主の義務の履行を訴求する。この訴訟において，売買代金判決の既判力が前訴で主張された見解に反して当事者間では有効な契約が成立しなかったという理由で請求を棄却することを禁じるかどうかという問題が現れる場合，独特の困難に直面する。売買代金請求権の全額について前訴裁判がなされていたとすれば，既判力効は直ちに肯定されなければならない。なぜなら，その場合であれば，今訴求された買主の請求権は，すでに既判力をもって確定された反対請求権の正確な等価物で

36　上述95頁以下参照。

第 8 章　補償関係

あるからである。しかし，実際には売買代金債権の一部だけが確定されているので，すでに言及された事案でも観察されるように，既判力効は相手方の請求権の対応する一部についてのみ生じざるをえない。買主の請求権は売主の請求権のようには可分でないので，このような分割はここでは明らかに実施不可能である。それゆえ問われるべきは，このような状況にあっては，前訴裁判の既判力効は所与の意味連関を超えて相手方の全ポジションを把握するか，それとも逆に，既判力の限界づけにおいて正確に捉ええない意味関係は不顧慮にとどまらざるをえず，したがって前訴裁判は反対請求権の判断に既判力効を持たないのかどうかという点だけである。

　第 1 の解決のために持ち込むことができるのは，いずれにせよ第 1 の解決が疑問なく存在する意味連関の切裂きを阻止すること，そして最初の一部判決によって進まれた契約実行のための道を実際にも貫くことが首尾一貫するという考量である。他方，この解決が一部請求権の既判力ある確定に，この請求権がその内容上狙っていない効果を結びつけるということは，この解決の不利に重く圧しかかる。しかし，それによって現行法の出発点から，直接裁判に供された法律効果とは異なる法律効果に関しもっぱら既判力効のための負荷能力の基礎であることが証明された基盤を離れることになる。この事情の意味は，その結果に即して明らかになる。たとえば，相手方の全ポジションに関して既判力を生み出す，一部請求を裁判する判決は，原告の全ポジションのためにも同様の効力を認められなければならないであろう。したがって，この判決の既判力は残部請求に関する後の手続にも及ばなければならないであろう。一部請求に対する判決が全反対請求に関する訴訟に影響を及ぼすや否や，残部請求権に関する訴訟へのこのような影響は，全反対請求権に関する既判力ある裁判が残部債権をめぐる訴訟において裁判官を拘束するということからすでに間接的に生じる。この種の現象に即して，基準となる意味連関を超えた既判力の拡張には，当事者がもはや直ちに見通し，また予期する必要のない効果によって判決が負担を負わされる危険があることが分る。しかし立法者はこのような危険を ZPO 322 条の規律によってまさに阻止しようとしたので，この結果に至る解決は退けられなければならない。それゆえ，第 2 の解決の可能性だけが残る。すなわち，その性質上もともと重要な意味関係が部分的にのみ影響を受ける 1 つの法的ポジションの不可分性のゆえに，その限界づけにおいて厳密に把握する

ことができない限り，この意味関係は既判力の測定のさい顧慮することができない。

第 9 章　却下され，顧慮されなかった被告の反対ポジション

I　成功しなかった弁済の抗弁との比較

　成功した弁済の抗弁が既判力の限界づけに関して成功した相殺と同じ結果をもたらすことが，前章において明らかにされた後，まさに必然的に押し寄せてくるのは，成功しなかった弁済の抗弁も，成功しなかった相殺の抗弁と同じように扱われるべきかどうかという問題である。そのさい考えるべきは，訴求債権に対して弁済を主張したが成功しなかった被告が，既判力をもって給付を命じられた後，すでに前訴において行った主張によれば当時の原告に対して給付したものの返還または償還を請求する事案である。

　たとえば被告の給付は訴求債権に関係していなかったとか，少なくとも被告の債務に合致していなかったという理由で，弁済の抗弁が退けられる場合，この状況は問題がない。相殺が反対債権の不適格により効力を生じない場合に相殺された反対債権に関しては既判力が生じないのと同じく，ここでも給付返還請求権に関して既判力効は初めから問題にならない。訴求債権の認容は，この事情によればその意味内容上，この種の効力を要求しうるものを何も述べていない。したがって解明されるべきは，もし前訴裁判が被告が給付を行わなかったという理由で弁済の抗弁を退けた場合に，状況はどう判断されるべきかという問題だけである。この場合に，被告が給付したと主張し，今や新たな手続においてこの給付（したがって彼が給付をするよう判決で命じられたその給付ではない）の返還を要求する場合，既判力はこれを妨げるかどうかという問題である[1]。

---

[1]　ここでは既判力問題だけが論じられる。返還請求権の実体法上の理由具備性はどうなのかという問題は，当面の関連では考察されない。この点で直ちにいえることは，結果として債権に対して二度給付することになる被告の保護のための根拠を，実体法が与えないとすれば極めて奇妙だということである。とりわけ不当利得返還請求権の附与が考えられよう。これにつき，*Reichel*, Festschrift f. *Wach*, 3. Bd., S. 75 ff. を参照。

I 成功しなかった弁済の抗弁との比較

　この問題を詳しく扱った Reichel（ライヘル）[2]は，これを否定する。彼は，次のような理由で，このような場合には，敗訴被告には，弁済の目的で行われた給付の返還請求が許されなければならないと考える。すなわち，前訴裁判の立場からは意図された債務消滅の効果は生じなかったので，既判力はこれによって害されない。当面の判決は訴求された債務が存在するかどうかについてだけ意見を述べており，この問題に対する裁判だけに既判力が生じる。主張された給付が行われなかったという判決理由に含まれた事実確定には，既判力は生じない[3]，と。

　1　この見解が結果において同意に値するかどうかについて明確さを得るために，先ず1つのことが明らかにされなければならない。すなわち，成功しなかった弁済の抗弁と成功しなかった相殺の抗弁は，既判力の限界づけの関係では，これまで「補償関係」の観点により論じられた場合とは本質的に異なる種類の問題状況を有している。「補償関係」の場合につねに問題となったのは，前訴で勝訴した当事者は後訴では既判力に基づき，自ら成功裏に主張した地位の対応物と見なされるべきであった一定の反対ポジションを承認しなければならなかったことである。たとえば仲裁裁判所の管轄権，相殺された反対債権がもはや存在しないこと，または弁済給付の「返還請求不許」のいずれを考えようと，勝訴当事者は既判力によって，勝訴を勝ち得た代償にいわばつねに繋れていた。今成功しなかった弁済および相殺の抗弁によって視野に入ってくる事

2　Festschrift f. *Wach*, 3. Bd., S. 75 ff.
3　*Hellwig*, Syst. I, § 231 Anm. 44が賛成して引用している BayOLG SeuffA. 63, 75の裁判を，この関連でも考えることができよう。消費貸借の借主は債務をすでに債権者に支払ったとの抗弁を退けられ，返還を命じる判決を受けた。その後，彼はその間に死亡した債権者の相続人に対して，前訴で訴求された貸金は債権者の依頼によりその計算で第三者に対して支払ったという理由で，資金額に相当する額を請求した。バイエルン上級ラント裁判所は，抗弁権および抗弁に対する判断は——相殺を別として——独立の既判力効をもたないという理由で，被告相続人に対する給付判決を前訴判決の既判力に対する違反とは認めなかった。——この裁判を評価するさいは，ここでコメントすべき事案とは異なり，債務者がひょっとすると前訴において後訴でとは異なる給付事象を援用していたことに注意すべきである。その種の事案の状況については，後述110頁以下参照。

案においては，それに対して，既判力は，勝者を勝利の負担に繋ぐ手段としてではなく，逆に戦い取った勝利を更に利用し尽す手段として問題になっている。これによって，すでに何度も言及した事案，すなわちAの所有権によって同じ物につきBが所有権を有しないことが確定し，または一方の当事者の契約上の請求権によって弁済給付の返還を求める相手方の利得償還請求権が排除される場合への接近が生じる。このような問題の整理により，重要な認識のための視野が開けてくる。すなわち，Aの所有権にはBの非所有権が属する場合，これは，同一物の2人の（単独）所有権は，現行法上同時に実現しえないことに基づいている。そして同じことは，債務法上の給付請求権において原則として決定されている一方の側の「保持権能（Behaltendürfen）」と，他方の側のBGB 812条による「取得の当為（Bekommensollen）」にも当てはまる。成功しなかった弁済または相殺の抗弁の場合における情況をこれと比較すると，著しく異なる像が現出する。Aはある給付対象を取得すべきであり，かつ保持してよい，Bは他の給付対象を取得すべきであり，かつ保持してよいという確定は，同じように相互に排斥し合うものではなく，差し当たり無関係に並存する。ある債権の存在が——ここで考察されるべき，成功しなかった抗弁の場合のように——，相手方の請求権がそれでは存在しえない法律上または事実上の状況に基づく場合，相手方の請求権またはその事実的基礎の不存在がその債権の要件になっている限りでは，この点は確かに変わるが，しかし，このことは，相手方のポジションの不存在が今やこの債権の秩序目標にも属していることをまだ意味するものではない。言い換えれば，この債権はかかる事情のもとでも，債務者が自己の側で債権者に対して請求権を有しないということには直ちには向けられていない。

2　先ず相殺だけに注視すると，次のことを考察の中に取り込むや否や，状況は著しく違った様相を呈する。すなわち，——もはや詳しく説明する必要がないことだが——相殺の本質に属するのは，いずれにせよ相殺が理由を有する限り，双方の債権は各々，他方が——たとえ自分の債権の消滅を犠牲にしてであれ——もはや存在しないという秩序を狙っているという形でお互い適合されていることである。その場合には，表示された相殺にもかかわらず，裁判所が反対債権の存在を否定するため，訴求債権が存続するものと見なされる場合に

も，訴求債権に反対ポジションを排除する意味内容が与えられ，裁判上共に確定されるべきではないかどうかという問題を撥ねつけることができない。

　ZPO は，この問題を積極的意味において答えた。主張された相殺によって意図された債権相互の適合（Ausrichtung）は，この問題の判断にとって決定的である。前訴で存在しないと見なされた反対債権が後に認められると，それは既判力をもって確定された訴求債権が持つ意味内容の否定として現れざるをえない。しかし，このようなことが既判力の本質に反するのは，相殺に供された被告の債権が前訴裁判に反し存在したので，給付命令に基づきなされた被告の給付の時点では相手方の請求権は相殺によってすでに消滅していたという理由で，被告がこの給付の返還を請求する場合に類似する。

　この ZPO の考え方を，利用可能な解決を提供するものであるが，規律すべき事実関係の構造からは取り立てて要求されていない立法者の自由な決定の結果と見ることは，確かに的外れではない。この種の考量にあっては，しかし以下のことを無視すべきではない。すなわち，債権の相殺は，債権の完全に有効な主張形式である。要件が具備する限り，直ちに相殺債権者の満足になるからである。この事情に鑑み，相殺の抗弁を反対債権の不存在のゆえに退ける裁判の既判力がこの反対債権にも及ぶのでなければ，それは，被告にとって，判決によって封印される終局的な喪失のリスクを伴うことなく，裁判上是認された権利行使の完全なチャンスをもって自己の権利を主張する可能性を意味しよう。しかし，このようなチャンスとリスクの不均衡な分配は，・当・事・者・平・等・原・則（der Prinzip der Gleichbehandlung der Parteien）に反する[4]。原告には，同様の可能性は開かれていないからである。訴えが彼の債権の不存在により棄却される場合，いずれにせよ既判力は，彼が否定された債権をもう一度相殺により行使しようと試みることを妨げる[5]。しかしそれによって明らかになるのは，ここで問題となっている成功しなかった相殺の場合にも，問題状況――またはそういいたければ事物の性質――は，既判力を反対債権にも拡張することを迫るのであり，それは ZPO 322 条の規定が明文で行っていることでもある。ZPO の立法理由書において，裁判所が相殺された反対債権の不存在をも確定

　4　Vgl. *Bötticher*, Die Gleichheit vor dem Richter, S. 15 f.
　5　これについて，Festschrift f. *Herschel*, S. 194 における *Bötticher* の，使用者の不利に裁判された解雇保護訴訟における状況についての論述も参照。

第9章　却下され，顧慮されなかった被告の反対ポジション

することは，当事者の意思としても認められなければならないといわれる場合，主観的なものを狙った措辞にもかかわらず[6]，これはこの状況の意識せざる表現と見られてよい。当事者の目的や動機が多様であるにもかかわらず，かくも一般的にこのような意思から出発することができるのは，客観的な所与がそのような取扱いを初めから当然ならしめるからである。

　3　成功しなかった相殺の抗弁における既判力の限界づけを，このように明らかにすることによって，これと比較して，上述の成功しなかった弁済の抗弁の場合がどのように判断されるべきかという未定の問題を解明するための基礎が生み出されている。相殺について行われた考察の後，そのさい比較すべき2つの事案類型の違いが差し当たり視野の中に入ってくる。すなわち，反対債権の不存在を理由に相殺の抗弁を排斥され，この債権を今や訴求しようとする当事者は，それによって新たな手続において，前訴ですでに訴求債権に対立していた同じ権利を主張する。失敗した弁済の抗弁というパラレル事案では，これと同じことはいえない。敗訴被告がこの場合に後訴において訴求する，主張にかかる弁済の返還債権は，先行した手続においてすでに訴求債権に対立させられてはいなかった。当時はまだ，この返還債権について語ることはできなかった。それゆえ，ここでは相殺とは異なり，前後して提起される2つの訴求債権の間には，決定的な関係は存在しないという推論がもっともである。これに応じて，既判力を前訴の訴求債権に厳格に限定することは，ここでは同一の権利を完全な行使の見込みをもって二度裁判に供する可能性を被告に提供するのでもないように見える。事をこのように見れば，主張された給付の事実を審査のために二度裁判所に主張することが異論の余地なく許されることは，どうということではない。なぜなら効果なく主張された事実を，もう一度別の訴訟物を持つ訴訟において主張する可能性は，原告の有利にも生じえ，それゆえ平等取扱いの原則に反しないからである。

　しかし仔細に見れば，ここで関心のある成功しなかった弁済の抗弁の事案において双方の債権の適合がなく，したがって成功しなかった相殺とは異なり，同じ事実主張が二度行われるだけだと見ることは，誤りであろう。このような

　6　Vgl. *Hahn*, Materialien, Bd. 2, 1. Abt., S. 292.

I 成功しなかった弁済の抗弁との比較

印象が生じうる場合,それは弁済が債権者の債権を直接消滅させ,それゆえ法技術的には彼の給付に基づき,債務者になお——相殺の場合には相殺の意思表示の実施まで存在する——債権者に対する特別の権利を付与するきっかけは存在しないことによる。この状態は,債務者が実質的に弁済の抗弁によって——相殺の抗弁と全く似た形で——自分には債権者に「貸し」があると主張していること,すなわち債務に関係し,そしてこれでもって補償する積極的計算ポストが記帳されていると主張していることを覆い隠してはならない。そして被告は,まさに未だ給付していないという理由で既判力をもって給付を命じられた後に,主張された弁済給付を取り戻そうとする場合,弁済による訴えの棄却の場合には裁判上承認された方法で実現される同じ「計算ポスト」を,またもや主張するのである。これによって,相殺の場合に既判力の拡張にとって決定的と認められたのと同じ本質的特徴が帰ってくる。すなわち,双方で主張されるポジションは,ここでもその実質的な内容上——それが理由を有する限り——相互に消滅するという形で互いに適合されている。その結果,前訴判決の既判力を厳格に訴求債権の存在に関する言明に限定することは,ここでも,被告が同じ法的ポジションを完全な実現の見込みをもって二度裁判に供しうるが,原告にはそのような可能性は提供されないという形で,被告を一方的に優遇することになる。このような事実状態の同一性に鑑み,両者の場合における法的取扱いも同じでなければならないことは,それにもかかわらず,これ以上述べる必要はない。被告が未だ給付していないという理由で弁済の抗弁を排斥されて,給付を命じられた場合,すでに前訴で主張された給付の返還請求はそれゆえ遮断される。それは,不成功に終わった相殺の抗弁の場合に,ZPO 322条2項により,否定された反対債権の再度の主張が遮断されるのと同じである。

4 一点において,これまでの叙述はなお補充的な指摘を必要とする。すなわち上述のところは,前訴の被告が後訴において,彼が相手方の訴えに対してすでに口実にしたのと同じ給付事象を援用する場合にのみ関わる。彼が同じ法的ポジション,同じ法的な貸しを裁判上二度行使しようとしているといえるのは,この状況においてだけである。それに対し後訴において,彼が(口頭弁論終結前行われていたにもかかわらず)前訴で主張しなかった給付を援用する場合には,この要件は存在しない。しかし,これは反対ポジションを排除する既判

力効の基礎が欠けていることを意味する。前訴で下された判決は、この事情のもとでは、認容された訴求債権を、反対ポジションの否定に向けられる傾向（Tendenz）付きで確定しているのではない。この状況は、その限りで、被告が訴訟外で表示した相殺に手続において言及しない場合と何ら異ならない。ここでも、反対ポジションの存在に関しては、既判力は生じない。最後に、以上すべてに、次のことが加わる。すなわち、弁済の抗弁の明示的な排斥は、給付が全く行われていないことに基づきうるだけでなく、実際に行われた給付が法的原因により債務消滅の効果を有しないことにも基づきうる。そのような場合には、既判力ある給付判決は、効果を有しなかった給付の返還請求の妨げとならないことは、明らかである。しかし、そうであるならば、訴求債権の認容が後に主張された給付を全く扱っていなかった場合に、なぜ状況が異なるべきなのか、その理由は明らかでない[7]。

II 前訴において主張された被告の反対権

挫折した弁済の抗弁の取扱いによって持ち出された問題領域は、以上の論述によってはまだ尽きてはいない。むしろ、敗訴被告が独立の、幾分給付判決に対立する訴えを、前訴で調査され却下された防御提出に基礎づけるかもしれない他の事案において、既判力の限界づけはどうなのかという別の問題も、これに属する。解除の訴え（Wandlungsklage）によって売買代金の返還を請求している買主が、前訴において同じ瑕疵に基づき、防御的に主張された解除要求にもかかわらず、既判力をもって売買代金の支払いを命じられた場合を考えよう。さらに、被告が解除権（Rücktrittsrecht）、取消権または類似の形成権の援用にもかかわらず、この形成権は存在しないという理由で既判力をもって給

---

7 同じ方向を示唆するのは、*Rosenberg* の主張する、ZPO 279条、529条によって却下された提出——たとえば弁済または相殺——は民法上何らの効力をも有さず、したがって債務者はこれに返還請求を基礎づけることができるという見解（Zivilprozessrecht, § 76 III 4 a, ZZP 59, 226）である。時機に後れた提出につきそうだとすれば、全く提出されなかった事情についても、このことは明らかに妥当しなければならない。*Rosenberg* の見解に反対するのは、*Nikisch*, Festschrift f. *Lehmann*, II. Bd., S. 773 Anm. 25; 以上については、後述124/125頁注40も参照。

II　前訴において主張された被告の反対権

付判決を受け，今や同じ形成権の行使によって，行った給付の返還を求める訴えを基礎づけようとする場合も，ここで言及されるべきである。さらに，当事者地位の入れ替わった先行する引渡訴訟において，物の引渡請求権（Anspruch auf Übergabe einer Sache）が当時の被告の占有権原（BGB 986条）の基礎としてはっきりと否定された後の，この物の引渡請求権を訴えによって主張する場合が考えられよう。これに対して最後に，同様の防御提出の後の不法行為訴訟または不当利得償還請求訴訟をも，なお指摘させていただく。そのさい，この数え上げは，完全なものでないことを強調させていただく。

1　これに属するすべての事案において問題になっているのは，抗弁および抗弁権に関する既判力の範囲である。一般的に主張されている命題，すなわち，かかる提出についての裁判——判決理由の一部をなす——は，唯一相殺の抗弁を例外として，既判力に与らないという命題に応じて，支配的見解は最初の判決の既判力は後の「反対の」訴え（entgegengesetzte Klage）の妨げとならないという結果に至る所で到達せざるをえない[8]。しかしながら，支配的見解は，実際上，言及された原則に，最初思われるほど一般的にかつ無条件に従っていないことが強調されるべきである。このことは，他の関連においても非常に明瞭に，すでに仲裁契約の抗弁において現れた[9]。ここで扱われる事案類型に関しては，とくに反論されておらず，Hellwig（ヘルヴィヒ）と Reichel もはっきりと同じ意見であるライヒ裁判所の見解によれば，抽象的な債務に基づき既判力をもって給付を命じられた債務者は，不当利得の抗弁（Bereicherungseinrede）が片付くと，債権からの解放と，場合によって給付されたものの返還を求める不当利得償還請求の後訴を，彼が前訴において不当利得の抗弁を提出していなかった場合ですら，遮断されることを思い起すべきである[10]。Hellwig が解除（Wandlung）に関して，一般的な見解[11]と異なる見解，すなわち，売

---

[8] 上述11頁参照。

[9] 上述3頁および85頁以下参照。

[10] この意味で，たとえば RGZ 39, 142 (144, 145). これを確認するのは，Warn. 1934, Nr. 119; vgl. auch RGZ 50, 416;—*Reichel*, Festschrift f. *Wach*, 3. Bd., S. 18 ff., 60 f.; *Hellwig*, Syst. I, § 231 IV 2. *Hellwig*, a.a.O. は同じことを不法行為による債権取得の主張についても認める。

[11] これにつき上述11頁参照。

第9章 却下され，顧慮されなかった被告の反対ポジション

買代金の支払いを命じる確定した給付判決は買主の解除の後訴を妨げるという見解を主張していることをもう一度指摘させていただきたい。そのさい，被告が前訴においてすでに防御的に彼の反対権を援用していたかどうかは，ここでも，どうでもよいことだといわれている[12]。最後に同じことを，*Hellwig* は一方的に行使できる形成権についても認める[13]。

2　今まさに挙げられた形成権に関しては，状況はこれまで述べたところによれば，素早く見通すことができる。そのためには，もう一度たとえば次の状況をはっきり理解していただきたい。すなわち，被告は，前訴において，訴えの基礎にある契約を BGB 326条により解除したとか，この契約を BGB 119条により取り消したと抗弁した。しかし裁判所は，解除または取消しの要́件́が具備していないという理由で訴えを認容した。判決の確定後，このようにして敗訴した被告がその間に行われた給付の返還を訴求し，そのさい，彼は再びすでに前訴で主張された原因による解除または取消しを援用する。ここでまた，持ち込まれた解除または取消しの表́示́が前訴において主張されたものと同一である場合，既判力が新たな訴えに介入することは，明らかに真面目には疑問視されえない。この事情のもとでは，状況は本質的に，敗訴当事者が前訴裁判に反して債務を負っていないことの確認を求めて訴えを提起する場合と同じである。取消しに基づく不当利得返還請求によっても，解除に基づく請求によっても，新事実の外観すら提出されることなしに，前訴で得られた結果の逆転が要求されているからである[14]。しかし，形成の基礎の欠缺を理由に敗訴した当事者が前訴で排斥された古い理由を援用して解除または取消しの意́思́表́示́を繰り返し，自己の訴えを今度はこ́の取消しまたは解除の実施に基礎づけようとする場合にも，状況はまだ別異に判断されえない[15]。なぜなら，この場合においては，たとえ形成の表́示́は前訴で扱われた事実関係に対して「新しい」にせよ，新事実

12　*Hellwig*, Syst. I, § 231 IV 2.

13　A.a.O.

14　Vgl. *Lent*, DR 1942, 868.

15　現行法上，異説は *Pagenstecher*, Eventualaufrechnung, S. 78; 将来の法について，*Pagenstecher*（a.a.O., S. 78 f.）は，これに対してここで主張された意味での解決に賛成する。

Ⅱ　前訴において主張された被告の反対権

の顧慮性に関する前に展開された原則によれば[16]，この表示は既判力の限界づけには意味を持たないからである。すなわち，この形成表示はその形成基礎に関していないので，理由があるためには，それに関して，この形成表示は追求された新しい認識が古い認識から離れなければならないその適用法律要件の部分に関係していないのである。状況はその限りで，原告が取消しまたは解除に基づく返還請求訴訟を，主張された形成権が原告に帰属していないという理由で既判力をもって棄却される場合と異ならない。彼もまた——他の箇所ですでに述べたように[17]——古い形成権に基づき新たな形成の意思表示を行い，それから新たな返還請求の訴えをこの「新」事実に基礎づけることによっては，この裁判の既判力を除去することはできないのである。

3　この所与の認識によって，「解除事案（Wandlungsfall）」の解決も，直ちに手の届く近さにくる。それは，買主による解除（Wandlung）の防御的主張にもかかわらず売買代金を支払うよう既判力をもって命じられた買主が，前訴で否定されたのと同じ瑕疵に基づき解除の訴えを提起する事案である[18]。これについては，とくに *Bötticher*（ベティヘル）[19]が鋭く明らかにした事情を，すなわち，解除は——どう実施されようとも——形成要素を含んでいるという事情を思い出してほしい。すなわち，売買契約は，「キャンセル（rückgängig machen）」され，すなわち，それは廃棄され（aufheben），そして，それによりすでに給付がなされている限り，反対の返還義務が売買契約上の義務に代わる。この形成要素を考慮すれば，ここでも既判力効は，これまで扱われた形成事案と同じように限界づけられなければならないというのは，的外れではない。この返還請求権が売買契約による支払請求権と——解除（Rücktritt）による請求権と第一次的契約請求権との間において，または給付請求権と取消表示後の不当利得償還請求権との間において観察されうるのと同じように——対立していることは詳しい説明を要しない。このことも，解除（Wandlung）の防御的

16　上述42頁以下。
17　*Zeuner*, MDR 1956, 258.
18　多数説によれば適法とされることである。上述11頁参照。
19　Wandlung, S. 5 ff.; これに同意するのは，たとえば *Larenz*, NJW 1951, 499 f., Schuldrecht, Ⅱ, § 37 Ⅱ a.

第9章 却下され，顧慮されなかった被告の反対ポジション

な主張と後の解除の訴えは，解除（Wandlung）実施の異なる行為を目指しているという困難を惹起しない。なぜなら，前にコメントされた形成事案においても，形成が前訴において適切な形成基礎の欠缺により失敗し，これを何も変えなかった場合には，形成行為の異別姓は既判力の介入を阻止しないことが明らかになっているからである。最後に，通常の形成事案における形成実施の方法と解除（Wandlung）との間に存する違いは，同様に，両事案グループの平等扱いの妨げとはならない。上で論じた解除（Rücktritt）および取消し事案の判断は，形成実施の方法ではなく，形成を求める権利と形成から生じる権利という目標を基準としているからである。この決定的な点においては，両事案における事情は，解除（Wandlung）の規律が解除（Rücktritt）の規定を準用すること（BGB 467条）に全く明瞭に現れるように，全く一致している。

問題をこのように見れば，すでにそれによって，売買代金請求の訴えに対し解除（Wandlung）を援用したが不成功に終わった買主は同じ瑕疵によって，その給付をするよう既判力をもって命じられた売買代金の返還を求める解除の訴え（Wandlungsklage）をもはや提起することはできないという結論に到達せざるをえない。しかし，これで，この事案の議論を閉じることは，まだすべきではない。仔細に見れば，発見された解決をなお一般的な観点に帰せしめうることが，明らかになるからである。すなわち，言及された形成要素の決定的な本質特徴がもともとどこに求められるかと問えば，次のことが明らかになる。すなわち，形成によって現実化した法律効果が狙っているのは，それに対して形成が向けられている法律効果が結局のところ全く機能しない状態である。双方の側から主張された法律効果は，したがってその目標から見て，確固とした意味関係に立っており，この意味関係は被告の主張した法律効果による訴求債権の否定に関しては，上で述べた相殺の場合の関係に全く比較できるものである。相殺の場合と同様に，解除の場合においても（その他の点では解除も取消しも変わらない），被告が先ずは防御の方法で主張した法律効果は，それにより訴えが棄却される場合には，裁判上の認可をもって全面的に実行されている。それゆえ，解除の場合においても，買主が解除に基づく防御を排斥されて売買代金を支払うよう既判力をもって命じられた後，訴えによる解除実施の可能性が買主に残るならば，平等扱いの原則を破ることに帰するであろう。したがって，相殺において反対債権への既判力の拡張を支えたことはすべて，解除の場

II 前訴において主張された被告の反対権

合にも同様の既判力測定を迫る。解除の場合，既判力の拡張にとって決定的な，対立法律効果間の意味関係は，相殺の場合よりなお密接だと多分いうことができる。なぜなら相殺の場合には，対立債権はその目標において初めは完全に無関係であり，相殺の意思表示により初めて相互に関連づけられるのに対して，解除の場合には，売買代金請求権を取り除くためには，先ず解除の実施による現実化を要するとしても，解除権（Wandlungsrecht）はすでに初めから売買代金請求権に対して向けられているからである。この違いが明瞭に現れるのは，相殺の場合の反対債権はもともと訴求債権との関係において同種の給付に向けられているが，解除に基づく債権によって原則として，売買代金請求権の履行のために給付された，正にそのものの返還が要求される点である。（反対債権が否定されたため）不成功に終わった相殺の抗弁の場合に，反対債権が後に訴えによって主張されるとき，相殺前に存在し既判力をもって確定された債権に対する独立性を反対債権に再び与えるべきか否かを，なお問うことができたが，解除の場合はそのような可能性は初めから排除されている。これらすべての事情が考慮されるならば，直ちに明らかになるのは，既判力の限界づけに関して，売買代金請求権とこれに対して持ち込まれる解除権の関係は，相殺の場合に訴求債権と反対債権の間に存在する関係に劣らず顧慮できることである。売買代金請求権に対立する解除権の方向は，したがって防御的に主張された解除権を退けて売買代金債権を確定する裁判の既判力が同じ瑕疵を理由とする解除の後訴を妨げることをもたらさなければならない。売買代金請求権は，このような事情のもとでは，既判力をもって確定された内容によって，退けられた解除権に余地を残さない秩序を目指している[20]。

4 コメントされた事案において，既判力の測定を規定するものが訴求債権に対して先ず防御的に主張された法律効果の意味内容であるという認識は，たとえば占有権，不当利得償還請求権または不法行為による損害賠償請求権の防御的な主張が裁判所により否定された後，これらの権利が訴えによって行使されるような前述の事例との内面的な関連をも生み出す。たとえこの関係の法技術的構築はここでは異なるかもしれないにせよ，被告によって最初は防御的に，

---

20 同じ瑕疵に関する他の権利の主張については，後述194頁注11参照。

次いで攻撃的に提出された法律効果は、前訴によって実行されるべき法律効果がもはや存在しない秩序の惹起に向けられている、という決定的なメルクマールが回帰する。この関係は、被告が最初防御的に提出した法律効果は、それにより訴えが棄却されると、すでに裁判所により実現されているという結果を再びもたらす。したがって、この場合、同じ目標に防御的に到達する試みが挫折した後に、問題の権利をなお訴えによって主張する可能性が被告に与えられるとすると、訴訟におけるリスクの平等分配原則の違反がここでも生ずるであろう。それゆえ、先ず防御的に主張される権利が訴求債権に対して向けられているという、これらの事案においてすでに初めから存在する方向により、ここでも、抗弁または抗弁権を却下された被告は同じ権利をもう一度原告として主張することはできないということにならざるをえない。

III 前訴においてまだ主張されなかった反対権

前節では、前訴被告がすでに前訴手続において防御のために反対権を援用したが、既判力をもって給付をするよう命じられた後に、なお訴えの方法で反対権を行使しようと試みる場合がつねに前提であった。したがって、なお解明されるべき問題は、この権利が前訴当時すでに存在した事実に基づいており、したがって防御的な主張をすることは客観的に可能であったにもかかわらず、敗訴被告が前訴においてまだこの権利を援用していなかった場合に、どう判断されるべきかという問題である[21]。

 1 a) 先ず、一方的な意思表示によって行使される形成権に再び注視すれば、しばしば論じられている ZPO 767条2項の問題に出会う。すなわち、給付を命じられた債務者は、形成権がすでに前訴の事実審最終口頭弁論の時点において存在していた場合にも請求異議の訴えを形成権の事後的な行使に基礎づけることができるか、という問題である。この問題はほぼ多数とみられる見解[22]によって依然として否定に答えられているが、もっとも、この見解は著名

---

21 これについては113頁において引用された、この種の一定の場合にも遮断効に賛成する見解を参照。

22 たとえば、*Baumbach/Lauterbach*, § 767 Anm. 4 B; *Förster/Kann*, § 767 Anm. 3

Ⅲ 前訴においてまだ主張されなかった反対権

な著者の批判に晒されている[23]。そのさい，しかし当面の関連では，1つのことが看過されてはならない。すなわち，問題の場合における ZPO 767条による訴えの適法性に対して提出される議論は，しばしばこの訴えだけに合わされた・執・行・法・上・の・観点だけを含んでいる。たとえば，ライヒ裁判所は，請求異議訴訟を拒否する1903年11月20日の裁判[24]において，ZPO 767条の規定は「明らかにエネルギッシュな執行の進行の利益のために債務者のシカーネと引延しをできるだけ阻止することを目指している」という考量に基礎づけている。ここでは，このようなとくに執行法上の問題が重要なのではない。解明されるべき問題は，迅速な執行の利益のために請求異議訴訟が排除されているかどうかではなく，既判力が問題の形成権の行使に基づくあらゆる任意の訴えを阻止するかどうかである。そして，この2つの問題は，いくつかの接触点を有するにもかかわらず完全には一致せず[25]――したがって請求異議の訴えが排除されるところで，給付の訴えはなお適法でありうるというような――可能性は，直ちには排除されえないので，この既判力研究においては，請求異議の訴えの問題は全く脇にやっておくことにする。このようにして一般的な既判力問題にのみ向かうと，既判力は事実審の最終口頭弁論の時点にはすでに存在するが，まだ行使されていない「反対の」形成権の事後的行使をすべて排除するという見解がとりわけ *Hellwig*[26][27]において見られ，これに対して，とくに *Reichel* (ライヘ

---

　c bb;*Oertmann*,S.110f.;*Schönke*,Zwangsvollstreckungsrecht,5.Aufl.,§42 Ⅲ 1 b(異説，*Baur*, in der 6. Aufl.); *Seuffert/Walsmann*, § 767 Anm. 3 b; *Stein/Jonas/Schönke/Pohle*, § 767 Anm. Ⅱ 2 c; *Zöller/Karch/Scherübl*, § 767 Anm. 2 b; RGZ 64, 228 (230); RG JW 1917, 45 Nr. 16; RG Warn. 1910, Nr. 76; 1913, Nr. 31 u. 389; RG HRR 1935, Nr. 691; BGH NJW 1957, 986; BAG AP Nr. 1 zu § 767 ZPO (mit krit. Anmerkung v. *Wieczorek*)を参照。

23　So z. B. *Baur*, bei *Schönke/Baur*, Zwangsvollstreckungsrecht, 6. Aufl., § 42 Ⅲ 1 b; *Bruns*, Zwangsvollstreckungsrecht, S. 58 f.; *Lent*, DR 1942, 868 ff.. Zwangsvollstreckungsrecht, § 12 Ⅲ; *Pagenstecher*, Eventualaufrechnung, S. 48, 73, 78; *Reichel*, Festschrift f. *Wach*, 3. Bd., S. 27 ff., ferner S. 78; *Rosenberg*, Zivilprozessrecht, § 183 Ⅲ 2 a, vgl. auch § 150 Ⅲ 2; *Wieczorek*, § 767 Anm. D Ⅲ b 1, b 3.

24　RGZ 64, 228.

25　この方向において，たとえば *Oertmann*, S. 110 f. を参照（反対：*Pagenstecher*, Eventualaufrechnung, S. 48）; *Schwab*, S. 163; *Stein/Jonas/Schönke/Pohle*, § 322 Anm. Ⅷ 3.

ル)²⁸, *Pagenstecher*（パーゲンシュテッハー）²⁹, *Lent*（レント）³⁰, *Rosenberg*³¹（ローゼンベルグ）は反対説を主張している³²。

b) 既判力は訴訟の訴訟物であるものすべてを全範囲において捉えるということから出発すれば，論じられているすべての事案において，形成権の不存在が初めから訴訟物に共属する限り，問題は直ちに *Hgellwig* の考えにおいて決定されなければならない。上で述べられた形成権の防御的主張の場合にも，そうすれば，解決はこの観点から生じる。しかし，問題はこのような訴訟物理解が現行法に合致するかどうかである。

ZPO 616条，767条3項，MSchGes.（賃借人保護法）17条のような諸規定がこのような結果に至る一般的原則，つまり事実審の最終口頭弁論の時点において存在する形成権で，主張される法律効果に関係するものが下される判決において却下されまたは無視される場合には原則として失権するという一般原則を含むかどうかを考量することができるかもしれない。

これによって述べられた ZPO 616条，767条3項，MSchGes. 17条の一般化できる内容の問題が単純に手振りによっては片付けることができないことは，訴訟物と既判力の限界づけをめぐる現在の議論³³の状況に鑑み，特別の強調を必要としない。また，とくに労働裁判所の解雇保護訴訟に関する *Bötticher* の研究³⁴は，これらの規定の利用は——解雇保護訴訟のように——形成が原告で

26　Syst. I , § 231 Ⅳ 2.
27　同じ意味において，たとえば，*de Boor*, Rechtsstreit, § 24 Ⅱ 1 c も。
28　Festschrift f. *Wach*, 3. Bd., S. 26 ff.
29　Eventualaufrechnung, S. 48, 70 ff.
30　DR 1942, 868 ff.
31　Zivilprozessrecht, § 150 Ⅲ 2.
32　*A. Blomeyer*, Festschrift f. *Lent,* S. 67も参照。曰く「訴えの申立てが財移転契約の無効と土地登記簿訂正を内容とし，契約は BGB 530条による贈与の撤回によってのみキャンセルできることが明らかになる場合，裁判官は申立ての変更を示唆しなければならない。しかし確実に，原告は訴えが棄却された後，新たな訴えを BGB 531条2項に基礎づけることができるであろう」（強調は著者）。
33　これにつき，*Bötticher*, Festschrift f. *Rosenberg*, S. 92 ff., Festschrift f. *Herschel*, S. 183 ff., 192 ff.; *Habscheid*, Streitgegenstand, S. 297 ff. ; *Schwab*, S. 164 ff. を参照。
34　Festschrift f. *Herschel*, a.a.O.

III 前訴においてまだ主張されなかった反対権

なく被告から発していることによっては原則としてまだ排除される必要がないことを示した。それにもかかわらず，事実審の最終口頭弁論の時点において存在する形成権で主張された法律効果に関するものはすべて，原則としてそれ自体訴訟＝裁判対象に関係づけられるというテーゼほど広いテーゼは，まだ理由づけられていない。このことは，以下の考察から分る。

　問題の規定の原型と見られうる ZPO 616 条が，事実審の最終口頭弁論の時点において存在し，婚姻の解消を訴求する当事者が提出することができたにもかかわらず，提出しなかったすべての離婚原因と婚姻取消原因の排除を命じる場合，それによって，その当事者は不当に負担を負わされるのではない。なぜなら，婚姻の終了を申し立てることを決心する者には，下される裁判が現実にも争訟の終了となるよう，この訴訟において手に入るすべての理由を裁判所に提出するよう直ちに期待することができるからである。被告が婚姻取消または離婚の訴えに対して自己の離婚または取消原因を（反訴により）提出しない場合，ZPO 616 条 2 文が同様にこの取消原因および離婚原因が失権するぞと被告を脅す場合，これは被告にとっても不適切な重荷を意味しない。婚姻解消という 1 つの目標を差し当たり正当化できるすべての原因が一度に処理されることは，事実状態から直ちに生じる解決であるように見えるからである。解雇によって解雇保護訴訟のきっかけを作った使用者に，原則として，労働関係の継続の障害となるすべての理由を訴訟に導入するよう要求することをもっともならしめるのも，全く似た種類の考量である[35]。

　ここから，被告が形成権の行使を怠った上に挙げた事案を振り返って見れば，初めから著しい差異が現れる。すなわち，離婚または婚姻取消訴訟と異なり，また解雇保護訴訟とも異なり，ここでは形成は典型的にはもはや争訟の出発点ではない。むしろ形成は，訴訟を開始する原告の別種の要求に対する純然たる防御方法としてのみ差し当たり問題となる。婚姻手続の領域でやや比較できる状況にある形成に出くわすのは，離婚または婚姻取消しの訴えにおいてではなく，婚姻共同体の回復を求める訴えにおいてである。なぜなら，この手続も形

---

[35] 因みに，特別解雇に対する被用者の勝訴によって，使用者が前訴時点で正当化事由が存在していた通常解雇を失権するとすれば，それは KSchGes. 11 条 2 項 1 文の意味に反するとする *Bötticher* のコメント（Festschrift f. *Herschel*, S. 192 f.）は，ここでも対等扱いに如何に注意が払われなければならないかを示している。

成に向けられていない要求から出発し，被告が形成を求める権利を主張してこの原告の要求に対応することができるからである（ZPO 615条）。しかしこの場合には，ZPO 616条の規定は介入し̇な̇い̇。婚姻共同体の回復の要求に対し，本来自分に可能な婚姻解消の要求を対立させない被告は，婚姻解消の訴えの場合とは異なり，この規定により婚姻解消原因の失権によっては脅されることはない。したがって，立法者はこれらの事案の差異に本質的な意味を与えているのである。

　ここで関心のある解除，取消しその他の類似の場合につき，この事情から直接結論を出すことはまだできない。なぜなら，これらの場合においては——まさに，たとえば原告が前訴の手続において確定判決を取得したその給付の返還を求める訴えのように——前訴で下された給付判決に対立する訴えの遮断だけが問題になっているからである。婚姻共同体の回復を求める判決の場合には，それに対して，被告の主張しない婚姻解消原因の失権は，その効果においてはるか先にまで及ぶ。婚姻の解消は，婚姻共同体の回復を求める一定の権利の単なる反駁以上に大きな意味を有するからである。

　c）　したがって議論されている失権は，なるほど証明されていないが，しかし，まだ一義的に反駁もされていない。しかしながら，誤解の余地なく，失権に不利なその他の理由がある。すなわち，*Lent*（レント）[36]が力強く明らかにしたように，相手方が形成によって脅かされた権利を裁判上主張して，形成を直ちに惹起するか，それとも形成を求める権利を終局的に失うかの二者択一の前に形成権者をいつでも置くことができるとすると，それは形成権の行使に関する——とくにこの権利者に承認された期間に関する——規定の，あからさまな無視を意味する。この事情の全くの重みを感じるためには，*Lent*[37]によってもたらされた例を指摘するだけで足りる。すなわち，ある買主が9月1日まで契約の解除を留保した。そのかなり前に売主が，売買代金支払請求の訴えを提起する。最終口頭弁論は5月1日行われる。この場合には——*Lent* が正しく述べるように——この訴訟中にまだ解除しなかった買主が給付判決後，残る契

36　DR 1942, 868 ff.
37　A.a.O., S. 871; vgl. auch *Pagenstecher*, Eventualaufrechnung, S. 73.

Ⅲ　前訴においてまだ主張されなかった反対権

約期間中に解除するのを失権させようとするのは，まさにグロテスクであることは明らかである。この種の失権は，売主が訴えによって簡単に契約上の義務を無視できることを意味することに他ならないからである。そのさい，この事案において特別に鋭く現れるものは，決して契約上承認されまたは形づくられた[38]形成権の特殊性ではない。むしろ法律上の解除権行使期間も本質的に契約上のそれと異なる意味を持つものではないので，前者においても判断は異ならない。

別の考察も，説明された方向を示している。すなわち，訴えで主張された法律効果の既判力ある認容が，敗訴当事者にはこの法律効果に向けられた形成権が帰属しないことの確定をつねに含むならば，全く行使されなかった形成権のみならず，適式には行使されなかった形成権も原則として失権せざるをえないであろう。たとえば，被告に対する確定した給付判決が，被告によってなされた解除の表示が契約上合意された方式を遵守していないことにのみ依拠した場合，被告は，事後的に実体法上なお可能な形成権の行使を適式に繰り返した場合にも，給付の返還を訴求することはできないであろう。そして被告側に現れることは，原告についても妥当しなければならない。たとえば，解除権の行使に基づく訴えが解除の表示の方式を欠く（または到達を欠く）ため既判力をもって棄却されるとすると，今や行われた適式な（ないしは到達した）表示に基づいても訴えを繰り返すことはできないであろう。更に，公証人が長期間拘束する土地売買契約の締結申込みの原告による承諾を誤って適正に公証しなかったため，土地所有権譲渡の物権的合意の訴え（Auflassungsklage）が既判力をもって棄却された場合にも，同じ意味で決定されなければならないであろう。実体法上なお可能な，新たな方式を遵守した承諾の意思表示をしても，これを新たなこの物権的合意の訴えの支えとしてはもはや利用することができなくなろう。

この推論は，——明らかな限りでは，どこにおいても実際にはなされていない[39]——啓発するところが大きい。なぜなら，瑕疵ある表示がはっきりと裁判にとって決定的な事情として強調されているところで，他のあらゆる法律要件要素には直ちに承認されている，既判力の限界づけのための同じ独自の意味が

38　Vgl. z. B. § 477 I S. 2 BGB.

第9章　却下され，顧慮されなかった被告の反対ポジション

この表示には与えられない場合，物事が捻じ曲げられていることがここで鋭く現れているからである。しかし，そうであるならば，——無効な表示の場合のように——裁判がこの意味をはっきりと指摘しているかどうか，または，表示がまだ行われていない場合には通常そうされているように，裁判がそれには言及していないかどうかは，重要ではありえない。後者の場合においても，そのような指摘はどっちみち一度は生じうるのであれば，一層そのことが妥当する。たとえば，被告に対してなされた詐欺は，被告が取消しの表示をまだしていないので，主張された法律効果の存在をまだ害さないと裁判において述べられる場合には，そうである。

以上によれば要約的に，既判力は前訴当時まだ現実化されていない形成権の事後的行使とそれに基づく訴えを失権させないことを確認することができる[40]。

39　Schönke/Schröder（§75 I）は，はっきりと，たとえば原告は，有効な告知がないため明渡しの訴えが棄却された後，その間に有効に告知したことを主張することができると強調する。これについて引用された RG Warn. 1926, Nr. 182については，前述47頁以下参照。

40　最後に，被告が請求に対して向けられた形成権を訴訟外において行使したが，当事者が裁判所にこのことを陳述しなかった場合に，なお言及されるべきであろう。この事情のもとでは，既判力ある給付判決は被告が事後的に再度形成権を行使し，これに反対の訴えを基礎づける可能性を遮断するかどうかという問題が生じる。この場合には先ず，後訴を担当する裁判所は，形成権の存在は既判力をもって確定された訴求債権の存在と法的に合致しうるか否かに係っているという理由で，最初の形成の表示を有効と見なすかどうかが重要と考えられるかもしれない。形成権の存在は既判力をもって確定された訴求債権の存在と法的に合致しうるか否かはこの点に係っているという理由からである。しかしながら，事柄のこの種の取扱いは，実体法状態が後の判断にとってどうであるかによってではなく，それが既判力ある判断においてどのように見られているかによって，既判力が測定されるという原則を無視するものであろう。たとえば裁判官が，行われた解除の意思表示に瑕疵があったという理由で被告に給付を命じた場合，この判決の既判力は，最初の表示に瑕疵がなかった場合にも，被告が新たな解除の意思表示を主張することを排除することができない。このことを考慮し，それに応じて，被告の行った形成の表示が訴訟において導入されなかったとすれば，下された裁判の立場からは事態はどうであるかと問えば，訴求債権の認容は形成権の存在を必ずしも排除しないといわなければならないであろう。少なくとも形成権の否定と同じく，裁判所は有効な形成行為の欠缺から出発したという説明がもっともである。それゆえ，この判決には，このような場合，有効な形成行為の存在が証明されなかったという理由で形成権の存在をはっきりと未定にした裁判，または形成行為の効力または形成権の効力のいずれかが欠けている

Ⅲ 前訴においてまだ主張されなかった反対権

2 解除（Wandlung）に含まれた，すでに言及した形成要素に関しては，同じことがこの手段にも妥当しなければならない。既判力ある売買代金支払命令判決は，買主が前訴においてすでに解除を同じ瑕疵により防御的に主張したのでない限り，買主が解除の訴えによってまさにこの売買代金の返還を請求することを妨げない。解除は取消しまたは解除（Rücktritt）と異なり，すでに権利者の一方的表示により実行することができないという事情は，このような等置の妨げとはならない。なぜなら，当面の関連において単独の形成の意思表示に関して本質的であることが明らかになった事柄は，裁判上の形成を目指す解除要求（Wandlungsbegehren）にも同じように当てはまるからである。

3 解除から転じて，不当利得，不法行為または占有権原のように，訴えのみならず防御の基礎としても問題になるさらに挙げられた事案に，再び目を向けなければならない。ここでも，前訴において既判力をもって給付を命じられた被告がそのような防御を主張しなかった場合，後になお給付判決に対立する訴えを問題の権利に基礎づけることができるかどうかを解明することが重要である。

a） この問題を統一的に調査する試みは，先ず注目に値する１つの確定に至る。すなわち，文献を概観すれば，*Hellwig* は，問題となっているのが占有権原による防御の可能性と訴えであるのか，それとも不当利得または不法行為による防御の可能性と訴えであるかによって，違った結論に到達していることが明らかになる。物の返還を命じる既判力ある判決は，——*Hellwig*（ヘルヴィヒ）が支配的見解の原則と一致して強調するように——被告が前訴において占有権原を防御的に主張しえた場合にも，自己の側でこの独立の権利に基づ

という形で選択的に理由づけられている裁判に認められる以上の既判力効を認めることはできないであろう。しかし，この種の裁判は，被告の新たな形成の意思表示の援用を排除することができない。なぜなら，新たな形成行為の存在はいずれにせよ，既判力ある裁判の基礎を疑問にするからである（以上につき，すでに言及した *Rosenberg*, Zivil-prozessrecht, §76Ⅲ 4 a, ZZP 59, 229の見解，すなわち，ZPO 279条，529条により却下された提出は民法上無効であるという見解を参照。これに反対するのは *Nikisch*, Festschrift f. *H. Lehmann*, Ⅱ. Bd., S. 773 Anm. 25.)。

き返還を訴求することを妨げないという[41]。しかし，被告が原告の債権に対して債権者の不当利得または不法行為を抗弁できたであろう，その債権についての既判力ある給付判決は，債務者による不当利得の後訴または不法行為の後訴の提起を被告に遮断するという[42]。

彼の主張する異なる取扱いのためのより正確な理由づけを，Hellwig は与えていない。不当利得事案と不法行為事案において認められる失権については，Hellwig は単に次のコメントをするだけである。すなわち，被告は抗弁によって債務免除請求権を主張しえた。被告が抗弁の基礎にある請求権を後に債務の免除を求める訴えによって主張しようと試みる場合，被告は既判力と抵触する，と。しかし，この場合に抗弁権の基礎にある請求権は既判力と抵触すべきであるのに対して，同様に防御的に利用可能な占有権原（BGB 986条）の場合には，同じことがなぜ認められないのか，未定である。ここにおいて疑問が生じることは，Hellwig 自身多分感じていたのであろう。それが明瞭に理解されるのは，彼が不当利得の訴えと不法行為の訴えの失権についての確認に，次のような制限的なコメントを付した点においてである。すなわち，債務免除請求権が時効に罹り，なお抗弁としてのみ利用可能な場合，このことは全く疑問なく妥当する，というコメント[43]である。

　b) これらの足跡を更に追い，Hellwig によって区区に扱われた事案グループの各各の特殊性がどこにあるかを明らかにしようとすると，次のことに出くわす。すなわち，「占有事案」（BGB 986条）では，2つの前後する訴訟において主張される請求権の関係は，それらが同じ目的物の対立する割当に直接向けられている。たとえば，BGB 985条による請求権は物を所有者に割り当てようとし，所有権に基づく返還請求権にすでに対抗されうる買主の引渡請求権は同じ物を逆にまさに買主に割り当てるべきである。これに対して「不当利得事案」または「不法行為事案」においては，たしかに以後の展開の中において

41　Syst. I, § 231 IV 1.
42　Syst. I, § 231 IV 2. 不当利得の抗弁について，同旨，*Reichel*, Festschrift f. *Wach*, 3. Bd., S. 18 ff., 60 f.; RGZ 39, 142 (144, 145); vgl. auch RGZ 50, 416; RG Warn. 1934 Nr. 119.
43　A.a.O., Anm. 41.

Ⅲ　前訴においてまだ主張されなかった反対権

類似の関係が生じうるが，しかし，事態はここでは第一次的に別である。なぜなら不当利得返還請求権または不法行為による損害賠償請求権は，ここでは先ずは相手方の債権も向けられている目的物に向けられているのではなく，この債権自体に向けられている。すなわち，抽象的債権の不当利得の場合にBGB 812条により返還されるべき「物（Etwas）」は，第一次的に゠こ゠の゠債゠権である。この債権に基づき債権者に対してすでに給付が行われた場合に初めて，BGB 818条1項による不当利得返還請求権がこの給付の返還に向けられる。そしてこの第二次的な段階において初めて，「占有事案」におけるのと同じ像，すなわち同じ給付目的物の反対の割当を狙う両債権が対立するという像が生じる。同じことは「不法行為事案」にも当てはまるが，これについて詳論する必要はない。

　この認識によって，重要な関連にある認識が開かれる。債権者に対して，債権の債務者に帰属する債権の返還請求権は，通常（契約による）この債権の廃棄（Aufhebung）によって履行されうることだけを認識すればよい[44]。すなわち，この事情に注目するや否や，はっきりと現れるのは，問題の不当利得償還請求権および不法行為による損害賠償請求権は解除（Wandlung）を求める権利と見間違いようのない親近性を有することである。後者も請求権の廃棄（Aufhebung）ないしは（ここでは本質的な違いを意味しないが）請求権の基礎にある契約の廃棄に向けられており，この廃棄もいずれにせよ契約によって行う゠こ゠と゠が゠で゠き゠る。論じられている不当利得償還請求権および不法行為による損害賠償請求権は，したがって解除を求める権利と類似の方法で，法律状態の一定の改変（Umgestaltung）に向けられているので[45]，これらは解除（Wandlung）および，その他の上述の形成事案との関連においても見られなければならない。

44　たとえば，*Enneccerus/Lehmann*, § 322 Ⅰ 1；*Erman/Seiler*, § 818 Anm. 2；*Larenz*, Schuldrecht Ⅱ, § 64 Ⅰ；RGR-Komm. (*Scheffler*), § 818 Anm. 2を参照。これについて，BGB 853条および821条における措辞をも見よ。

45　債権の廃棄を本質とする形成が返還義務を負う債権者の意思に反して，どのような形式において強制することができるか，（解除〔Wandlung〕における契約理論に準じて）免除契約の締結を命じることによるのか，*Bötticher*が解除〔Wandlung〕について展開した見解を類推して直接の裁判上の形成によるかという問題は，この確定にとって重要ではない。

しかしこれによって先ず明瞭になるのは，Hellwig が通常の形成権においても解除においても主張しているのと同じ失権をここで認める場合，そこには争いえない一貫性が存在することである[46]。だが，Hellwig の見解に反して前訴で主張されなかった解除の権利および通常の形成権の失権は生じ̇ないことが示された後は，これらの権利と不当利得法上および不法行為法上の廃棄請求権との関連からは，逆にそのような失権はここでは生じえないことも明らかになる。不当利得債権者および不法行為債権者が稀にしか一定の熟慮期間の附与に特別の利益を有していないことは，その妨げにならない。なぜなら，これらの場合を別異に規律する手掛かりが法律にないことを別にしても，債権者がいずれにせよ前訴の事実審最終口頭弁論後になって初めて相手方の不当利得および不法行為を知る場合には，事後的にこれを主張する可能性に際立った利益が存在する。さらにこの解決は，逆の場合において手形またはその他の抽象的債権による訴えを既判力をもって棄却された原告が，原因関係に基づく新たな訴えを提起することができるという，正当に一般的に主張されている見解[47]と合致する。すなわち原告が抽象的債権に基づく訴えによって原因関係に基づく権利を賭けていない場合，被告は敗訴の場合にもはや原因関係に依拠することが許されないとするのは，平等取扱い原則の違反に帰するであろう。

　述べられたことは，先ずは債務免除を求める「第一次的」請求権にのみ関係する。しかし，「返還すべき」債権に基づきすでになされた給付の返還を求める「第二次的」請求権が失権に関して別異に扱われるべきでないことは，明らかである。たとえば抽象的債権に基づき，原告によるこの債権の法律上の原因のなき利得を防御的に主張せずに給付を命じられた者は，存在しないこの債権からの解放を求める不当利得請求の訴えを提起することができる場合，その間に行われた給付の返還を訴求することも明らかに許されなければならない。こ

46　Hellwig の意見表明が実際この関連から理解されるべきことは，彼が不当利得事例および不法行為事例において「債務免除請求権」についてのみ述べ，廃棄されるべき債権に基づきすでになされた給付の返還を求める請求権には言及していないことによって強調される。

47　Vgl. z. B. *A. Blomeyer*, Festschrift f. *Lent*, S. 73 ff.; *Habscheid*, Streitgegenstand, S. 215, 296 f.; *Lent*, Zivilprozessrecht, § 63 III 6; *Nikisch*, Streitgegenstand, S. 134, AcP 154, 283 ff.; *Rosenberg*, Zivilprozessrecht, § 150 I 3 b; *Schwab*, S. 172 f.

Ⅲ 前訴においてまだ主張されなかった反対権

の第2の請求権は，第1の請求権の一貫した続行に過ぎない。それにもかかわらず，債務免除請求権は確定した給付判決によって失権させないが，その間に行われた給付の返還請求権はこれによって失権させようとすると，給付判決の後は，当事者にとって重要なのは執行と債務免除請求の訴えとの競争の結果だという馬鹿げた結果になる。

　不法行為債務者または不当利得債務者が取得した権利に基づき債権者から得た給付の返還を求める請求権が，ここで関心のある既判力問題に関して，債務免除を求める第一次的請求権と同じ扱いを受けなければならないことは，そこから更なる効果が生じないのであれば，とくに言及される必要はないであろう。この点の出発点は，すでに行われた給付の返還を求める第二次的請求権は，第一次的な廃棄請求権の法思考を継続するものであるが，廃棄請求権に固有である債務法上の関係の改変への方向性がもはや現れないという観察である。すでに行われた給付の返還を求める第二次的請求権は，給付がその履行に役立った債権に対して，同じ給付目的物の反対の割当を求める請求権としてのみ現れる。しかし，これは，一方の側の所有物返還請求権に他方の側の非所有者の占有権（Besitzrecht）が対立する，「占有権事案」の態様の情況の場合に特徴づけられる関係にまさに対応するものである。

　もちろん，不当利得債務者または不法行為債務者がすでに行われた給付を自ら返還しなければならない前に，第一次的に返還されるべき，すでに履行によって消滅した権利から，まず行われた給付のための原因（causa）としての意味が奪われなければならない限りで，不当利得債務者または不法行為債務者に流れ込んだ給付の返還請求権がなお隠れた形成要素を含んでいないかどうかを問うことはできよう。その場合には，状況は原告の側ですでに履行された売買契約の解除（Wandlung）の場合と似る。ここでは解除の要求は――はっきりといわれていなくても――先ずは売買契約の廃棄を目指し，そこからようやく売買代金の返還請求権が生じてくる。不当利得請求権および不法行為請求権の場合にはしかし，このような形成を先に必要としないことは，不当利得事案を（不法行為事案にも同じことが妥当する）次のように変えて見ると，明らかになる：利得の対象として，物の占有と所有が取得された債権に代わり，第二次的請求権によってBGB 818条により，債権の弁済のために行われた給付の代わりに，物から収受された天然果実が返還請求される。この場合には，果実の

第9章　却下され，顧慮されなかった被告の反対ポジション

返還請求権は，明らかに主物の返還請求権の先行履行に依存していない。これによって，しかしここでは，果実の請求権は主物に関する法状態の変化を前提とするという観念は初めから阻止されている。むしろ，重要なことは，これだけである。すなわち，果実のために主物の所有権の中に含まれている割当原則は不当利得法の包括的な割当準則によって押し退けられている（über-bzw. unterlagert）ことである。しかし，ここでは，このことが形成なしに可能である場合，優先する不当利得（または不法行為）準則が，法律上の原因なしに（または不法行為により）取得された債権が，その弁済のために行われた給付のために包含している割当内容を押し退ける場合，別のことを認める理由は存在しない。彼此，ランクの劣る原則は，それが押しやられている限り，初めから終局的な割当のための十分な基礎を与えない。不当利得事案についていうと，こうである。すなわち，法律上の原因なしに取得された債権は，すでに初めからその履行のために行われた給付のための十分な原因（causa）ではない。それゆえ，終局的な割当の基礎としての，ランクにおいて劣る原則を反駁するために，まず特別の形成を必要とはしない[48]。

したがって，不当利得債務者または不法行為債務者が取得した債権に基づき債権者から受け取った給付の返還を求める請求権は，第一次的な債務免除請求権と同じ意味において債務法上の関係の改変を目指しているのではないという認識が，重要である。すなわち他方では，この「第二次的」請求権は，「第一次的」債務免除請求権との内的な親近性に鑑み，ここで関心のある既判力問題においては後者と同じ取扱いを要求することが同じく確かであるので，当面の関係において決定的に重要なのは，法技術的な要素ではなく，むしろ双方の権利のその都度の意味関連であることがここでも再び明白になる[49]。

c）　ところで決定的な意味関連に関しては，最後に扱った不当利得事案

---

[48] 解除（Wandlung）との違いは，売買契約から生じる第一次的請求権と，解除実施のよる返還請求権とは同じレベルにあり，それゆえ相互に押し退けることができないという点に見られる。それに対してコメントされた不当利得事案および不法行為事案においては，給付請求権と返還請求権は異なる段階にある。

[49] 似たことは，すでに反対権が前訴において防御的に主張された場合について，上述117頁以下において生じた。

Ⅲ　前訴においてまだ主張されなかった反対権

（および不法行為事案）におけるのと類似の状況が，「占有権事案」においても特徴づけられることが，すでに感じとれる。すなわち，不当利得事案および不法行為事案では，取得された債権と，不当利得請求権および不法行為請求権とは異なる割当秩序として，行われた給付に対して立ち向かうが，「占有権事案」においては所有物返還請求権と非所有者の占有権原が出会う。この既判力の測定にとって本質的な意味関係におけるパラレルは，所有権に基づく返還請求の訴えに対し，被告自身が原告の返還を求める物の所有権を取得したと主張しなかった別の事案を対照として用いる場合に，とくにはっきりする。被告は，この場合は BGB 985条による返還を命じる確定判決の後，前訴判決に反して自́分́が真の所有者であるとの理由でもはや返還請求の訴えを提起することができないことは，確かである[50]。しかし BGB 985条により返還を命じられた被告が，自分が真の所有者であるという理由で返還を求めるのと，――所有者ではないが――その他の物の占有を求める権利を有しているという理由で返還を求めるのとでは，本質的な違いがあることを看過すべきでない。すなわち最初の場合には既判力をもって認容された所有権による事実面での物の割当は否定されているが，第2の訴訟における提出は，確定された所有権による割当が他の割当原則に後退しなければならないことだけを述べるものである。連続する2つの訴訟において裁判される，対立する割当内容は，ここでは――前者の場合と異なり――いわば異なる段階にある。そして，それによって，不当利得債権者が法律上の基礎を欠く債権に対して行った給付の返還を請求する不当利得事案において観察されたのと同種の階層関係（Über- oder Unterlagerungs verhältnis）がある。ここからの推論は，明白である。すなわち，双方の法律効果間の実質的関係は占有権事案のような情況の場合にも，前訴で導入しなかった敗訴被告の反対権を失権させることにはならない[51]。この点において，ここで主張された見解は，したがって，*Hellwig* と同じ結論になる。

50　上述13頁以下，54頁参照。
51　これにつき，質権訴訟を認容する確定判決は，被告が勝訴原告に対して自己の優先する質権を主張するのを，被告がすでに前訴においてこの質権を主́張́していた場合にのみ遮断するという，*Unger*（§ 132 Am. 30）の主張した見解を参照。このような防御提出を基準とする既判力範囲の決定に反対するのは，*Hellwig*, Syst. I, § 231 Ⅳ 1 Anm. 37.

第9章 却下され，顧慮されなかった被告の反対ポジション

事態の別の判断に——これは最終的に後に言及される——至るのは，とくに訴訟から種々の割当内容（Zuordnungsgehalte）の間に密接な関係が生じ，これに基づき，原告にも所有物返還訴訟の敗訴の場合に同様の失権が迫ってくる場合だけである。たとえば前訴当時すでに締結されていた賃貸借契約（またはその他の占有を根拠づける事情）により占有の承認を要求しうると主張して返還争いを蒸し返すことは，原告にも禁じられなければならない。そのさい，この種の失権はとくに，前訴で争われた所有権の取得と今や主張される契約の締結が完全に別個の出来事に遡る場合にも，発生しなければならないであろう。この帰結は不可避である。なぜなら，所有物返還請求訴訟において，原告には純然たる所有権法上の物割当（Sachzuordnung）だけが働き，被告にはそれ以外にBGB 986条の意味での占有法からの割当（Zuordnung）も働くならば，訴訟危険の不平等な分配，したがって平等原則違反に帰するからである。

IV 既判力効の原則としての意味連関の存在

前章が捧げられた補償関係と同様，本章の終結に当たってもう一度とくに強調されるべきは，述べられた既判力効は（主張された反対権の場合）決定的な意味連関が及ぶ限りでのみ発生することである。相殺については，この原則はZPO 322条2項の規定の中に明文規定による定着を見出した。この規定は，反対債権の不存在の裁判は，相殺が主張された額までに限り既判力を有すると定める。したがって，被告が訴求債権の額を超える反対債権を相殺に供した場合，反対債権の不存在を理由とする既判力のある被告に対する給付命令は，被告が訴求債権を超過する請求権の額を後訴において主張することの妨げとはならない。すなわち，双方の債権が額において一致しない場合，それらは相殺によって各各他方に対して適合されていない。それゆえ，その限りでは，既判力が守らなければならない意味連関は存在しない。

同様に，既判力の測定にとって基準となる意味連関の限界は，被告が防御のために，その効力範囲がその都度の訴権（Klagerecht）の効力範囲を超える権利を主張した他の場合においても，顧慮されなければならない。原告がたとえば一部請求訴訟を提起し，被告が提出した錯誤取消しの抗弁が，裁判所が被告の錯誤を否定したため退けられた場合，請求認容判決においては，取消権の否

IV　既判力効の原則としての意味連関の存在

定は訴求され確定された一部請求権にのみ関係する。これは残部請求権には向けられていないので，意味上，この残部請求権に関して被告の反対権が存在するかどうかについては何も述べていない。既判力は，それゆえ残部請求権についての後訴が，取消しの効力を前訴裁判所が否定した，その同じ錯誤取消しに基づき棄却されることを排除しない：同じことは逆に，一部請求訴訟がこの取消しによって棄却された場合にも妥当する。この場合には，裁判所は残部を求める後訴を，被告は取消権を有しなかったという理由で認容する場合，既判力に反しない。被告に対する一部請求が錯誤取消しを理由に既判力をもって棄却された後，彼がすでに行った一部給付の返還を訴求する場合，取消しは再び理由なしとされ，それに応じて訴えが棄却されることがある。既判力効の欠缺の理由は，これらすべての場合に同じである。すなわち，前訴で主張された法律効果につき既判力をもって確定されていることと，今争われている法律効果との間には，既判力が尊重しなければならない意味連関は存在しないということである。

第10章　形成手続における裁判と，法的行為または法律関係の無効に関する確認判決

I　形成手続における問題状況について

　これまでの叙述において，しばしば形成権との関係での既判力の限界づけが語られた。これに続いて，ここでは以下において，形成訴権 (Gestaltungsklagerechte) について一瞥することにする。この領域においてもここで関心のある種類の既判力問題が存在することは，ここで再び取り上げるべき行政訴訟手続の例がすでに冒頭で示したところである。すなわち，全く形成判決と解されうる，行政行為を取り消す行政裁判所の判決が後の官吏責任訴訟に対し，取り消された行政行為の違法性を既判力により確定するという連邦通常裁判所の見解は正しいのか。それとも，この見解は理由の既判力に関するずっと以前に克服された v. Savigny（フォン・サヴィニー）理論への回帰だという理由で，これを攻撃する Bettermann（ベッターマン）に同意しなければならないのか[1]。これは，行政行為の確定的な取消し (die rechtskräftige Aufhebung eines Verwaltungsaktes) が同じ関係人に対し要件に変更がないのに同じ行為を行政庁が直ちに繰り返すことを阻止するか，もし行政庁がこれをする場合に，この新たな行為に対して提起される取消訴訟に対して裁判するさい，裁判所は完全に同じ行為に対する自己の以前の裁判に拘束されるのかという問題と，類似の問題である[2]。

　もともと行政訴訟手続に属するこれらの事案を，ここでの民事訴訟上の考察に組み込むことをお許しいただきたい。この点の正当化は，GG（基本法）19

1　上述 4 頁以下参照。

2　これにつき，たとえば *Bachof*, Klage auf Amtshandlung, S. 86 Anm. 3, 140 Anm. 2; *Eyermann/Fröhler*, § 84 Anm. 2 a aa); *Klinger*, § 75 Anm. B 1; *Naumann*, DVBl. 1952, 695; *Niese*, JZ 1952, 354; *Ule*, § 51 Anm. II 2 b; *Wacke*, AöR 79, 175; OVG Lüneburg, DVBl 1952, 693; OLG Frankfurt, DV 1949, 471.

I 形成手続における問題状況について

条2文によれば民事裁判所も通常公法の領域で活動する裁判所により下される判決を下さなければならない状況に至りうるという点にあるのではない。この組込みにとって決定的なのは，むしろ，ここに現れる諸問題の解決がこれまでまだ同じ程度には焦眉となっていない民事訴訟の領域における類似の問題に光を当てると，これらの諸問題が推測させることである。取消訴訟において下された判決は後続の官吏責任訴訟に対して既判力をもつという見解は，たとえば，一般的な財産共同体の廃止または合名会社の解散を求める訴えに続いて，すでに形成要求の原因となった同じ共同体関係または会社関係の侵害に基づく損害賠償請求の訴えが提起される場合に，同じことが妥当しなくてよいのかという考慮にきっかけを与えることである。具体的に述べると，廃止または解散要求に対して下された裁判が，連邦通常裁判所の見解により，行政裁判所の取消判決が取り消された行政行為の違法性に関して行うのと類似の方法で，後続の損害賠償訴訟に対し，同体関係の侵害の問題を不可争ならしめることができるかどうかということである。

上述の行政訴訟上の諸問題のうちの第2の問題——すなわち確定的に取り消された行政行為の繰返しの問題——に関わる問題も，民事訴訟の固有の領域においてはないということではない。たとえば連邦通常裁判所は，1956年9月27日の裁判[3]において，取消訴訟により無効と宣言されたある株式会社の総会決議の繰返しが，無効と宣言された総会決議と同じ瑕疵をもつ第2の決議によって行われた場合に，どのような効果が生じるかという問題を扱わなければならなかったことを指摘することができよう。しかし連邦通常裁判所は第2の不服申立てに対する訴訟上の拘束力のみならず，法上当然に生じる，新決議の無効を認めたので，この事案は差し当たり後回しにすることができよう。その代わりに，連邦通常裁判所の他の判決[4]に続いて，法上当然無効の観念がいずれにせよ取り消された行政行為の繰返しの場合と同じ疑問にぶち当たる，次の例を出させていただく：第一次世界大戦後の混乱の中で，占領軍によって設置された行政官庁が一方の配偶者の申立てによって正式の手続なしにその婚姻は解消されていると宣言した。その配偶者が後に他のパートナーと婚姻を締結した後，

---

[3] NJW 1956, 1753 = JZ 1957, 179 (mit Anmerkung von *Mestmäcker*).
[4] NJW 1957, 222.

第10章　形成手続における裁判と，法的行為または法律関係の無効に関する確認判決

検察官が前婚の存続を理由に EheGes.（婚姻法）20条により婚姻無効の訴えを提起する。裁判所は占領官庁の取消裁判（Aufhebungsentscheidung）を有効と見るべきかどうか動揺するが，しかし無効と決し，それに従って後婚を無効と宣言する。判決は確定する。無効と宣言された婚姻のパートナーは，事実状態に変更がないにもかかわらず再び適式（formgültig）に（教会で）婚姻することに成功する。新たな無効の訴えの提起を受けた裁判所は，最初の婚姻は占領官庁の裁判によって取り消されたという理由で検察官の申立てを棄却することができるか。それとも，この点で前訴確定裁判に拘束され，再度の実体審理なしに新たな婚姻も無効と宣言しなければならないのか[5]。

いま述べた例により明白になる形成判決の既判力効の問題は——これは誤解のないように強調されることだが——裁判所の判決に生じる形成力は既判力であり，形成と既判力は切り離すことができないという——Krasch のテーゼ[6]とは関係を有しない。この散発的なままの見解に対して，形成力は宣言的判決において既判力と呼ばれるものとは別物であるとする支配的見解[7]の立場をむしろ維持すべきである。形成力は存在する法律状態の変動を意味するのであり，そのさい形成判決は実体的な法律要件の機能を有する。これに対し，既判力は存在する法律状態の確定の基準性であり，確認判決（das feststellende Erkenntnis）はこの法律状態の法律要件ではない。したがって問題となるのは，形成力がこの意味で既判力と見られるかではなく，形成判決は第一次的な形成に加えて場合によっては既判力をももたらしうるかどうかであり，しかも典型的に形成判決の理由において扱われている問題に関する既判力である。

以上の確定は，形成判決には全く既判力は与えられるべきでないという，近時の文献において，とくに Bötticher（ベティヘル），Rosenberg（ローゼンベル

5　因みに，類似の状況は，前婚の有効な解消ではなく，外国の文化圏において方式なしに設立された共同関係を婚姻法20条の意味での「婚姻」と見るべきかどうかが疑わしい場合にも生じうる。

6　S. 42 ff.

7　これにつき，とりわけ Bötticher, Kritische Beiträge, S. 22 ff., insbesondere 25 ff.; Dölle, ZZP 62, 283 f.; Lent, ZZP 61, 279 ff.; Zivilprozessrecht, § 65 I ; Niese, JZ 1952, 354; Nikisch, Zivilprozessrecht, § 104 IV 2, § 105 I 1 ; Rosenberg, Zivilprozessrecht, § 87 I 3, § 146 II 2 ; Schönke/Schröder, § 76 II.

グ），*Schönke/Schröder*（シェンケ／シュレーダー）および *Stein/Jonas/Schönke/Pohle*（シュタイン／ヨーナス／シェンケ／ポーレ）によって主張されている見解[8]と初めから一定の対立関係に陥るように見える。しかしながら，この見解と別個に対決することは必要ではない。なぜなら，この見解は形成力と並ぶ既判力は不要であり，形成によってすでに片付けられていない事項で，既判力がもたらすべきものは，もはや何もないとの考え方に基づくに過ぎないので，この見解が必要ならしめるのは，もともとすでに提起された問題，すなわち，たとえば本研究の観点の下では第一次的な形成を超えた拘束力が必要となる領域が現れるかどうかという問題に他ならないからである。この点につきなお確認が必要だとすれば，それは被用者の解雇保護法による訴えについての *Bötticher* の見解に見られる。*Bötticher* は，被用者の提起する訴えが一義的に使用者の宣言した解雇を除去するための形成の訴えの特徴を取得することが，解雇保護訴訟の意味と目的に最もよく適合することを，力を込めて論じた[9]。しかし同時に，*Bötticher* は，解雇保護訴訟において下される判決の既判力が，労働裁判所によって是認されなかった理由に基づく解雇を勝訴の見込みをもって繰り返えす敗訴使用者の可能性を遮断しなければならないとの見解をも主張する[10]。この見解は，解雇保護手続が現行法上形成訴訟としては観念されていないという前提にのみアレンジされているのではないので，*Bötticher* は，既判力にとって特別の効力領域が現れる限り，形成力と既判力の併存に原則的な疑問を抱いていないことがこれによって明らかになる。

II　取り消された行為の，事情の変更なき繰返し

1　本研究の枠内において第一次的な形成効を超えて形成判決の拘束力の問題がいかなる視角により提起されるかは，これまでの論述により明らかである。すなわち，問われるべきは，形成訴訟において争われた，攻撃された行為また

8　*Bötticher*, Kritische Beiträge, S. 22 ff., 25; *Rosenberg*, Zivilprozessrecht, § 87 I 3, § 146 II 2; *Schönke/Schröder*, § 76 II; *Stein/Jonas/Schönke/Pohle*, § 322 Anm. IV 3. この見解に反対するのは，とくに *Dölle*, ZZP 62, 281 ff.

9　RdA 1051, 83 f.

10　Festschrift f. *Herschel*, S. 193 f.

第10章　形成手続における裁判と，法的行為または法律関係の無効に関する確認判決

は法律関係の——請求棄却判決では否定され，請求認容判決では認められ実施される——無効化の可能性または取消可能性の法律効果が，その秩序目標から見て形成目的の無効化または取消しに完全に尽きるのか，それとも，それは他の秩序内容にも適合されているのかということである。この基準により先ず，法的な不同意（rechtliche Missbilligung）に基づき除去された法的構造物（Rechtsgebilde）を直ちに同じ形式において繰り返す，今述べたような事案を見れば，答えを見出すのは困難ではない。なぜならこの場合には，形成によって終了した状態が法秩序の何らの反応なしに直ち回復されうるとすれば，どこに形成の意味があるのか，したがって形成を根拠づける形成を求める権利の意味があるのかという問題が必然的に生じるからである。各各の具体的な形成目的の除去に仕える目標は，この事案では明らかにそのような行為またはそのような法律関係はもはや存在しないという秩序の惹起だけでありうる。そうして初めて，この場合には具体的な法的構造物の除去が有意味のものとして理解することができる。しかしこれは，形成において認められ実施された法律効果が，第一次的な形成を超えて将来の形象に対して向けられていることを意味する[11]。形成判決において認められ実施された法律効果がこの事案において向けられている秩序に必然的に属するのは，成功裏に取り消された法的行為または法律関係を事情の変わらないまま繰り返す新たな法的行為または法律関係が（前に言及した総会決議の繰返しの事案において連邦通常裁判所が認めたように，このような法的行為または法律関係が法上当然に効力を全く欠いているのでない限り）再び除去されうることである。この意味でまさに，問題の形成を求める権利の妨害排除的内容ということができよう[12]。形成判決はこの権利を認めることによって，形成自体その意味を失うことなく，この内容をも確定するのである。除去された行為または除去された法律関係が事情の変わることなく繰り返される場合，これに対し訴えの提起を受ける後訴の裁判官は，この確定に拘束される。この確定が問題にされている場合，それゆえ裁判官はこの確定の基礎となって

---

[11] ここでは，弁済により消滅した債権が行われた給付の原因（causa）として効力を持続する場合と類似の状況が見られる。

[12] 取消しの訴えと不作為の訴えの親近性について，たとえば *Bachof*, Klage auf Amtshandlung , S. 86; *Bettermann*, DVBl. 1953, 164; *Menger*, S. 118 f.; *Thoma* b. *Anschütz/Thoma*, Ⅱ. Bd. S. 620; *Warncke*, Festschrift f. *H. Lehmann*, Ⅱ. Bd., S. 892参照。

Ⅱ　取り消された行為の，事情の変更なき繰返し

いる理由の新たな調査に入ってはならず，裁判をするさい直ちにこの確定を前提にしなければならない。したがって，行政裁判所が既判力をもってある行政行為を取り消した場合，この行政官庁は関係人に対しこの事情の下でかかる行為をしてはならないことが，それによって確定している。それにもかかわらず，この行政官庁が古い理由に基づき関係人に対し同じような新たな行為をする場合，行政裁判所は，古い理由をもう一度調査することなく，新たな（適式な）取消申立てに基づき，この行為を取り消さなければならない。要件が変わらない場合に違った判断により，この場合に訴えを棄却する可能性は，前訴裁判の既判力により塞がれている。上述の，繰り返された婚姻無効の訴えの場合においても，事情は異ならない。すなわち，前訴の婚姻無効判決の既判力により，第2の無効の訴えを担当する裁判所は，その裁判のさい，占領官庁の宣言した婚姻解消が無効であることを前提にしなければならない。なぜなら，そうでなければ，新たな裁判は前訴において認められ実施された法律効果の意味内容と矛盾するからである。

2　最後に，有効に取り消された株式会社の総会決議が事情の変更なく繰り返される場合においても，したがって前に言及した連邦通常裁判所の1956年9月27日の裁判[13]が扱っているかの事案においても，本質的に同種の状況が問題となっている。連邦通常裁判所は（同裁判所にとって，この問題は，第2の決議がなされること，ないしは当該取消期間の経過によって，第1の決議に対する係属中の訴えの権利保護の必要がなくなるかという観点のもとで意味を獲得した。），この判決において，第1の決議に対する取消しの訴えが奏効する場合には同じような第2の決議は無効と扱われなければならないという見解を主張する。理由づけのために，連邦通常裁判所は，第2の決議に対して新たな取消しの訴えを要求しようとするのは理解しがたい形式論であり，費用を惹起する不必要な訴訟の輻輳となると述べる[14]。

　ここでは，恰も純然たる実体法上の問題だけが扱われているかのごとき印象

13　上述134頁参照。
14　連邦通常裁判所が引用する判例 RGZ 64, 258および98, 114は，決算決議の取消しを求めた株主は，取消しを求めた決算決議を基礎とする後年の決算の取消しを求めずまたはそれに同意する場合に取消権を失うかというかなり異なる問題に関するものである。

第10章　形成手続における裁判と，法的行為または法律関係の無効に関する確認判決

が，もちろん，先ず生じるかもしれない。その場合には，たとえば連邦労働裁判所[15]が「法的に支持しうる」と見なした見解，すなわち，労働関係の告知（Kündigung）の繰返しは裁判所がすでに前の告知に関して是認しなかったのと同じ理由に使用者が告知を基礎づけているために BGB 138条によって無効になるという見解に，近づくことになろう。しかし，これに対して，一度言渡された判決の効力を覆すこの種の試みに対して，すでに訴訟法が急場凌を提供していないかどうかが正当に問われたように[16]，連邦通常裁判所が裁判した事案においても，問題の訴訟法的側面は気づかれずにはいない。このことは，まさに連邦通常裁判所がその見解の基礎とする論拠に即して明らかになる。第2の決議はいわば裁判所を軽視しているために BGB 138条により無効である（nichtig）という観念は，ここでは浮かび上がらない。第1の決議に対する訴えが係属していたが，まだ確定判決に至っていなかった時点で，総会が第2の決議を行ったという事実に鑑み，その観念は，すでに是認されなかった理由による告知の繰返しという前述の労働訴訟の事案におけるよりも，なお的外れである。連邦通常裁判所がその見解の正当化のために持ち込むのは，第2の決議に対して新たな取消しの訴えを要求することは不必要な形式ごとだという示唆された考量だけである。この論拠を仔細に見れば，それは1つの訴訟上の前提に基づいていることに気づかれる。すなわち，同じ内容の第2の決議に対する適式に提起された新たな訴訟は，最初の訴訟とは異なる結果になりえないし，また，なってはならないという前提である。この前提が正しい場合にのみ，第2の手続は単に余計な形式ごとに過ぎないのではないかという疑問を提起することができる。しかし，法律状態が明瞭な場合，後訴裁判所は事実上，前訴裁判所と同じ趣旨で裁判するだろうと推測できるという理由だけでは，この前提はまだ充足されていない。適式に提起された第2の手続の結果が全く——したがって，まさに法的には疑問がある事案においても——確かであると認めることができ，これを更なる考察の出発点とすることができるのは，法律状態が極めて疑わしい場合においても，第2の裁判所が法律により前訴裁判所の裁判と異なる裁判をすることが許されない場合，したがって，第2の裁判所が前訴裁

15　AP Nr. 5 zu § 3 KSchGes. mit zust. Anm. *v. Hueck.*

16　*Bötticher*, Festschrift f. *Herschel*, S. 183, 194.

判所の裁判に拘束されている場合だけである。連邦通常裁判所の論拠は，それゆえ，ここで主張された意味と範囲における訴訟上の拘束をもともと不要にするものではなく，これを思考上まさに前提にしているのである。しかし，この（当面の関係において専ら関心のある）前提に関しては，説明された見解から生じることは，第2の手続における裁判所はこの種の決議が前訴裁判の見解に反して正しいという理由で訴えを棄却することを事実上阻止されるということである[17]。

　因みに，この結果は，連邦通常裁判所の裁判の理由づけと無関係に，形成が場合により（まさに繰り返された問題態様の決議のような）将来の形成対象をも把握し，直接に無効にすることが，判決によって行われる形成の本質であるか否かという問題が提出される場合にも，本質的に変わるものではない。すなわち，この判決に将来の目的（Objekt）に関してこのような形成効を与えようとすると，単なる既判力効を認める場合と同様に，この効力が客観的な点でどこまで及ぶべきかが問われなければならない。そして形成行為はその法的内容を，したがってその射程距離を，形成行為において現実化された形成基礎からのみ受け取るので，この問題は，形成判決がいかなる範囲でまさにこの形成基礎を現実化したかによってのみ答えることができる。それゆえ，この場合にも形成の中に表現される，基礎となる法律効果の意味内容が，判決効の範囲を決める。その点で状況は，単なる既判力効から出発する場合と異ならない。両者の場合において，将来の法的行為がすでに存在する判決によって影響を受けるか否かは，裁判理由に依存する。かかる影響性が存在するのは，新たな行為または新たな法律関係がまさに，先行手続において取消しを宣言される原因となった瑕疵を繰り返す場合だけである。因みに，この影響性が問題の行為または法律関係の直接の無効をもたらすか否か，あるいは，無効化は先になお新しい形成行

---

[17] 別の問題は，第2の決議の取消しは（これが当然に無効でない場合に）提訴期間の経過に置きうるかどうかである。類似の問題は，使用者が新たな解雇を宣言するが，最初の解雇の有効性をめぐる訴訟がなお係属している場合の労働訴訟上の解雇保護手続に見られる。*Bötticher*（Festschrift f. *Herschel*, S. 188 f.）はこの問題において，最初に宣言された解雇に関してのみ解雇保護法3条の方式と期間を守る必要があるとの見解を主張するが，これは十分な理由を有する。反対：BAG AP Nr. 5 zu § 3 KSchGes. mit zust. Anm. v. *Hueck*.

第10章　形成手続における裁判と，法的行為または法律関係の無効に関する確認判決

為を必要とするか否かは，無効化の対象が属する事物領域の立場からその都度決定されなければならない。それゆえ当面の関連では，この問題についてこれ以上論ずる必要はない。

　3　取り消された法的行為または法律関係の，事情の変更なき繰返しとの関係での，確定した形成判決の拘束力に関する上述の見解は，その実際的な結果において決して新しいものではない。すなわち，問題がとくに喫緊となった行政訴訟上の取消訴訟につき，多数説は長い間，行政行為の確定的な取消しは裁判所の是認しなかった理由により同じ国民に対してもう一度同種の行為を行政庁が行うことを阻止するとの立場に立っている[18]。その場合に，事情の変更がないのに繰り返された行政行為に対して，関係人が立ち向かう手段である取消しの訴えもまた，このような行政行為はしかし合法であるとの理由でもはや棄却されてはならないことは，特別強調を要しない[19]。

　この状況に鑑み，適正な問題解決のためにここで展開された諸原則を必要とするか，それとも従来の理論だけで，言及された結果の異議のない理由づけに至るかという問題は，遠いものではない。

　この点につき，もう一度行政訴訟上の取消訴訟に目を向けると，次のことが認識される。この手続について支配的見解は，民事訴訟についてと同様に，判決理由は既判力に与らないことから出発するので[20]，問題となる場合において新たな行政行為をも把握する訴訟物概念を得ることができるかどうかが支配的見解にとって全く重要でなければならない。しかしながら，ここで専ら関心のあるテーマにとっては，これと関わる訴訟物問題を全面的に取り上げることは必要でない。なぜなら，行政訴訟上の取消訴訟につき展開された種々の訴訟物見解を個々的に分析することを要せず，いずれにせよ1つのことを確認することができるからである。すなわち，この問題を専ら訴訟物から解決する試みはすべて，必然的に，訴えの提起による訴訟物の特定によってすでに将来の判決

18　上述134頁注2の引用文献参照。
19　この意味ではっきりというのは，*Niese*, JZ 1952, 354.
20　たとえば，*Bettermann*, DVBl. 1953, 163 ff.; *Eyermann/Fröhler*, § 84 Anm. 2 a bb); *W. Jellinek*, § 13 5 b; *Klinger*, § 80 Anm. C 2; *Naumann*, DVBl. 1952, 695; *Ule*, § 51 Anm. II 2 ; OVG Lüneburg, DVBl. 1952, 693を参照。

II 取り消された行為の,事情の変更なき繰返し

の既判力の限界づけが決まるという結論に至らざるをえないことである。既判力の限界づけは,その場合には,——別の表現をすれば——裁判所がその裁判に与える理由によって影響を受けることができない。これは,明らかに *Bettermann* によってはっきりと引き出された結論である[21]。しかし,まさにこの点において,ここで論じるべき問題が緊要となる。取消しを求められた行政行為は,種々の観点の下で取消しに至りうる。管轄,方式,裁量の扱い,およびその他の内容的違法性といった,すべて同じ行政行為に多様なコンビネーションにおいて現れうる種々の問題を指摘させていただく。ある行政行為がたとえば方式瑕疵と裁量瑕疵を帯びることが考えられるだけではなく,その行政行為が同種の2つ以上の瑕疵を帯びること,たとえば官庁がその裁量をいくつかの点で不当に行使したことも考えられるからである。しかし裁判所が取消しを正当化する瑕疵の1つを確定するや否や,取消訴訟は裁判に熟することになる。裁判所は,それゆえ取消しを求められた行政行為を遅滞なく取り消さなければならないのであり,取消しを求められた行政行為が——取消訴訟の原告が多分はっきりと非難した——別の瑕疵をもなお有するかどうかについて審理裁判することは必要でない。その結果は,取消判決の理由がその既判力の限界づけに決定的な影響力を獲得することである。なぜなら,取消判決の既判力が取り消された行政行為の再施(Erneuerung)の妨げとなるのは,取消しの基準となっている瑕疵が繰り返されてはならないという限りにおいてであることは,正当に一般的に承認されているからである[22]。訴訟物が(専らまたは他の要素と結合して)この種の行政行為が原告の権利を侵害しているとか,または一般的に違法であるという主張と見られる場合にも,支配的見解がここで必然的に陥らざるをえない困難に変わりはない[23]。なぜなら,このような要件の下においても,確定すべき違法性にとって決定的な基準は,訴訟物の包含する多数可能な観点から初めて判決理由によって選択され,既判力の限界づけのために固定されるからである。この結論を避ける道があるとすれば,それは1つだけである。すなわち,あらゆる可能な取消原因を別個の訴訟物に高め,その場合にし

---

[21] DVBl. 1953, 166.

[22] 上述134頁注2の引用文献参照。

[23] この点につき,たとえば *Bachof*, JZ 1953, 411; 1954, 421 Anm. 64; *Naumann*, DVBl. 1954, 334; *Niese*, JZ 1952, 353 ff. 参照。異説はとくに *Bettermann*, DVBl. 1953, 163 ff.

第10章　形成手続における裁判と，法的行為または法律関係の無効に関する確認判決

ばしば1つの取消訴訟において係属する訴訟物が予備的または選択的関係に置かれなければならないであろう。裁判所は，1つの取消原因が存在する場合には，取消しを求められた行政行為のありうべきその他の瑕疵を論じることなく終局的に裁判することができるからである。だが，この種の見解が疑問のある結果になることを見るために，この見解の詳細に詳しく立ち入る必要はない。可能な取消原因の各各が独立の訴訟物をなすとすれば，原告がその取消しの訴えによって先ずこれらの原因の1つだけを主張し，そして訴えが既判力をもって棄却される場合に，行政行為の取消しをめぐる争いを別の瑕疵に基づく訴えの提起によって繰り返すことは，一般理論によって可能でなければならない。しかし，このような可能性は，まさに公法の領域においては受け入れ難いであろう。

　上述のところによれば，実際に，とくに行政訴訟上の取消判決の事案においてかくも切実に必要な既判力効が，判決理由が既判力の内容と限界に決定的な影響力を行使することを前提とする場合，支配的見解は支配的見解自身によってしばしば承認されたこの効力を十分に理由づけることができない。これに対して，ここで展開された既判力の測定に関する見解は，前述したように，十分これを行うことができる。

Ⅲ　形成訴訟と損害賠償の訴え

　1　以上の見解は，取消判決が後続の損害賠償請求訴訟に対して既判力を生み出すかという別の問題においても実証される。この関係では，先ず行政訴訟上の取消訴訟と官吏責任訴訟との関係に注意が払われる。取り消された行政行為の違法性または原告の権利の侵害が訴訟物の概念に取り込まれるべきかどうかという争いのある問題が重要となることなしに，ここで展開された原則により，次のことが明らかになる。すなわち，明らかにされたように，取消判決において承認された法律効果は，この種の是認されなかった行政行為が存在しないという秩序に向けられている。かかる是認されなかった行為が，しかし，それにもかかわらずなされるならば，官吏責任に関する規定が──その他の法律要件も具備する限り──それに損害賠償義務を結びつける。これら2つの法律効果の間には，ないしは，それらに化体された意味内容（Sinngehalte）の間

III 形成訴訟と損害賠償の訴え

には，したがって，すでに妨害排除的不作為義務と不法行為上の損害賠償請求権との関係において確定されたのと全く類似の関係が存在する[24]。妨害排除的不作為義務に化体された意味内容の侵害に結びつく制裁として，不法行為上の損害賠償請求権が理解されるように，官吏責任上の請求権は瑕疵ある行政行為の除去，したがって否定に向けられた取消可能性にその表現を見出す意味内容の侵害に対する反応である。この損害賠償請求権は，――別の言い方をすれば――その装置上（der Anlagen nach）妨害排除的不作為義務の場合と同じように，ここでも，前訴で主張された法律効果の目指す秩序に属している。上記において展開された見解によれば，この状態から生じるのは，取消判決における既判力の限界づけにとって，不作為判決について明らかにされたのと同じことが，その限りで妥当しなければならないことである。換言すれば，かく解される取消訴訟で争われた法律効果の「妨害排除的」内容から，直ちに，確定的に取り消された行政行為の違法性が官吏責任訴訟についても確定しているという，実際上全く歓迎に値する見解の正当性が明らかになることを意味する[25]。問題の行政行為がまさに原告の権利を侵害したことも，この手続においてその後もはや有効に争われることはできない。逆に，原告の権利侵害はなかったという理由で，取消訴訟が確定的に棄却されている場合には，不作為訴訟の場合の関係に準じて，官吏責任請求権の認容の余地はない[26]。これに対して，取消訴訟の棄却が，たとえば原告が異議期間または提訴期間を徒過したという理由に基づく場合には，この判決の既判力は損害賠償請求の訴えの妨げとはならない。この場合には，権利侵害については何も述べられていない。因みに，官吏責任請求がこの事情のもとでその他の理由により棄却されなければならないかどうかは，ここでは決定されない別の問題である。

2　なお解明されるべきは，次の問題である。すなわち，財産共同制（Gütergemeinschaft）または合名会社の取消しまたは解消を求める訴えに，すでに形成要求の基礎とされた共同体違反の挙動による損害賠償請求の訴えが続く，す

24　上述69頁以下参照。
25　上述3頁以下の引用文献。
26　取消しを求められた行政行為の違法性の欠缺を理由とする棄却について同旨，たとえば *Eyermann/Fröhler*, § 82 Anm. 2 c; *Naumann*, DVBl. 1954, 334; *Niese*, JZ 1952, 354.

第10章　形成手続における裁判と，法的行為または法律関係の無効に関する確認判決

でに言及した民事法上の事例においても，同様の既判力効が認められるべきかどうかという問題である。この問題に答えるためには，後続の官吏責任訴訟に対する，取消手続で下された判決の既判力効は，この損害賠償請求権が制裁として，取消訴訟で争われた法律効果の意味内容がすでにそれに対して向けられていたかの行政行為の実施に結び付いていることに基づくことを，先ずもう一度注視するのがよい。すなわち，民法上の事例の本質的異種性は，この視角による考察によって気づかれないことはありえない。すなわち，ここでは形成の訴えは，共同体関係または団体関係の存続に対して向けられている。しかし，損害賠償請求権は——官吏責任請求権のように——終了すべき法律関係の設定(Begründung)に対する制裁として結び付くのではない。この設定は，行政行為の取消しと異なり，取消し(Aufhebung)によって是認されないということでは決してない。損害賠償請求権の出発点は，ここではこの法律関係の設定に対する関係では全く独立した被告の共同体違反挙動である。しかし，このことが意味するのは，これらの事案においては，行政訴訟上の取消訴訟と官吏責任請求権の関係において確定されえたのと同じようには，損害賠償請求権が形成の訴えにおいて主張された法律効果を続行させるのではないことである。

　これに対して，議論されている私法上の取消し＝解消の訴えにあっては，結局は，当事者間に存在する法律関係の終了によって，被告の共同体違反挙動の繰返しから基礎を奪い，かくてこのような挙動を阻止することが問題となっているのではないのかと，もちろん問うことができよう。そのように見れば，形成の訴えはその実現に法律が損害賠償の制裁を結び付ける挙動に対して妨害排除的に向けられていることになり，したがって，ここでも行政訴訟上の取消訴訟と類似した状況が扱われることになろう。だが，このような考察には，同意することができない。たとえ問題となる形成訴訟の場合に，将来の共同体違反挙動の阻止という考え方が一定の役割を果たすかもしれないにせよ，この考え方は形成訴訟の本質的な内容をなすものではない。むしろこの訴えは，共同体関係または団体関係の続行が原告にもはや期待できないため，これを終了させるという目標によってのみ，その刻印を得る。しかし，この秩序内容は，行政訴訟上の取消訴訟と官吏責任請求権の関係において見られえたような形では，損害賠償請求権によって続行されない。したがって，上述の民事法上の事例では，形成訴訟で下された判決が後続の損害賠償訴訟に対して既判力効を及ぼす

ことは問題外である。

Ⅳ 形成によって惹起される法状態

　形成判決において承認され，実行された権利がそれへと秩序づけられている法律効果は，なお広い領域において求めることができる。すなわち，形成によって惹起される法状態の領域においてである。従前の関係の無効化では，しばしば全く済まされないことに気付くために，形成の後に関係人間で何が正しいことなのか，したがって形成にどのような効果が続くのかを，一度だけ考えてみる必要がある。なぜなら，しばしば形成は，その側で再び法律によって関係人の権利義務を伴う全く特定された規律を経験した状態を生み出すからである。たとえば会社または共同体の解散には，清算に関する規定が結びつく。そして婚姻が解消されると，関係人の特別の権利義務がたとえば婚姻終了後の扶養請求権や妻の氏名権に関する規定から生じうる。これらすべての規律に共通するのは，それらが形成訴権が目指す状態に関わることである。これらの規律は，このように見れば，形成訴権において狙われている（angelegt）意味内容を継続的に形成しているのである。形成訴権は，その側ではこれらの規律に向かっている。これによって，既判力が展開された原則により守らなければならない意味連関が，ここにも存在する。意味連関に触れる限り，形成に続く法律効果について裁判しなければならない裁判官は，先行した形成判決が基礎とする確定と矛盾してはならない。したがって，判決によって解散された合名会社の清算をめぐる訴訟において，裁判官は，たとえば当事者間には会社は存在しなかったという理由で，会社法による清算は問題にならないとの立場をとることは許されない。また，配偶者の一方が裁判上の婚姻取消しの後，夫婦共同財産の清算の前に，他方の配偶者がパートナーの必要な協力を得ずに共同財産に属する物の処分を行ったとか，行おうとしているという理由で裁判所に訴える場合，この配偶者に対して，有効な財産共同体は存在せず，そのため共有財産も存在しなかったと反論をすることはできない。同様に，離婚判決の確定後は，一方配偶者の扶養料請求権は，当事者がいわゆる「非婚（Nicht-Ehe）」において生きていたとの理由で否定されることはできない。それにもかかわらず，形成判決は単純に，そしてあらゆる任意の訴訟のために，前訴裁判が効力を生じ

第10章 形成手続における裁判と，法的行為または法律関係の無効に関する確認判決

るまで当事者間には形成の対象となった法律関係が存在したことを確定するものでないことに，つねに注意を払うべきである。むしろ既判力効が及ぶのは，ここでも，記述されたような種類の意味関係がまさに問題となる範囲に限られるのである。形成判決が争訟外に置くのは，——換言すれば——形成の時点から当事者間に離婚配偶者，解散会社の社員，解消され共同体の構成員等の法的関係が存在することだけである。

V 法的行為の無効に関する確定

1 説明された形成判決の既判力効に関する考え方を見渡すならば，なお論ずべきは，得られた結果においては燃え上がるが，その実際的な影響は通常の確認判決の領域にある問題，したがって形成判決と確認判決との間に興味を引かないわけではない架橋を行う問題である。考えられているのは，まず行政訴訟上の取消判決に関して最初に現れる問題，つまり争われた行政行為を初めて除去するのでなく法律上当然生じた無効（Nichtigkeit）を確認する裁判も，取消判決が持つのと同種の既判力効を有するかどうかという問題である。ここでも，官庁はまさにこの種の行為を直ちにもう一度行うことが許されるか，官庁がこれを行う場合，改めて訴えの提起を受けた裁判所はどのように裁判しなければならないかという問題が焦眉となりうる。そしてさらに，この事情のもとでも，後続の官吏責任訴訟を扱う民事裁判所は，行政行為の違法性に関して，行政裁判所とは異なる見解を自己の裁判の基礎にすることが許されるかどうかを知らなければならない。

無効な行政行為は取り消しうるに過ぎない行政行為より強く法秩序に違反していることから出発すれば，無効を確認する判決の関係国民に有利な効力が，取消判決より小さい理由を理解することはできない。イギリス占領地区における行政裁判権に関する規則165号が無効な行政行為に対する訴えを取り消しうる行政行為に向けられた取消訴訟と同時に挙げていることは（23条1項），無効な行為に対する権利保護は瑕疵のより小さな行為に対するそれより小さくあるべきでないという見解の支えとなる。このことが，ここで主張された既判力見解にとって意味することは，行政行為の無効はその限りで取消可能性——あるいは，もっと正確にいえば取消訴訟で争われている，形成判決による除去に

V　法的行為の無効に関する確定

向けられた法律効果——と，同種の意味内容の表現であるか，という問題に対して，態度決定がなされなければならないことである。この問題をこの局面から見れば，両者の間の本質的な違いは，問題となっているのが「形成を求める権利（Recht auf Gestaltung）」の場合には一定の積極的な内容をもつ法律効果であるのに対し，「無効（Nichtigkeit）」の場合は，特定の法律効果が発生していないという消極的言明に過ぎないという点にあるのではないかという疑問が先ずはもっともである。しかし，この種の考慮に対しては，すでに本研究の第1部において得られた認識[27]，すなわち，ある法律効果の不存在も既判力に親しむ性質を有するのであり，このことは，この不存在も意味内容を化体し一定の秩序に適合させられていることを意味するものに他ならないという認識が，想起されなければならない。実際にこの認識の中に，すでに問題解決の鍵がある。なぜなら，無効において表現されている意味内容が取消可能性のそれと最も密接な親近性を有することは，殆ど理由づけを要しないからである。無効の中にもこの種の行為またはこの種の法律効果の法的な不同意（Missbilligung）が表現されており，無効もまた，かような構築物（ein solches Gebilde）が存在しない秩序に狙いを定めている。無効の場合には，不同意の程度だけが，「取消可能性」という法律効果の場合と一般的に異なっている。事柄を取消可能性の側から見るとき，像は同じである。取消可能性はまさに，無効においては初めから与えられている同種の無効（Ungültigkeit）の状態を生み出すことを目指しているからである。

　両者の場合に現れる意味内容の親近性から直ちに生じることは，この意味内容に従属する既判力の範囲も，またその限りで等しく限界づけられなければならないことである。これによって，取消判決のみならず，無効を確認する裁判も，同じ関係人に対する同種の行為の繰返しに立ちはだかり，かつ，後続の官吏責任訴訟のためにこの行為の違法性を不可争ならしめることが確認される。それと並んで，違いも残ること，たとえば異議を述べられた行政行為が無効でないとの確定は，取消可能性だけを惹起する違法性の意味での法的不同意の可能性を未定にしていることは明らかであり，それゆえこれ以上説明する必要はない。ある法律効果の不存在の確認が，法律効果を初めて終了させまたは除去

27　上述43頁，56頁参照。

第10章　形成手続における裁判と，法的行為または法律関係の無効に関する確認判決

する形成判決につき前述のところで示されたのと類似の既判力効を持ちうるとの認識は，これによって影響を受けない。

2　この認識は，言及された行政訴訟上の事案の領域をはるかに超えた重要性を有する。あらゆる種類の法的無効は，この種の法律効果がこの種の条件の下で法律の意欲した秩序において有効に（gültig）存在すべきでないことの表現であることを考えていただきたい。その結果は，ある法律行為，ある意思表示等の無効（Unwirksamkeit）の確認が，ある行政行為の無効の確認と同様，同種の行為の事情の変更なき単なる繰返しとの関係で既判力を作用させなければならないことである。このことの興味深い例を提供するのは，Bötticher の報告する実務で起きた一事案である[28]。「……ある組合関係（Gesellschaftsverhältnis）の告知」が，「確認判決によって3つの審級において，BGB 723条1項により重要な事由によってのみ告知されうる期間限定の組合関係が問題であるという理由で無効と宣言された。敗訴した組合員は，契約の期間限定に関する争いを新たな告知によってもう一度始めることができると考えた。彼の弁護士は，既判力をもって裁判されているのは最初の告知だけであって，判決理由は第2の告知についての裁判に対して拘束力を持たないことを援用した」。これまで述べたことによれば，この見解が拒否されるべきことは明らかであろう。新たな告知は，単に無効と宣言された最初の告知の，事情の変更のない繰返しに過ぎない。それゆえ，すでに存在する裁判の既判力は，この新たな告知との関係でも効力を有する。この結論に，Bötticher[29] も賛成する。判決主文を正しく解釈すると，本当は，形成権の一回だけの行使だけでなく，形成権自体が裁判されているという彼のコメントには，このように既判力の範囲を測定して初めて，無効な告知に関する確定の全意味内容が捉えられるという決定的な考え方が顕著に現れている。因みに，支配的見解を彷彿させる，付けたりの形で与えられた理由づけに関しては，ここでは解釈によって明らかにされるべき，この具体的事案の一回だけの特殊性が問題なのではなく，この事案はその種類において全く定型的なものと解されるべきことが，当面の関連から十分明らか

28　ZAkDR 1941, 343.

29　Bötticher の言及する裁判 Warn. 1926 Nr. 182について，上述46頁以下参照。

になる。この種の状況にあっては，既判力の限界づけは再び無効な告知についての裁判理由によって本質的に影響されることをも指摘させていただきたい。訴えの要求（Klagebegehren）の理由具備性が，ここでも——行政訴訟上の取消訴訟の場合と同じく——裁判所がその調査において確固とした順序に拘束されていない種々の法的観点から生じうることを熟慮すれば，以上のことは容易に認識される。たとえば解除の無効が主張される場合，その理由として，たとえば，初めからあらゆる形成基礎（解除権留保または債務者遅滞を考えればよい）がないこと，または遅滞にもかかわらず BGB 326条によって必要な拒絶予告付期間が指定されなかったこと，または行われた解除の意思表示が合意された方式を欠くことが問題となりうる。この可能な原因のうち，いずれによって裁判所が解除の無効を確定しているかによって，裁判の既判力が異なる。すなわち，解除がすべての形成基礎がないため無効と確定されている場合には，すべての新たな解除の意思表示も影響を受ける。既判力ある確定が拒絶予告付期間の指定を欠くことに基づく場合には，原則として先に拒絶予告付期間を指定した後に行われる新たな解除の意思表示は可能である。そして裁判所が確定された無効を，意思表示の方式の欠缺によってのみ理由づけた場合には，解除権者が直ちに新たな方式を備えた意思表示によって解除の効果を発生させようとする場合，既判力はこれを妨げない。

VI 解雇保護訴訟

すでに他の箇所[30]で論じた係争問題，すなわち解雇保護訴訟で敗訴した使用者は労働裁判所が不十分とした（解雇）理由により勝訴労働者を改めて解雇する場合，既判力が介入するかという問題[31]に，そこからもう一度立ち返ることが報われる基礎も，これまでの考察によって得られている。

解雇保護訴訟を労働関係が解雇によって解消されていないことの確認，すな

---

[30] MDR 1956, 257 ff.
[31] これにつき，一方で *Bötticher*, Festschrift f. *Herschel*, S. 183, 193 ff., AP Nr. 11 zu § 626 BGB (unter Ⅲ); 他方では，*Habscheid*, RdA 1958, 98 f.; *Hueck*, AP Nr. 5 zu § 3 KSchGes.; *Nikisch*, Betrieb 1956, 1134 参照。さらに，BAG 1, 69 (78); 2, 87 (90 f.); *Hueck*, Festschrift f. *Nipperdey*, S. 113 f. をも見よ。

第10章　形成手続における裁判と，法的行為または法律関係の無効に関する確認判決

わち，労働関係の存続の裁判に直接に向けられたものと解する場合，この問題の肯定はすでに形成権の防御的主張について述べられたこと[32]から生じる。なぜなら，労働関係の確認を求める訴えに対して，解雇の援用は明らかに，他の確認または給付の訴えに対してたとえば解除または取消しの防御的主張が持つ意味と同じ意味を持つからである。かかる場合に，形成権が存在しないという理由で，この訴えが認容される場合——すでに明らかにされたように——この裁判の既判力は，否定された形成権を後に改めて援用して，確定された法律効果をもう一度問題にする可能性を排除する。これに対して，解雇保護訴訟が——KSchGes.（解雇保護法）3条，6条の文言に反して——差し当たり有効な告知の効力を奪うことを目指す変装した形成の訴え（verkappte Gestaltungsklage）と見られる場合には，形成判決の既判力についてなされた考慮に基づき，同じ結果に到達する。したがって，前訴裁判の既判力は，不服を申し立てられた行政行為の取消しの既判力が事情の変更のないこの行為の繰返しに対して介入するのと同じ方法で，新たな告知を把握する。最後に，解雇保護訴訟が初めから存在するこの告知の無効の確認に向けられていることを認めることによって第3の可能性に向かう場合には，行政行為の無効（Nichtigkeit）の確認，および，期間限定で締結された組合関係を解消すべき通常告知の無効（Unwirksamkeit）の確認が問題になった最後に扱った事案と同様の状況が生ずる。それゆえ，この要件の下でも，結果は新たな告知が前訴裁判の既判力に抵触することに他ならない。したがって，すでに別の箇所で主張された見解[33]は，余すところなく，既判力の限界づけに関する上述の一般原則に帰せしめることができる。そのさい——攻撃された告知の効力が労働関係の確認のための前提問題として，主たる問題として，あるいは裁判上の形成の対象として考察されるかどうかに応じて——この事案において，ここで関心のある問題においてはすべて同じ結論に至るところの，上述の限界づけ原理の異なる3つのヴァリエーションが焦眉となるという理由によっても，この事案は当面の関連においてなかんずく顧慮に値するのである。

32　上述114頁以下。

33　MDR 1956, 257 ff. すでにそれ以前に同旨，*Bötticher*, Festschrift f. *Herschel*, S. 193 ff.

第11章　BGB 894条および985条による請求権および類似の事案についての裁判

I　BGB 894条による請求権についての裁判

　本研究の冒頭に言及した係争問題のうち，なお取り上げる必要があるのはBGB 894条による土地登記簿訂正請求権に関する裁判をめぐる論争である。この論争において，他の事案類型についての議論が始まることになる。

　1　上述のように，ライヒ裁判所は，原告を所有者として土地登記簿に記載することへの同意が要求される土地登記簿訂正請求に関する裁判は所有権自体の存否を既判力により確定するという，文献の一部において支持され，一部において拒否された見解を主張した[1]。この見解を理由づけるために，ライヒ裁判所は基準となる（土地登記簿訂正請求の棄却が先行した）判決[2]において次のように判示した。曰く，「もっとも ZPO 322条1項によれば，既判力は請求について裁判された限りでのみ及ぶ。したがって，理由は既判力に与らない。理由は，しかし裁判の範囲を判断するために，とくに裁判が訴えの却下・棄却を宣言した場合に利用される。……ところで，この訴えによって全く抽象的に登記簿の訂正が要求されるのではなく，訂正はB夫婦を所有者として登記することによって行われるべきであり，したがってB夫婦の所有権は訴えの要求 (Klagebegehren) の内容であった。このことは，土地登記簿訂正請求権の本質からも生じる。なぜなら，土地登記簿訂正請求権は，権利に基づきその帰属主体によって提起されうるその権利の構成要素であるからである。それゆえ，土地登記簿訂正請求によって権利者を所有者として登記することが要求される場合，所有権から派生する請求権だけでなく，所有権自体が訴えの対象とされる。

1　上述2頁参照。
2　JW 1936, 3047 Nr. 5 = ZZP 60, 339.

第11章　BGB 894条および985条による請求権および類似の事案についての裁判

……」。

ここでは，適式な登記を可能にするために，そこから土地登記簿訂正請求権が導き出される権利が問題になっているが，ライヒ裁判所と連邦通常裁判所の判例においては，訂正請求がその抹消を目的としている権利，したがって訂正請求権がそれに対して向けられている権利に関しても既判力が認められている[3]。たとえば Rosenberg（ローゼンベルグ）[4]，Baumbach/Lauterbach（バウムバッハ/ラウターバッハ）[5] によって是認され，それに対して Stein/Jonas/Schönke/Pohle（シュタイン/ヨーナス/シェンケ/ポーレ）のコンメンタール[6] において拒否されたライヒ裁判所の，これにつき基準となる裁判[7] においては，次の事実関係が問題であった：ある土地の取得者は，登記簿に登記された引退農民扶養料（Altenteil）が有効に成立していないという見解であった。それゆえ，彼は利害関係人に対し BGB 894条に基づき抹消の同意の付与を求めて訴えを提起した。訴えは棄却され，判決は確定した。今度は逆に，引退農民がその登記された権利に基づき給付を求める訴えを提起した。しかし控訴裁判所は，引退農民扶養料は有効に成立しなかったという理由で請求を棄却した。前訴での所有者の抹消登記請求の訴えがまさに引退農民扶養料の存在を理由に棄却されていたにもかかわらず，控訴裁判所は引退農民扶養料の存在は確定した本案判決の要件に過ぎなかったのであり，このような要件についての確定は既判力に与らないという理由で，以上のような確定を行う権限があると見なした。これに対して，ライヒ裁判所は，この請求棄却は前訴判決の既判力に抵触するとの見解を主張し，この点につきとりわけ次のように判示した。「控訴裁判所は，この判決をあまりにも狭く解釈している。この判決は，抹消登記請求の棄却によって同時に引退農民扶養料の有効な存在が当事者間で確定されているというようにのみ関連の中で理解することができる。その限りで，消極的確認の訴え

---

[3]　Vgl. RG JW 1931, 1805 Nr. 14 ＝ HRR 1931, Nr. 982; BGH LM Nr. 16 zu § 322 ZPO ＝ ZZP 68, 100.

[4]　Zivilprozessrecht, § 150 I 3 c a. E.; vgl. auch die zust. Bemerkung zu BGH ZZP 68, 100 in § 150 II 1 a. E.

[5]　§ 322 Anm. 4 (Leistungsklage); vgl. a.a.O. "Hypothek".

[6]　§ 322 Anm.V 2 a Note 81.

[7]　JW 1931, 1805 Nr. 14 ＝ HRR 1931, Nr. 982.

I　BGB 894条による請求権についての裁判

が提起されている場合と同種である。消極的確認の訴えが実体的に理由なしとして既判力をもって棄却されると，……それは承認された法原則により通常，原告の否定し被告の主張した権利の確認として作用する。……同じことが，ここでも妥当しなければならない。控訴裁判所が当面の請求を棄却する理由，すなわち物権的合意の欠缺および付記登記の表現の不十分（die ungenügende Fassung des Eintragungsvermerks）は，それが法的に正しいと見なされるならば，前訴においてラント裁判所をして抹消登記請求を認容させなければならなかったであろう。……そこから明らかになることは，控訴裁判所は前訴裁判の理由を正しくないと宣言しただけでなく――これは本来許されることである――本当は既判力ある裁判に自ら介入していることである。なぜなら，控訴裁判所の考量は，それが正しいと仮定すれば，確定判決によって棄却されている，まさに原告に対する被告の同じ抹消登記請求を正当なものとして現出させるからである。……本件では，引退農民扶養料の法上有効な登記についての争いは，前訴において原告の有利に既判力をもって裁判されており，そして提起された抹消登記請求のこの基礎はいまや原告に対してもはや争われることができない。……」。

2　土地登記簿訂正請求について下された判決が，その登記が要求される所有権に関して既判力を生み出すという上述の諸テーゼの第1のテーゼを批判的に扱ったのは，とりわけ，多分 Jaeger（イェーガー）に由来する，上掲判決に対する評釈[8]である。この評釈において，ライヒ裁判所は，次のように反論されている。すなわち，理由が裁判の範囲を判断するために利用されるべきこと，および，要求されているのは抽象的に登記簿を訂正することではなく，原告を所有者として登記することによって訂正することであるというのは確かに正しいが，しかし，そこから所有権が訴訟物になったということは生じない。決定的なことは原告の要求，すなわち本質的に訴えの申立てであるが，しかし，この申立てによって所有権についての確定裁判は要求されていなかった。このことは，被告が原告の所有権を承認し，これによって所有者として彼を登記することに同意するよう命じられるように，訴えの申立てを提起するようにとしば

8　ZZP 60, 341.

第11章　BGB 894条および985条による請求権および類似の事案についての裁判

しば推奨されることによっても確認される。なぜなら，所有権の承認命令，すなわち所有権の確認を求める申立ては，もし，すでに登記簿訂正同意命令の申立ての中に含まれているとすれば，これと並べて行うことは不適法だからである。真の所有者を登記することに同意するよう求める請求権は所有権の「構成要素」である（すなわち，後者とともに移転し，消滅する）ということからも，ライヒ裁判所が行った推論は正当化されない。BGB 985条の返還請求権は，BGB 894条と同じ意味で所有権の「構成要素」である。しかし，支配的見解は，正当に，BGB 985条による返還請求によって所有権は訴訟物とはならず，BGB 985条の返還請求権に関する裁判は所有権についての確定裁判をも含むものではないことを認めている。実際には，真の所有者の登記による登記簿の訂正請求権は，特別の方向における「所有物返還請求的な（vindikatorisch）」請求権自体である。土地登記簿訂正請求権は，存在しない用益権の抹消請求権としてまたは存在する用益権の登記請求権として，さらに「妨害排除請求的（negatorisch）」性質または「認諾請求的（konfessorisch）」性質を有しうる。しかしライヒ裁判所も，所有権妨害排除訴権（actio negatoria）および認諾訴権（actio confessoria）については，これらの訴えの基礎となる基本権（Stammrecht）には既判力が生じないことを認めている。最後に，この請求権は「抵当権的な（hypothekarisch）」機能を有する。債権者抵当権が所有者土地債務になり，今や変更登記される場合においてそうである。土地登記簿訂正請求権についてのみ裁判する実体判決は，ここでも所有者土地質権（Eigentümergrundpfandrecht）自体に関しては，既判力を生じない。基本権はどこでも請求を条件づける法律関係をなすが，これは ZPO 322条により，これから生じる請求権についての裁判の既判力に与るものではない，と。

3　支配的見解の立場からは，この批判に付け加えるべきものは殆どない。登記簿訂正請求権と基本権との関係は，実際，その他の場合においても支配的見解が既判力の拡張を認めていない基本権と派生的請求権との間に存在するのと，構成的（konstruktiv）には変わるものではない。因みに，ライヒ裁判所の見解が，ライヒ裁判所自身の表明に反して，判決理由で扱われた問題に関する支配的見解と相容れない既判力の拡張に帰することは，原告の所有権の欠缺が登記簿訂正への同意請求の棄却の唯一可能な原因でないことを考慮に入れれ

I　BGB 894条による請求権についての裁判

ば，全く明らかになる。所有者が非占有者に対してBGB 985条による請求を提起した場合に，この訴えは実体判決によって棄却されるように，土地登記簿訂正請求訴訟では，登記を求める原告が所有者ではあるが，登記簿の訂正によって被告の権利ではなく，——多分，同名の——第三者の権利が影響を受ける場合にも，請求は棄却されなければならない。かかる場合においては，請求の棄却はいかなる事情のもとでも，原告の所有権を否定しえないことは明らかである。しかしこれによって，この面からも明らかになることは，所有権登記を目指す登記簿訂正請求が原告の所有権から派生した請求権だけでなく，所有権自体をも訴えの対象としているとするライヒ裁判所のテーゼが誤っていることである。なぜなら，この命題が正しいとすれば，この種の訂正請求につきなされる考えうる実体判決はす・べ・て・，所有権についても既判力をもって裁判しなければならないからである。しかし，まさにそうではないので，登記簿訂正請求に対する裁判がその基礎をなす所有権をも既判力をもって裁判しているかどうかが決まるのは，まさに判決理由によってであり，訴え提起の内容によってではないことが，ライヒ裁判所判例の結果として見紛うべくもなく現れているのである。

　全く似た事情にあるのは，ある権利の抹消を目的とする登記簿訂正請求を，その権利の存在を理由に棄却する判決は，この権利の存在自体を既判力により確定する，というライヒ裁判所の更なる見解である。ライヒ裁判所がこれについて，原告の否定した権利の確認として明らかに作用する消極的確認の訴えの請求棄却の場合の事情と，その点で同じであると述べる場合，認められた既判力効の理由づけのためには何も得られない。なぜなら消極的確認の訴えとの比較は，抹消同意請求権の裁判上の主張が同時に抹消されるべき権利が存在しないことの消極的確認に向けられていることが確かな場合であって初めて言明力を有するからである。後者がそうであるかは，まさに先に判断されるべき問題である。そして，抹消されるべき権利が存在しなかったとすれば，抹消請求の訴えは認容されなければならなかったであろうというライヒ裁判所が与えた他の理由づけもまた，この問題の肯定をもたらすものではない。この熟慮は単に，この権利の存在が前訴で下された裁判の1つの必要的要件であったことを示すだけである。この要件がそれによって訴訟の対象自体になったこと，したがって同じ問題についての後の食い違った判決は，前訴の裁判の理由が正しくない

と宣言するのみならず，前訴の裁判対象自体に介入するということは，ライヒ裁判所の見解に反し，以上の論拠では決して証明できないのである。たとえば，利息請求の訴えが元本債権の不存在を理由に棄却される場合，この元本債権の不存在は同様にこの裁判の必要的要件である。しかし，ライヒ裁判所も，後訴において元本債権は原告にもはや認容されてはならないとは，きっとここから結論づけないであろう[9]。それゆえ，──ライヒ裁判所がコメントしているように──争われた権利の不存在の確定は「新たな抹消登記請求を……正当なものとして現出」させ，「しかも確定判決によって棄却されている，まさに同じ抹消登記請求を」正当なものとして現出させるということも，既判力問題にとっては意味のないことである。同じことは，比較のために用いられた利息請求棄却の利息事案においてもいうことができよう。この確定から結論づけることができるのは，ただ，その都度問題となっている裁判が両者とも正しいことはありえないということだけである。既判力の限界づけにとって，この結果が意味を持つとすれば，それは判決の必要的要件の各各が既判力を持つ場合だけである。しかし争いなく，そう（判決の必要的要件のすべてが既判力を持つの）ではないのである。

したがって，ライヒ裁判所がその見解を基礎づける理由づけが支持できるものでないことが明らかになるが，その結果も支配的見解の原則と一致しえない。前訴裁判の理由を正しくないと宣言することは，それ自体適法だという同じ判決に含まれている命題は，このことを見えなくすることができない。ライヒ裁判所がまさに支配的見解の諸原則を放棄していることは，──ライヒ裁判所の議論とのこれまでの対決を全く度外視しても──登記の抹消を追求する登記簿訂正の訴えの棄却に至りうるのは，抹消すべき権利の存在の場合だけでないことによって，極めて明瞭に再び認識することができる。請求の棄却はむしろ，原告が土地の所有者でないか，または被告が不法に登記された権利者でない場合にも行われうる。原告の所有権登記を目指す，実際には全く登記されていない被告に対する登記簿訂正の訴えの場合と全く類似して，ここでも，裁判はかような場合，問題の権利の存在について何も述べることができないことは明らかである。したがって，ライヒ裁判所判例の結果として，ここでも明らかにな

---

9 Vgl. RGZ 70, 25 (27).

るのは，登記抹消請求に対する裁判が，原告にとってその抹消が重要である権利の存在について既判力効をも伴って裁判しているかどうかは，訴えだけではなく，判決理由によって初めて終局的に決定されるということである。

4 以上から，土地登記簿訂正請求についてのコメントされた判例が，その理由づけにおいて攻撃可能であり，その結果によって支配的見解の基礎を離れていることは確かなことであると見なされてよい。このようにいうことは，しかし，これらの裁判が無制限に拒否されるべきだということではない。本研究において，すでにしばしば，既判力の限界づけに関する支配的見解が狭すぎることが明らかになった後，ライヒ裁判所は実務司法に基づきここで正しい結論を見出したのかどうか，そして，ライヒ裁判所の裁判はこれを従来の見解状況という余りにも狭い基礎の上で適正に基礎づけることができなかったという点でのみ苦しんでいるのかどうかという問題が，まさに押し寄せてくるのである。そのさい，いかなる視角で，この問題が提起されるかは，これまでの論述によれば難なく認識することができる。すなわち重要なのは，ライヒ裁判所の見解によると裁判の既判力が及ぶ権利の存在または不存在が，判決で確定された土地登記簿訂正請求権の存在または不存在が適合されている秩序内容に属するかどうかを究明することである。

a) そして実際に，このような物の見方によれば，問題となるライヒ裁判所の裁判は恐らく正当性を有している，という認識に直ぐに到達する。このことは，原告を土地所有者として登記することに同意するよう被告が命じられた場合に即して示すことができよう。確定された請求権がここで目指しているものは，差し当たり，登記簿が原告を土地所有者であることを証明する秩序である。しかし，これは，まだすべてではない。原告を登記することによって，登記簿が訂正されるべきである。この請求権の秩序目標には，それゆえ，追求された登記簿内容の正しさも，すなわち登記簿と存在する権利状態との一致も，属している。その結果，原告の所有権は，ここでは登記簿訂正請求権の基礎として現れるだけでなく，この請求権が向っている目標にも数えられるべきことになる。なぜなら，この所有権がなければ，原告の登記は登記簿内容と真の権利状態との一致の達成には至らないからである。換言すれば，登記されるべき

第11章 BGB 894条および985条による請求権および類似の事案についての裁判

原告がしかし所有者でないという確定は，登記簿訂正請求の中にある秩序内容の否定を含むことになる。というのは，この秩序内容によれば，原告を登記するということは，まさに存在する権利状態についての正しい言明（eine richtige Aussage）を明らかにするからである。

この認識とともに，原告の所有権登記を目指す登記簿訂正請求の認容に関するライヒ裁判所の見解は，すでに結果において確認されている。なぜなら，既判力は——すでに示したように——確定された法律効果の意味内容が，この法律効果が狙っている他の法律効果との関連が引き裂かれることによって侵害されないように限界づけられるべきであるので，説明された状況によれば，問題となる登記簿訂正請求が確定的に認容された後は，実際に原告の所有権は被告によってもはや争われることができないのでなければならない。同じことは当然のことながら，権利を登記簿に登記するのに被告が同意義務を負う旨，BGB 894条に基づきその権利の帰属主体が確定判決を取得した他の物権すべてについても当てはまる。

したがって，問題となっている登記簿訂正請求権がこの所有権に基づき存在することが明らかになる限り，原告の所有権が確定されるが，逆に原告の所有権の欠缺によるこの請求の棄却も，この所有権を否定しなければならない。このことは，当事者の対等のゆえに，可能な勝訴の範囲は，可能な敗訴の範囲と一致しなければならないという原則からすでに生じる。そして後者は，相手方の勝訴可能性の裏面をなすに過ぎない。因みに，述べられたことは，所有権登記への同意に向けられた BGB 894条による請求権の不存在が既判力的に確定された場合に，この請求権の不存在がこの場合に持つ，具体的に示すことのできる意味内容に即して確認を見出す。すなわち，この請求権の不存在は，ここでは，原告が（訂正のために）登記簿に登記されるべきでなく，このようにして登記簿が誤ったものになることが阻止され，ないしは——同じことであるが——登記されないという点で存在する登記簿の正しさを保持するという秩序を目指している。したがって，原告の所有権の不存在は，この場合には，この請求権の認容の場合にその存在が目指された秩序に属するのと同じように，目指された秩序に属している。裁判の既判力は，それゆえ，この場合には，同様の登記簿訂正請求の認容の場合に既判力が基礎となる権利の存在に関係するのと同じように，原告の所有権（または登記が求められたその他の権利）の不存在に

I BGB 894条による請求権についての裁判

関係しなければならない。その限りでも，ライヒ裁判所の見解の結果は全く正しい。

b) 論評された事案における土地登記簿訂正請求権の存在および不存在が，追求された登記簿内容または存在する登記簿内容が正しいことについての言明内容を有している，したがって真の権利状態についても言明内容を有しているという事情に，上述のところによれば，示された既判力効の決定的なきっかけを見ることができる。この認識が今や——引用された2番目のライヒ裁判所判例におけるように——抹消同意を追求する登記簿訂正請求についての判決が抹消されるべき権利の存在または不存在に関して既判力効を持ちうるかどうかが問題となる事案の解決のための鍵をも与える。まず抹消同意を与えるよう被告に命じる裁判を見ると，それは問題となる権利の抹消により登記簿内容と真の権利状態を一致させることを目指す登記簿訂正請求権を確定する。したがって，この請求権は，抹消されるべき権利の不存在に関して，原告の所有権登記を求める登記簿訂正請求認容の場合において所有権に関して見出されたのと同種の言明内容を含む。すなわち，彼此，確定された登記簿訂正請求権は，登記簿内容の追求された変更によって，存在する権利状態が映し出されることを意味する。この事情の下で，抹消に向けられた登記簿訂正請求権の認容に首尾一貫して，抹消されるべき権利の不存在に関して既判力効も測定されなければならないことは，これまでの説明によれば，これ以上理由づけを必要としない。同じことは，ライヒ裁判所の扱った事案，すなわち抹消を目指す登記簿訂正請求が問題の権利の存在のゆえに確定的に棄却された場合について妥当しなければならない。確定された登記簿訂正請求権の不存在は，ここでは，登記された権利に関して登記簿の言明と真の権利状態との間に存する一致が原告の追求する抹消によって破られないことを狙っている。登記された権利の存在に関しては，状況は，所有権登記を目指す登記簿訂正請求が原告の所有権の不存在に鑑み棄却される場合に生じる状況と，所有権の不存在に棄却理由があった限りにおいて，同じである。両者の場合において，確定された登記簿訂正請求権の不存在は，原告が申立てによって目指す点において登記簿内容が真の権利状態に合致していることを述べている。その結果，BGB 894条による登記の抹消に向けられた請求が被告のために登記された権利の存在により棄却される場合，この確

第11章　BGB 894条および985条による請求権および類似の事案についての裁判

定に関しても既判力効が生じなければならない。したがって，この点においても，ライヒ裁判所が到達した結論に同意すべきである。

　c）　以上の論述によれば，もう1つの限界的な問題がなお解明を必要とする。すなわち，上に述べられたことは，これを首尾一貫して考えれば，登記簿訂正訴訟において作用するその他の権利に関して既判力の更なる相当な拡張に進まなければならないのではないかという問題である。この点について，権利の登記を目指す登記簿訂正請求権と，登記された負担（Belastung）の抹消を求める「妨害排除的」請求権を併置する上記の[10]*Jaeger* の批判的な見解表明が想起されてよい。すなわち，登記抹消請求に対して下される裁判が基礎となっている原告の基本権に関して既判力を生み出さないという事情に中に，*Jaeger* は所有権の登記に向けられた請求に対する判決もこれをすることができないことの証拠を見出す。しかし後者の場合において，ライヒ裁判所とともに所有権に関して既判力効が認められるのであれば，抹消請求を認容し，または基礎にある原告の所有権（またはその他の権利）の不存在を理由に抹消請求を棄却する判決が，まさにこの権利に関しても既判力効を持たなくてよいかどうかという問題を跳ねつけることはできない。負担の抹消に向けられた請求は，この権利の登記を目指す請求が行っているのと似た方法で，基礎にある権利の全面的な登記簿による行使（grundbuchmäßige Durchsetzung）に奉仕するからである。そして，もう1つの別の比較を，この関連においてすることができる。すなわち，抹消すべき権利の存在による登記抹消の訴えの棄却がこの権利を既判力により確定する場合，考慮すべきは，所有権の登記に向けられた訴えが土地の被告への帰属の確定に基づき棄却された場合にも，同じように被告の所有権を既判力をもって認容しなければならないかどうかである。両者の場合において，登記簿訂正請求の訴えは原告の完全な所有権の登記簿上の承認をもたらすべきであり，そして，両者の場合において被告の対立する権利――第1の場合には所有権の内容的一部と見なされうる権利であるが，第2の場合には完全所有権である――に，登記簿訂正請求の訴えが挫折するのである。

　したがって問われるべきは，要約的にいうと，BGB 894条による請求権の統

10　上述155頁以下。

I　BGB 894条による請求権についての裁判

一的な特徴（Gepräge）が登記同意または登記抹消同意に向けられた訴えに対する裁判に各各同じ既判力効を与えることを命じないかどうかである。

　この問題は一見すると多分そのように見えるかもしれないが，否定に答えられるべきである。BGB 894条による土地登記簿訂正請求権はすべての場合に原告の基礎となっている権利の登記上の承認に仕えるというのは，確かに正しい。しかし，この請求権が既判力の限界づけにとって基準となる関連の意味において至る所で一様に，この権利の存在および第三者の対立する権利の排除に狙いを定めているということは，そこからは未だ出てこない。所有権侵害から生じる損害賠償請求権も，たしかに，たとえば所有権に仕えるのだが，だからといって，それはその内容上，被害者が一般的に所有者として当該物に対して行動することができるように，その物が被害者に割り当てられている状態を目指しているのではない。かかる状態は，損害賠償請求権によって確かにここでは前提とされているが，しかし，目指されてはいない。述べられた問題が目指す権利に関しては，状況は登記簿訂正請求権の場合にも似たものである。登記簿訂正請求の場合には，これを惹起するために被告の同意が必要とされている，その登記簿変更の正当性が，上述のように，登記簿訂正請求権の秩序内容に属している。この秩序内容は，これ以上には及ばない。それゆえ，原告の権利の登記を目指す登記簿訂正請求権を，被告のために登記された権利の抹消を目指す登記簿訂正請求権から分かつ違いが，初めから顧慮されなければならない。前者は権利（ein Recht）を肯定し，後者は権利を否定する。この違いから先ず生じることは，登記抹消請求の訴えを認容する判決は――権利の登記に向けられた請求を認容する裁判と異なり――基礎となっている原告の権利を既判力により確定しないことである。この判決は被告の権利を否定するだけであり，抹消されるべき登記によって負担を負わされている権利がまさに原告に帰属することは，必要的な相関関係にあるものとして，この判決によって確定されたこの被告の権利の不存在には決して属していないのである。逆に原告が，負担を負わされている権利の帰属主体でないという理由で，登記抹消請求が棄却される場合，この裁判は首尾一貫した形で原告の無権利（Nichtrecht）をも既判力をもって確定することができるのではない。なぜなら，まさに抹消請求権は，基礎となる権利の方向には秩序内容を初めから有していないからである。同じように，抹消を目指す登記簿訂正請求権と権利の登記を目指す登記簿訂正請求

権の言明における差異は，抹消されるべき権利または原告のために登記されるべき権利が被告に帰属することを理由に，訴えが棄却される場合においても作用する。抹消請求の場合には，ここでは確定された抹消同意請求権の不存在は登記されている権利の否認の否定（Negation der Verneinung）を含み，そして，これはまさに登記された権利の肯定を意味する。これに対して，権利の登記に向けられた訴えの棄却の中にあるのは，この場合，単に原告の権利の否定だけである。被告の権利に関する積極的な言明は，そこには存在しない。なぜなら，被告の権利は，原告の無権利の必然的相関物をなさないからである。したがって土地所有者として原告を登記することに向けられた訴えが，被告が真の所有者であるという理由で棄却されている場合，この裁判は――（積極的な）所有権確認に向けられた訴えの棄却と同様――原告が所有者でないことだけを既判力をもって確定することができるのであり，被告が所有者であることが，原告が所有者でないとの裁判の理由となったにせよ，被告の所有権を既判力により確定することはできない。

II　BGB 985条に基づく請求に関する裁判

所有権の登記に向けられた BGB 894条による請求を認容し，または主張された原告の所有権の欠缺のゆえ棄却する裁判が，この所有権に関して既判力を有することが明らかになった後，BGB 985条による所有物返還請求に関する裁判はこの点に関してどうなのかという問題を避けて通ることはできない。これは，BGB 894条に基づく上述の請求権と密接な親近性を有しているからである[11]。所有物返還請求に対する確定裁判がとくにこの所有権から生じる附帯請求に関する後続の争いに対してもつ意味については，すでに述べた[12]。この特定の関連に限られた考察に対して，今や，登記簿訂正請求訴訟について発見された事柄に続いて，返還請求に関する裁判が原告の主張する所有権の存在または不存在を全く一般的に，すなわち特定の個々の法律効果への限定なしに終局的

11　Vgl. z. B. *Jaeger*, ZPP 60, 341; *Palandt/Hoche*, § 894 Anm. 6 a; *Staudinger/Seuffert*, § 894 Anm. 3 a; *Westermann*, § 73 II 1 a; RGZ 121, 335 (336), 133, 283 (285); 158, 40 (45).

12　前述81頁以下。

Ⅱ　BGB 985条に基づく請求に関する裁判

に争えなくするかどうかを解明することが重要である。

　1　支配的見解は，BGB 985条による請求に対する判決については，その基礎にある所有権に関して既判力効を今日完全に否定する[13]。所有権は返還請求権に対しこれを条件づける権利であり，ZPO 322条による既判力はこの条件づける権利には関係しないという理由からである。この結果が既判力の限界づけに関する一般に主張されている原則と一致することは，いうまでもない。しかし，これまでの考察によれば，これによって問題はまだ終局的に解明されていないということもできる。基礎にある所有権に関して既判力効に賛成した著名な見解がないわけではないことからも，一層そのようにいうことができる。ここでは，*Wach*（ワッハ）[14]，*Endemann*（エンデマン）[15]と並んで，とくに*Hölder*（ヘルダー）[16]と*Reichel*（ライヘル）[17]を挙げさせていただく。法律効果の実質的な内容への適合を論ずる本研究の枠内において，*Hölder* が指示されるのは，とくに *Hölder* が彼の見解のために与える理由づけのゆえである。すなわち彼は，物の占有を求める権利（Recht auf den Besitz）は所有権の主要な内容をなすという理由で，占有を求める権利の主張の中に同時に所有権自体の主張を見る[18]。これについて殆ど実際的な説明のように作用するのは，*Reichel*[19]が持ち出す例である。すなわち，「Aの庭に誤ってBの砂利が落ち込んだ。Bはこれの返還を求めるが，砂利は〔土地の〕本質的な構成要素となったので（§§ 946, 94 BGB），〔請求は〕棄却される。Aは死亡し，BはAの相続人に対して価額償還を求める（§ 951 BGB）。被告は，次のように主張して請求の棄却を求める，すなわち，砂利は構成要素にはならなかった，したがって彼，被告は利

---

[13] たとえば，*Hellwig*, Lehrbuch, Ⅲ 1, § 143 Ⅲ 1 e, Syst. Ⅰ, § 103 Ⅰ, § 231 Ⅲ 1；*Jaeger*, ZZP 40, 139；*Lent*, Zivilprozessrecht, 63 Ⅲ 2；*Nikisch*, Zivilprozessrecht, § 106 Ⅱ 1 b；*Rosenberg*, Zivilprozessrecht, § 150 Ⅱ 1；*Schönke/Schröder*, § 73 Ⅲ 2 a；*Stein/Jonas/Schönke/Pohle*, § 322 Anm. Ⅴ 2 a；RG Warn. 1936 Nr. 173を参照。

[14] S. 136.

[15] § 89 Anm. 12.

[16] AcP 93, 22 ff., ZZP 29, 65 f.

[17] Festschrift f. *Wach,* 3. Bd., S. 75.

[18] AcP 93, 23, ZZP 29, 66.

[19] Festschrift f. *Wach*, a.a.O.

得していない。彼は砂利を自由にさせる」というものである。この防御は，*Reichel* の見解によれば，不成功（erfolgslos）でなければならない。「なぜなら，A の所有権の既判力的認容[20]は，当然 A の有利のみならず不利にも，取消しえない法律状態を生み出したからである」。したがって *Reichel* は，ここで返還請求の棄却の中に直ちに B の完全な所有権についての裁判を見ているのである。実際に，この前提がなければ，非常に実際的に見える前訴裁判の，後続の利得償還訴訟への既判力効は，これまで得られた認識によれば理由づけることができない。なぜなら，問題の BGB 951条による価額償還請求権は，完全な所有権の——所有権から派生する個々の法律効果の1つだけでなく——喪失の等価物であるので，既判力の介入のために必要な，この価額償還請求権と，所有物返還請求権の確定された不存在との間の関連が与えられるのは，所有物返還請求権の否定によって B の所有権が直ちに否定される場合だけである。もちろん不当利得請求権のための承認された既判力効が必然的に，*Reichel* が明らかにそう考えるように，争われた所有権が所有物返還請求の棄却により被告に積極的に認容されるのか，それとも原告の所有権の否定だけでよしとしえないのかどうかは，以上によっては未だいうことができないが，差し当たり不問に付しておくことができよう。

2　所有物返還請求訴訟において下された判決の既判力の問題が解決されるべき方法には，これまでの考察によれば疑問の余地はない。すなわち，基礎となる所有権の完全な内容が BGB 985条に基づく請求権の秩序目標に属しているかどうかが調査されなければならない。

a）　したがって，その意義が重要となる985条に基づく請求権は，先ずは，物が請求権者に事実面において割り当てられている状態の惹起に向けられている。もっと正確にいえば，権利者が（一般的な法律が，または彼の所有権と併存する，考えられうる第三者の権利が対立するのでない限り），事実面においてその物を彼の任意に扱うことができるように（BGB 903条），その物が権利者の勢力範囲にあるべきである。返還請求権が単純に占有供与によって履行されうるこ

20　著者による強調。

と，および，占有された物を自由に扱う原則的な権利がなくても占有が生じることは，以上の認識を惑わしてはならない。すなわち，BGB 985条において追求されている事実面の物割当は，たとえば使用借人，賃借人およびその他の多くの場合においても等しく生じうる任意の，法的に無色の占有形式以上のものである。所有物返還請求権は，本権的性質（petitorische Natur）を有するのであり，占有的性質（possessorische Natur）にとどまるものではない。それは特定の占有する権利（Recht zum Besitz）を，しかも所有者として物を占有する権利を化体している。この権利が，これによって追求される物割当（Sachzuordnung）にその明瞭な刻印を押す。たとえば，BGB 985条によって返還を命じられた者で，前訴の最終弁論後に生じた所有権関係（Eigentumsverhältnis）の変動を証明することができない者は，勝訴原告に返還された物を，自分の所有権を援用して再び返還するよう求めることができないというすでに言及した現象は，このことに帰せしめられるのである[21]。したがって，とくに，返還義務者は，彼の勝訴した相手方が敗訴者側における同一物の何らかの所有者利益を侵害するやり方で事実上物を扱っているという理由で，係争物をこの勝訴した相手方から再び奪うことができない場合，それはBGB 985条に基づく請求権がいずれにせよ所有権の観点による物の事実上の占有と取扱い（das tatsächliche Haben und Behandeln）を完全な範囲で把握し規律することの，ほぼ明瞭な徴であると評価されてよい。

　したがって，所有物返還請求権が，権利者が事実面において自身のものとして物を割り当ててもらうことに向けられている場合，所有物返還請求権の秩序内容は，上述の返還請求の場合の他に，たとえば，返還請求権者による物の一定の事実上の取扱いが返還義務者のこの物の所有権を侵害しているという理由で，返還義務者がBGB 1004条に基づき，これを阻止しようとする場合にも問題とされる。同じことは，返還義務者が返還された物についての彼の所有権が返還請求権者の事実上の挙動によって侵害されたという理由で提起する損害賠償請求についても当てはまる。すなわち，両者の場合において，返還請求権者が自分に返還された物を所有権の観点により事実面において任意に扱ってはならないということを前提とする権利が主張される。しかし，彼がまさにこの観

21　上述13頁以下，54頁以下参照。

第11章　BGB 894条および985条による請求権および類似の事案についての裁判

点によりそうしてよいことは，まさしく所有物返還請求権の秩序内容に属するのである。したがって，返還請求権が惹起しようとする秩序には，返還義務者の，問題の権利は場所を持たない。その結果，既判力の限界づけに関する上述の原則によれば，所有物返還請求権の既判力ある認容は，この種の法律効果の理由づけのために，自分が物の真の所有者であると返還義務者が主張する可能性を遮断することになる。BGB 985条による返還請求訴訟において勝訴した原告が，返還義務者が返還請求権者の事実上の物支配に介入したという理由で後に BGB 1004条によりまたは不法行為を理由に返還義務者に対して対処する場合に，返還義務者の防御の可能性に関しても，状況は同じように判断されるべきである。被告は，この場合，自分は所有者として問題の行為を行う権利があるという防御を聴いてもらうことができない。なぜなら，それによって再び既判力をもって確定された所有物返還請求権の秩序内容が，すなわち物が事実面において原告に割り当てられている，したがって被告には割り当てられていないという秩序内容が否定されることになるからである。返還請求を認容する判決の既判力は，事実上の侵害（Eingriff）によって害されうる物の上の権利は原告には一切帰属していないという防御陳述をも，かような場合，被告から遮断する。既判力をもって確定された BGB 985条に基づく返還請求権は，まさに物を自主占有する原告の絶対権を化体しているからである。

　一般的にいえば，したがって所有物返還請求権が既判力をもって確定された後，同一当事者間で所有権の観点により，物の事実上の占有と取扱いに関する法律効果が主張される場合には，いずれにせよ常に所有物返還請求権の秩序内容において所有物返還請求権が影響を受ける。そのような法律効果に関する訴訟に対しては，返還を命じる判決の既判力は，基礎となる所有権[22]をいかなる事情があっても係争外に置かなければならない。逆に，原告が係争物の所有者でないという理由で所有物返還請求権が既判力をもって否定されている場合にも，同じことが妥当しなければならない。事実上の占有および取扱いに関して，この場合，原告は，その物が自分の物だともはや決して主張することができない。なぜなら，返還請求権の不存在の確定は，この状況では，この点で原告に

---

[22] 基礎にある所有権なしに譲渡される BGB 985条に基づく返還請求権が認容される場合の状況については，後述173頁注28参照。

は権利が帰属していないという秩序を目指しているからである。

b) したがって，なお問うべき問題は，物を事実の関係において任意に扱う権利者の権能のほかに，その物を法的に有効に処分しうる他の所有権内容も所有物返還請求権の目指す秩序に属するかどうかである。

aa) まず動産に眼を向けると，所有権のこの面と所有物返還請求権との間の密接な結び付きは，初めから，ここではあらゆる処分のために，物権的合意のほかに，返還請求権の目指す占有の移転またはBGB 930条，931条によるその代替物が属する点に現れている。しかしこの関連の確定だけではまだ，所有物返還請求権が完全な所有権内容を狙っていることの完全に有効な証拠とはならない。なるほど所有物返還請求の認容は，請求権の帰属者に直ちに処分実施のための占有要件 (die besitzmäßige Voraussetzungen) を与える。しかし返還請求権者ではなく返還義務者自身が，必要な物権的合意の実施権能の帰属する所有者であるという理由で，返還請求権者が所有権について行った処分は無効であると，返還義務者がなお主張することができるかどうかを検討すべきである。それがどういうことであるかは，所有物返還請求権が，そして，それに応じて，すでに行使された所有者の占有権原も，独立して，すなわち所有権なしには移転できないこと[23]，したがって所有権の譲渡が，BGB 985条に化体された事実面での物割当を求める権利の移転をもたらす唯一の道であることから出発する場合に，明らかになる。すなわち，この事情の下で，返還義務者が返還請求権の確定にもかかわらず返還請求権者の所有権の欠缺を援用して請求権者の処分の有効性を争う可能性を持つとすると，それは，返還義務者が返還請求権の存在にもかかわらず返還請求権者の処分の効力をこの者の所有権の不存在を援用して争う可能性を有する場合には，それが意味することは，BGB 985条による確定した請求権に基づき返還請求権者が持つ法的地位の移転可能性を返還義務者がすべて直ちに否定できるに他ならない。返還請求権者が第三者のためにその物を処分したその第三者に対しては，有効な物権的合意が問題のある形で争われることは，同時に，処分者に承認された法的地位に関し

---

[23] この意味で，たとえば *Dietz*, S. 182 Anm. 2; *Palandt/Brodmann*, § 985 Anm. 3; *v. Thur*, I, § 15 IX (S. 267); *Westermann*, § 30 I 3; *Wolff/Raiser*, § 84 VI 3.

第11章　BGB 894条および985条による請求権および類似の事案についての裁判

ZPO 325条の意味での権利承継の否定を含む[24]。返還義務者は，それゆえ判決の存在を顧慮することなく，この第三者に対して返還争いを蒸し返し，そして，ひょっとすると，この第三者が返還義務者に対し BGB 985条によりその物を返還しなければならないという内容の裁判を取得することができる。

だが，このような結果は，所有物返還請求権の秩序内容ともはや全く一致しえない。たとえ，この請求権は基礎にある所有権と一緒にのみ移転できるにしても，返還請求権によって附与された法的地位は移転不可能なものではない。他人には供与することのできない，自分自身の物としてある物の事実面での割当を求める権利というものは，現行法上知られていない。与えられた法的地位を法律行為により移転する可能性は，したがって，BGB 985条が適合されている秩序に属する。この請求権が既判力をもって確定された後は，返還請求権者はこの判決により彼に帰属する法的地位を所有権の欠如のゆえ有効に移転することができないと，返還義務者はもはや主張することができない。換言すれば，その限りで，この処分可能性はいずれにせよ返還請求権に化体された秩序内容の構成要素をなす。しかし，このことは結果として，返還請求権者は所有権そのものを処分することができることをすでに意味する。なぜなら物の処分の意味は，どのような処分でも，最後は受益者に法により事実面での物割当への影響力を得させることにあるからである。それゆえ，所有物返還請求権者が所有権に従った物の事実面での割当を求める自己の権利を移転することができる場合，それは実際上，彼が物ないしは物の所有権を処分することができるということに他ならない。逆に，返還義務者に対して向けられた BGB 985条による請求権は，彼が真の所有者として処分できるはっきりしたものを彼に残さない。事実面での物割当（tatsächliche Sachzuordnung）への所有権法上の影響力が否定されることによって，所有者としての処分によって第三者にこの種の影響力を得させる権能も返還義務者には否定される。ZPO 325条の規定は，訴訟上の領域において，これについて誤解しようのない証拠を与える。

所有物返還請求権は——いずれにせよ，これまで見た動産の領域では——その目標上，完全な所有権内容を把握しているという，以上により押し寄せる結論は，次のような更なる考慮によって支えられる。すなわち，BGB 989条，

24　Vgl. *Hellwig*, Rechtskraft, S. 95 f.

990条により占有者に対して所有者に帰属する，物の滅失または毀損またはその他の返還不能による損害賠償請求権は，制限的な占有利益のみならず，完全な所有権利益をも含んでいる。したがって所有者は，これらの規定によって，たとえば彼自身が物を——少なくとももはや完全な状態においては——もはや事実上利用することができないことについてだけでなく，物の処分により物の完全な価値を法律行為により利用することがもはやできないことについても賠償を要求することができる[25]。そうでないとすると，すなわちBGB 989条，990条が占有利益だけに関わるとすると，同じ責任要件によりその他の所有権内容をも保護する別の規定が必要となるであろう[26]。なぜなら，所有者—占有者関係において所有者の占有利益と並んでその他の所有権内容も制裁によって確保されないとする理由は明らかでないからである。しかしこのための特別の規定がなく，BGB 989条，990条の文言は初めから完全な所有権内容をもカヴァーしているので，必然的に，これらの規定は事実上その意味に従って，この完全な所有権内容に宛てられていることを出発点としなければならない。もしこのような状況において，BGB 985条による返還請求権が同様に完全な所有権内容に適合されていないとすると，上述の損害賠償規定は所有物返還請求権との関係において実質上分裂されるであろう。なぜなら，これらの損害賠償規定は一方では——物の割当の事実面に関しては——あらゆる事情のもとで返還請求権の侵害に対する制裁を定めているのに対して，その他の所有権機能に関わる損害賠償規定の内容によって，この請求権から完全に独立していることになるからである。このような分裂に反対するのは，損害賠償規定をもともと統一的なそれ自体閉ざされた法思考の表現として表わしている規定の体裁である。それゆえ，ここから見ても，所有権に基づく返還請求権はまさに完全な所有権内容に適合されており，それによって，この請求権と上述の損害賠償請求権との間の実質的な一致が生み出されるという推論がもっともである。そして，多分支配的である見解が完全な所有権利益に向けられたBGB 989条，990条の損害賠償請求権を構成的に返還請求権から演澤する場合，それはこの前提でのみ

---

[25] これにつき，RG Warn. 1929 Nr. 181; RGZ 93, 281 (284 f.); 119, 152 (154 f.); BGH LM Nr. 4 zu § 366 HGB; *Palandt/Hoche*, § 989 Anm. 2を参照。
[26] ここでも所有者—占有者関係の特殊性は，単純にBGB 823条以下に依拠することに反対するであろう。

第11章　BGB 894条および985条による請求権および類似の事案についての裁判

調和しうる[27]。

bb）　これまでの叙述は，所有権者の所有物返還請求権は不動産の領域においても最後に述べた処分法上の意義を有するかどうかという問題をなお未定にしている。この問題を強調するために，不動産の返還請求権の認容は，不動産の領域では占有の移転またはその代替物の１つではなく，登記が処分の実施に属するので，返還請求権者に動産の場合と同じようには処分を行う技術的な可能性を与えるものでないことが指摘できよう。それゆえ，返還請求権者が所有者として登記簿に登記されていない場合，返還請求権の認容も，執行も，彼をして直ちに土地を処分できる状態に置くものではない。だが，この点に決定的な基準があるのではない。既判力ある所有権の確定も，登記のない所有者に，有効な処分に必要な受益者（Begünstigte）の登記を得る可能性を直ちに与えるものではない。所有権の確認は，相手方の否認に影響されずに，受益者を登記するための要件としての自己の登記を惹起することだけを所有者に許す。かかる効力は，返還命令判決にも多分結び付きうるであろう。そして，実際にそうであると，認められる。なぜなら，処分の法技術的な実施に対する返還請求権の意義が，この請求権の秩序目標に完全な所有権が属するかどうかの基準をなすのではない場合，この問題においては動産と不動産の違いは全く確定できないからである。法律行為による処分の方法で物を任意に扱う，専らなお論じられるべき所有者の権能に関する上述の観点は，動産に劣らず不動産にも全部当てはまる。かくて法律行為による移転可能性は，彼此，所有物返還請求権によって意図された事実面での物割当に属するのである。さらに，不動産においても返還請求権は，義務者が所有者としての処分によって事実面での物割当への所有権法上の影響力を第三者に得させる権能を排除する。それゆえ，ここでも義務者が所有権によりなお実際上有意味な処分を行いうるはっきりとしたものは何も残らないのである。そして最後に BGB 989条，990条の損害賠償請求権が完全な所有権利益に向けられている点においても，不動産につき例外はないのである。

c）　以上によれば，要約的に次のようにいうことができる。すなわち，

27　上述21頁参照。

Ⅱ　BGB 985条に基づく請求に関する裁判

BGB 985条の返還請求権の目指す秩序には，至る所で所有権の完全な内容が属する，と。したがって，返還請求権の既判力ある認容の後は，基礎にある所有権はいかなる点においても，もはや争われることができない[28]。逆に，所有権の欠缺による棄却の場合にも，将来における所有権の主張は排除される。明らかに，上述の *Hölder* の見解表明，すなわち占有を求める権利（Recht auf Besitz）は所有権の主要な内容をなすので，返還請求によって所有権自体が主張されるのだという見解を想起させる[29]結論となる。そのさい，もちろん見逃されてはならないことは，返還請求権の主張のさいの状況は，所有権確認の訴えのさいに存する状況と完全には同じでないことである。後者においては，実体的棄却であれば，どれでも所有権を裁判する。これに対して，所有物返還請求権を拒否する裁判は，所有権の不存在に棄却の理由がある場合にのみ，所有権の不存在を係争外に置く。それに対して，被告が物を占有していないとか，被告に BGB 986条の意味での占有権原（Recht zum Besitz）が帰属するという点に棄却の理由が存する場合には，棄却は所有権に関する既判力ある言明を含まない[30]。

上記において再現された *Reichel* の例[31]においては，所有物返還請求の訴え

28　以上の考察から直ちに認識されるのは，BGB 985条による返還請求権は基礎となる債権なしに譲渡できるという見解のいかがわしさである（しかし，この意味でたとえば Heck, Sachenrecht, Exkurs 3; *Staudinger/Berg*, § 985 Anm. 9, 16; この見解の否定については，168頁注23の引用文献を参照）。このような分離された譲渡可能性は，事情によっては，——上述のように——所有権内容全体に関する BGB 989条，990条による統一的請求の分断を惹起することだけ指摘させていただく。それにもかかわらず，裁判所が返還請求権の別々の譲渡可能性から出発し，かく譲渡された請求権を認容すると，同一当事者間での後訴において譲受人の法的地位は，譲渡人には基礎となる所有権が帰属していないという理由では，もはや問題とされることができない。その他の点では，物が譲受人ではなく譲渡人に属しているという理由で，いかなる範囲でなお譲受人の権利が争われうるかは，譲渡された返還請求権の実質的内容と残っている残余所有権の分離線がどこに引かれるかに依存する。

29　上述165頁。

30　上述81頁以下において返還請求訴訟において出された判決が所有権に基づく従たる請求権をめぐる後訴に対して持つ，所有権に関する効力について述べられたことは，今や，所有物返還請求権の説明された一般的意味の特定の効果であることが明らかになる。

31　上述165頁。

第11章　BGB 894条および985条による請求権および類似の事案についての裁判

は被告の側に存する原因に基づいてではなく，原告がその所有権を BGB 946条，94条により喪失したという理由で棄却されたので，この裁判は実際に——Reichel が認めるように——所有権に関し既判力を生み出した。そのさい，既判力は，原告がその動産の所有権を BGB 946条，94条により喪失したという確定のみに関していた。Reichel がそれを超えて被告の所有権の既判力的認容について書いている場合，それには賛成することができない。なぜなら，確定された所有物返還請求権の不存在は，この場合たしかに，土地と符合した物に関して，原告はこの請求権が向けられている所有権権能を有しないという秩序を目指している。しかし，まさに被告がこの物の所有権を取得したことは，必然的にこの秩序には属しているのではない。それゆえ被告は，BGB 951条による価格償還をめぐる後訴において，たとえば彼ではなく第三者が原告の物が符合されている土地の所有者であると，なお主張することができる。これに対して，BGB 946条，94条による符合は存在しないという主張を，被告はもはや聴いてもらうことができない。これによって Reichel が目指した実際的な結果はすでに保証されている。

III　類似の事例

1　上述のところにより，基礎にある所有権は BGB 985条による返還請求権が目指す秩序に完全な範囲において属するように，その他の物権に基づく——たとえば質権に基づく返還請求権（BGB 1227条）のような——同様の返還請求権も，必要な変更を加えた上で（mutatis mutandis）この権利の全内容を把握する。ここでも，それゆえ，既判力ある認容によって基礎にある権利はいかなる点においても被告によってもはや有効に争われることができないのに対して，逆に条件づける権利の不存在による請求の既判力ある棄却は，この条件づける権利を被告に対する関係において再び裁判上主張する原告の可能性をすべて遮断する。以上のことは，これまでの論述により，これ以上理由づけを要しない。

2　それに対して強調されるべきは，コメントされた所有物返還請求権に似て，基礎となる権利の全内容に適合されている法律効果が他にもあり，した

III 類似の事例

がって場合によってはこの法律効果に対する裁判がこの基礎をなす権利に関しても既判力効を持ちうるということである。この点についての注目すべき一例は, Rosenberg が肯定的に評釈した1921年のライヒ裁判所の判例[32]である：ある抵当権者が前訴において BGB 1147条に基づく強制執行の受忍を求める訴えを, 抵当債務は弁済済みだとの理由で棄却された。今度は, 前訴の被告が抵当権者に対して登記抹消の同意の付与を要求する。抵当債務が弁済済みかどうかという係争問題を再度調査することは, ライヒ裁判所の見解によれば, 前訴裁判の既判力に抵触した。判決理由は, この点につき次にようにいう。「本訴において原告が被告に対して提起した, 問題の抵当権の抹消同意を求める請求権の要件は, 被告が抵当権者として土地登記簿に登記されているにせよ, 被告には抵当権, すなわち彼に帰属する債権につき土地から満足を得るための金銭の支払いを求める物権（BGB 1113条）が実際にはもはや帰属しておらず, したがって, 彼はこの物権から生じる（BGB 1147条), 満足のために土地への強制執行の受忍を求める債権者の権利を主張することはもはやできないということである。しかし, 当事者間で前訴において言い渡された控訴審判決によって, 被告は, 被告が当時の土地所有者としての原告に対して主張した抵当債権につき満足を得るための土地への強制執行の受忍を求める抵当権に基づく請求を既判力をもって棄却されている。しかも, それは, 原告がすでに……被告への満足を惹起したという理由からであった。したがって, 抵当権の抹消同意を求める本訴の訴求請求権の上述の要件が具備していることは, 既判力をもって確定しているのであり, そして, 被告はこの要件を本訴においてもはや争うことができない。……」。

この議論がこの裁判を支配的見解の立場から正当化できないことを認識することは, 困難ではない。ライヒ裁判所が認めるように, 前訴の原告に「物権から生じる請求権」が否認されている場合, これは支配的見解によれば, 条件づける権利関係として基礎にある抵当権は既判力をもって裁判されていないことを意味する。このことは, 抵当権に関して既判力を認めると, 裁判の理由が既判力への影響力を獲得することに徴して明瞭に示される。なぜなら, 抵当権訴訟の実体棄却のきっかけは抵当権の不存在以外にもありうるので──たとえば

---

[32] JZ 1921, 1245 Nr. 23.

第11章　BGB 894条および985条による請求権および類似の事案についての裁判

訴えが正当な被告に対して提起されていないことを考えてみればよい——，このような場合には，訴訟が抵当権の存在についての既判力ある言明に至るかどうかは，決定的に折々の判決の理由づけに依存するからである。

ところでBGB 894条による抹消登記の同意の付与を求める請求の先決関係に当たるのは，抵当権から派生する何らかの請求権の不存在ではなく，もっぱら登記された抵当権自体の不存在であるので，ライヒ裁判所は，支配的見解の立場からは，抵当権訴訟の棄却は登記簿訂正請求には既判力を及ぼさないという結論に至らざるをえなかったであろう。BGB 894条による請求権と実体法上区別されるべき BGB 1169条による放棄請求権（Verzichtsanspruch）[33]についてのみ，この考察方法にあっては，せいぜい，抵当権訴訟の終局的棄却が抵当権の実現を実際上持続的に排除する限りで，前訴裁判の既判力効を考慮に入れることができるであろう[34]。しかし，ライヒ裁判所の判決理由は，この請求には一言も触れていない。

しかしながら，今まさにここに現れている抵当権の実行不可能性に徴して，ライヒ裁判所は，抵当権訴訟の棄却に BGB 894条による請求に対して既判力効を与えた場合，正しい判断を行ったことが明らかになる。すなわち，BGB 1147条により裁判に供される権利がどう性質づけられようと[35]，いずれにせよ，この権利は物権の全内容を実現することを目指している。それゆえ既判力の限界づけのさい，上述の意味において意味連関に導かれうるならば[36]，先ず，抵当権訴訟を認容する判決は，被告が勝訴原告の抵当権をいかなる点においてももはや争うことができないことを生ぜしめなければならない。そして逆に，原告には主張された抵当権が帰属していないという理由で，抵当権訴訟が棄却される場合には，同様に，判決の既判力は，敗訴原告がなお何らかの関係において——たとえば抹消の訴えにおいて——抵当権者として扱われることを排除し

33　これについて，RG DRiZ Rspr. 1934 Nr. 323を参照。

34　もちろん，そのさいなお熟慮すべきことは，抵当訴訟の既判力ある棄却はここで真正の抗弁権を，その他の比較できるような手段をも基礎づけるのではなく，抵当権の本質的内容を単純に否定することである。

35　これにつき，Westermann, §94, §101 II 2 a; Wolff/Raiser, §131, §139 Iを参照。

36　コメントされた裁判においては，抵当権と派世的な強制執行受忍請求権との違いにもかかわらず，両者が広く等置されていることに，このような関連の基準性が感じ取れる。

III 類似の事例

なければならない。なぜなら，このような場合には端的に，原告には主張された抵当権が帰属しないことが，棄却によって既判力をもって確定された秩序内容に属するからである。これに対して，他の理由による訴えの棄却は，この種の確定を当然のことながら含まない。

3 全くよく似た別の事案を扱うのは，1932年のライヒ裁判所の1つの裁判[37]である。物権的買戻権に基づき，土地所有者が彼の土地の所有権を移転し（auflassen），一定の負担から解放するよう命じられていた。この判決が既判力を生じた後，彼は前訴の勝訴原告に対して問題の買戻権の抹消登記を求める訴えを提起した。この権利は彼がすでに前訴において不成功裏に防御のために主張していた理由から存在しないというのが，彼の要求の根拠であった。ここで主張された見解によれば，この事案においては再び，前訴裁判の既判力が介入しなければならないことは明らかである。なぜなら，既判力をもって確定された，買戻権に基づく請求は，この権利を完全な内容で実現することを目指している。この権利の実質的な内容は，それゆえ無制限に，目指された秩序に属する。状況は，その限りでこれまでコメントされた事案と全く等しい。買戻権の不存在，したがって登記抹消請求権の本質的な要件の1つが欠けていることが前訴の裁判によって既判力をもって確定しているという理由で，事実，控訴裁判所は原告の請求を棄却した。しかしながらライヒ裁判所は，この種の既判力観に反対し，そのさい，はっきりと，今まさにコメントした抵当権訴訟の裁判に「理由において終始賛成できるかどうか」をはっきりと未定のままにした。ライヒ裁判所は，支配的見解と一致して，前訴では単に買戻権から流出する請求権が裁判されたこと，ZPO 322条1項によれば，この点にのみ既判力の効果が生じるのであり，被告に有効な買戻権が帰属することは前訴裁判の理由において認められたが，この裁判理由は既判力に与らないことによって自己の見解を理由づけた。

だが，この事案は，ライヒ裁判所にとって，これではまだ片付かなかった。すなわち，ライヒ裁判所は，原告には登記抹消請求の訴えの権利保護の利益がないという理由で，控訴裁判所の判決を結果として最終的に是認した。曰く，

---

[37] RGZ 135, 33.

第11章　BGB 894条および985条による請求権および類似の事案についての裁判

「原告は前訴判決を確定させたので，原告は買戻に基づく請求を履行する義務を負う。この義務を，原告は被告に対してのみならず，ZPO 325条により，たとえば被告が確定判決に基づく請求権を譲渡したすべての者に対しても負う。他方，原告は，既判力をもって自己に課せられた義務と抵触しなければ，土地を譲渡することができない。たとえば登記された権利が彼の訴えにより抹消される場合にも，この義務は変わらない。なぜなら，それによってはZPO 767条による請求異議の訴えの基礎は生まれないからである。彼の請求原因は，前訴においてすでに不成功裏に主張しなかったものを何も含まないからである。被告の買戻権は前訴の口頭弁論終了後に消滅したとの唯一重要な主張を，原告は行わなかったし，また行うことはできない。この事実関係においては，買戻権の登記が残るかどうかは，原告にはどうでもよいことである。この登記は彼の所有権を侵害しておらず，彼は抹消に正当な利益を有していない。……」。

権利保護の必要の欠缺がもともと本件において何を問題にしているかを問うならば，この却下事由は前訴判決の既判力からいずれにせよ独立していないことを先ず確定することができる。むしろ権利保護の必要の欠缺は，まさに，確定した前訴裁判の効果として現れている。なぜなら，登記抹消の訴えから権利保護の必要を奪うのは，これだからである。そのさい，事態は，たとえば，前訴裁判が主張された原告の利益をすでに他の方法で保護しているというようなものではない。逆なのだ。すなわち，原告の権利保護の利益は，前訴裁判の既判力ある確定によれば，争われた買戻権に関して原告になお保護すべきものは何もないので否定されているのである。しかし権利保護の利益の欠缺による却下が実質的に結局のところ意味するのは，前訴裁判の既判力がまさに買戻権の名を戴く完全な権利内容を把握するということに他ならない。権利保護の必要という独自の問題にではなく，事実上ここ（既判力）に，事案の解決が求められていることは，主張された買戻権の不存在を理由に買戻訴訟が既判力をもって棄却された後に，この権利の抹消登記の同意が求められるというように，一度事案を引っくり返してみれば，全くはっきりするであろう。買戻請求の認容のさいに登記抹消請求の棄却をもたらす同じ法的観点が，この買戻請求の棄却の場合には同じように登記抹消請求を成功させねばならないというのが，明らかにもっともである。しかし，権利保護の必要の観点は，これを果たすことができない。なぜなら，かかる必要性の存在によっては，抹消すべき権利が実際

III　類似の事例

に存在しないかどうかの調査がもはや必要でないようには，まだ登記簿訂正請求はまだ支えられていないからである。ライヒ裁判所が同様の請求棄却が先行した，上で扱った抵当権事案において，本件におけるよりも容易に，抹消されるべき権利に関して，前訴裁判の既判力効を認める用意があった理由は，ここから理解可能になる。同時に，これら2つの判決が外面的な矛盾にもかかわらず，いかに基本において一線にあるかということも理解される。すなわち，両者は，登記された権利の存在をめぐる争いが前訴判決によって実質的に片付いているという正しい感覚によって明らかに担われている。ここに決定的なポイントがあり，そして，この事情に合致するのがまさに，前訴判決の既判力が2つの事案において同様に，その抹消が後訴において要求されている係争権利に関係しているという，以上において明らかにされた見解である。

第12章　情報付与と計算を求める補助請求と，主たる請求との関係

I　はじめに

1　段階訴訟（ZPO 254条）の場合において，計算または情報付与を求める請求についての先に出された一部判決に対して，控訴が提起される場合，控訴裁判所が補助請求の棄却の場合には一定の要件の下で——ZPO 537条にもかかわらず——第一審に係属したままになっている主たる請求をも棄却しなければならないことを，支配的見解は認めている。より正確にいえば，このことは，補助請求と主たる請求が共通の根をもつ基本関係を欠くために，補助請求が棄却される場合に，妥当するとされる[1]。この見解は，重要な点において，このような事情のもとでは，補助請求の棄却は主たる請求の基礎を奪うということによって理由づけられている。したがって，74頁以下においてコメントした裁判において，連邦通常裁判所が一部判決の下された不作為訴訟と下位の審級に係属したままになっている損害賠償請求との間に認めたのと全く似た状況が，ここには見られる。連邦通常裁判所がこの裁判において援用する文献は，ZPO 537条の原則に対する，賛成された例外の重要な例として，段階訴訟の場合に言及する。これら2つの事案類型の等置に対しては，もちろん，段階訴訟の場合には主張されている見解の正当性は，すでに，補助請求の棄却後は，原告は主たる請求のより詳細な特定のために必要な被告の開示を獲得する見込みをも

1　たとえば，*Baumbach/Lauterbach*, §§ 254 Anm. 3 B, § 537 Anm. 1 B; *Nikisch*, Zivilprozessrecht, § 122 II 2; *Rosenberg*, Zivilprozessrecht, § 137 II; *Stein/Jonas/Schönke/Pohle*, § 537 Anm. I 1 Note 3; *Sydow/Busch/Krantz/Triebel*, §§ 254 Anm. 5, 537 Anm. 1; *Wieczorek*, § 254 Anm. A II a 2; RG JW 1926, 2539 Nr. 14 mit zustimmender Anm. von *v. Scanzoni*; RG HRR 1936 Nr. 219; RGZ 171, 129(131)を参照。異説，*Hellwig*, Syst. I, § 238 V 2 in Verbindung mit Anm. 33.

I　はじめに

はや有しないという特殊性から生じないか否かを先ず検討することができるかもしれない[2]。しかしながら，この事情は，原告が他の方法で——たとえ著しい苦労を伴うにせよ——必要な書類を取得し，または他の計算方法に移ることによって，書類の調達を不要にする可能性を排除するものではない。支配的見解に応じて，補助請求と共に主たる請求が直ちに存在しないものとして棄却されてしまうと，被告の情報附与とは無関係のこの可能性が，原告から剥奪されてしまう。なぜなら，段階訴訟と並んで同じ事実関係に基づき，かつ同じ目標をもって，特定の申立てを持つもう1つの第2の訴えが提起されると，訴訟係属が介入するように[3]，段階訴訟の全部棄却の後は，原告が，今度は初めから特定された新たな訴えによって旧い争訟をもう一度繰り広げようとする場合には，既判力がその妨げとなる。訴えの申立てをより詳しく特定するための，相手方に対して要求された情報が提供されなかったことは，それゆえ，補助請求の棄却の場合に下位の審級に留まっている主たる請求をも棄却する控訴裁判所に与えられる権限にとって十分な理由ではない。本当は明らかに——控訴裁判所の棄却権能がより詳細に理由づけられる限り——照準は全くこの面にではなく，請求原因の欠缺に合わされている[4]。それによって状況は，上述の連邦通常裁判所の裁判のコメントのさいに不作為訴訟手続と損害賠償手続との関係についてすでに述べられた特徴を本質的に担っている。段階訴訟の場合にも，それゆえ，ZPO 537条を超えた，問題となる控訴裁判所の裁判権能が正当化され

2　これにつき, *Letzgus*, DR 1941, 2335 参照。

3　Vgl. OGHZ 4, 183 (185); zust. *Baumbach/Lauterbach*, § 254 Anm. 2; *Rosenberg*, Zivilprozessrecht, § 91 II 3; *Schönke/Schröder*, § 47 III 5 d; vgl. auch *Rosenberg*, Zivilprozessrecht, § 98 II 3; *Stein/Jonas/Schönke/Pohle*, § 263 Anm. III 3. 段階訴訟の訴訟係属が数額明示の支払請求訴訟を妨げることは，*Habscheid* も認める (Streitgegenstand, S. 275 f.)。これに対して，段階訴訟から数額明示の給付訴訟への移行には，彼は奇妙にも ZPO 264条の適用される訴えの変更を見る (同263頁)。この見解に対しては，支配的見解によれば，原告が ZPO 254条の場合に主たる申立てを決めるさい計算または情報付与の結果に拘束されないことを指摘させていただく。Vgl. RGZ 56, 44; OGHZ 4, 183 (184); *Baumbach/Lauterbach*, § 254 Anm. 3 A a; *Seuffert/Walsmann*, § 254 Anm. 4 c; *Stein/Jonas/Schönke/Pohle*, § 254 Anm. III 5; *Sydow/Busch/Krantz/Triebel*, § 254 Anm. 5.

4　Vgl. RG JW 1926, 2539 mit Anmerkung von *v. Scanzoni*; RG HRR 1936, Nr. 219.

第12章　情報付与と計算を求める補助請求と，主たる請求との関係

うるのは，控訴審に上った争訟に対する裁判が第一審に係属したままの請求に対して既判力効を及ぼしうる場合のみである。不作為訴訟について上述したことは，ここでも同じように当てはまるので，ここで繰り返す必要はない。

　2　しかし，計算請求または情報請求に対して言渡された判決の，この種の既判力効は，圧倒的に否定されている[5]。もっとも反対説がないわけではない。たとえば *Reimer* （ライマー）[6]は，次のように記述している。自己の特許権の有責な侵害のゆえに計算を命じる判決を取得した特許権者が後の支払請求訴訟において，特許権侵害はそもそも——あるいは有責な特許権侵害は——存在しないという理由で，請求を棄却されうるというのは，理解し難い。それゆえ，この種の裁判はなお出されてよいという見解には，同意できない，と。別の場所で *Reimer*[7]は，情報付与ないしは計算を命じる判決が損害賠償義務の確認申立てにも，また——原因上——支払請求にも，既判力を生み出すことは「疑問なし」とさえ書いている[8]。この種の既判力効のためのドグマーティシュな理由づけは，それにもかかわらず与えられていない。そして，ここにこそ問題がある。すなわち，計算または情報付与を求める補助請求は，これが仕える主たる請求と同一でもなければ，技術的な意味でこれに対して先決関係に立つものでもない。支配的見解の立場からは，それゆえ，このような既判力効は，それが実際上どれほど望ましいにせよ，理由づけることができない。それゆえ，*Reimer* の賛成する既判力効が圧倒的に否定されている場合，それは全く首尾一貫しているのである。その場合にはしかし，計算または情報付与のみを扱った控訴裁判所が第一審に係属したままの主たる請求を場合によっては棄却でき

5　たとえば，*Benkard*, Patentgesetz, §47 Anm. 10 e; *Busse*, §47 Anm. 3; *Kisch*, Handbuch des deutschen Patentrechts., §105 V 4, VI; *Klauer/Möhring*, §47 Anm. 20 b; *Krausse/Katluhn/Lindenmaier*, 3. Aufl., §47 Anm. 64 (anders 4. Aufl., §47 Anm. 51); *Stein/Jonas/Schönke/Pohle*, §254 Anm. III 4; *Wieczorek*, §254 Anm. A II b 3; RG MuW 1931, 38; JW 1936, 2137; GRUR 1939, 966 (967); LAG Hamm, AP Nr. 1 zu §254 ZPO mit zust. Anm. v. *Pohle* を参照。

6　Patentgesetz, §47 Anm. 125.

7　Wettbewerbs- und Warenzeichenrecht, 123. Kap. Anm. 6 (S. 929).

8　*Alexander/Katz*, MuW XXIII, 73; *Isay*, §35 Anm. 12; *Krausse/Katluhn/Lindenmaier*, 4. Aufl., §47 Anm. 51 (anders 3. Aufl., §47 Anm. 64)も既判力効に賛成。

るという，冒頭に言及した見解は，首尾一貫しない。ここには深い溝が開いており，そのことは結果においても明瞭に現れる。補助請求をめぐる争いが主たる請求の裁判に対して有する意味が，2つの請求が同一の訴訟において主張されるか，別の訴訟において主張されるかに係るとされるのは，すでにそれだけで極めて奇妙だからである。そしてもっと疑問なのは，この溝が補助請求のみに関する一部判決に対する控訴手続において，成功の見込みとリスクとが不平等に分配されることになるという更なる結果である。すなわち，被告は請求原因の欠缺による主たる請求の終局的棄却を得ることができるのに対して，すでに控訴審の裁判によって，主たる請求の原因に関する原告に有利な拘束力ある言明を獲得する同様の可能性は原告には拒否されるということである。

II 展開された原則による状況の判断

たとえば計算または情報付与を求める請求に対する裁判が主たる請求に対して既判力を生み出すか否かが，解明を要する焦眉の問題であることは明らかである。この問題が支配的見解に反して，補助請求が主たる請求に対して先決性を有しないという理由では否定できないことは，もはやこれ以上理由づける必要がない。これまでコメントした事案におけると同様に，決定はここでも内容的な関連の基準に従って行われなければならない。

先ず初めに，情報請求と主たる請求との関係を，主たる請求と利息の支払いを求める付随請求との関係——したがって，付随的請求に関する裁判が確かに主たる請求に対して既判力効を基礎づけない関係——と比較してみると，たしかに共通性がないわけではない。すなわち，両者の場合において，補助請求ないしは付随的請求はその起源上（ihrem Ursprung nach）主たる請求と関連している。この等しさに対して，しかしはっきりと，違いもまた目に飛び込んで来る。すななち，情報付与等を求める補助請求は主たる請求とその根っこにおいて関わっているのみならず，補助請求は，主たる請求の実行を可能にし，準備する限りにおいて，その目標上も主たる請求へと通じている。それに対して利息の支払いを求める付随的請求は，この種の機能を知らない。両請求——主たる請求と付随的請求，ないし，主たる請求と補助請求——が同時に主張される場合，実際上，この違いが非常に明瞭に現れる。すなわち，主たる給付と従

第12章　情報付与と計算を求める補助請求と，主たる請求との関係

たる給付を求める1つの訴えの場合には，典型的に，主たる請求に対する裁判が最初のものである。主たる請求は従たる請求に対し意味を有するが，従たる請求は主たる請求に対し意味を有しないからである。主たる請求と情報付与を求める補助請求の同時主張の場合には，これに対して事情は全く逆である。典型的には段階訴訟において現れるこのような場合には，主たる請求は通常第二段階でようやく裁判される。なぜなら補助請求に対する裁判が，この裁判を先ず準備すべきだからである。このように見れば，ここでは補助請求に対する裁判は，主たる請求に関する手続に対して，逆に主たる請求に対する裁判が利息債権に関する手続に対して持つのと似た機能を有する。このパラレルから，情報請求に対する一部判決をのみ扱う控訴裁判所は，ZPO 537条にもかかわらず，第一審に係属したままの主たる請求を事情によっては棄却しなければならないかどうかという冒頭に言及した問題が，主たる請求と付随的請求との関係において相応のバリエーションにおいて再び巡って来ることになる。その場合，問題は，主たる請求について言渡された一部判決についてのみ上訴の提起を受けた上訴裁判所は，場合によっては下位の審級に留まっている——多分，額についても未だ争いのある——利息請求を棄却しなければならないかということである。これは，この場合における一部判決の先決的意味に鑑み，直ちに肯定されるべきである。

したがって，一方において先決的法律効果と条件づけられた法律効果との関係と，他方において補助請求と主たる請求との関係との間において特徴づけられる親近性は，表面的なものに尽きるものではない。両者の場合において，1つの法律効果が定型的に他の法律効果の前に裁判されることは，すでに示唆したように，彼此，一定の実質的な関係の表現である。最初の裁判——正確にいえばそれに対して裁判が下される法律効果は，両者の場合においてその内容上，第2の判決が判断しなければならない別の法律効果に導く。この「導き(Hinführen)」は，もちろん，両者の場合において異なった観点の下にある。利息請求は——いわば同じ平面で——それを導くべき主たる請求の給付命令を補充する。計算請求ないし情報請求によって準備される主たる請求は，それに対して，同じ意味において主たる請求へと導くこの補助請求の補充ではない。すなわち，この場合には，第1の請求は，（元本請求が利息債権の法的基礎をなすように）第2の請求の法的基礎をなすものではない。第1の請求は，むしろ，主たる請求

Ⅱ　展開された原則による状況の判断

の内容決定および実際上の行使のための法技術的補助手段としてのみ現れる。しかしながら当面の関連においては，この違いは重要ではない。前に扱ったBGB 894条による土地登記簿訂正請求権は，この種の技術的に基礎づけられた関係も，既判力の限界づけに対し決定的な影響を及ぼしうることの印象深い例である。すなわち，この請求権も，これが登記を目指している権利のための基礎ではなく，技術的な補助手段に過ぎない。それにもかかわらず，この請求権は，これについて下される裁判が登記を目指す権利に関して既判力を及ぼしうるという形で，その内容上この権利に適合されていることが明らかになっている。既判力の測定にとって決定的なのは，まさに確定された法律効果がその秩序内容上一般に後の手続において争われる法律効果に適合されているかどうかという構造問題だけである。それに対して，この適合が所与の場合にいかなる観点の下にあるかは，役割を演じない。この事情に注目すれば，段階訴訟において現れるような補助請求と主たる請求との関係も，既判力の測定にとって決定的な特徴（Gepräge）を有していることが終局的に明らかになる。なぜなら，これら2つの請求が相互に結びつき，補助請求に関する裁判がなお不特定な請求権内容の解明により，主たる請求についての裁判を準備し，それゆえに定型的に後者に先行する場合，このことは，以上に述べたことによれば，主たる請求が——その原因上——補助請求の根っこのみならず目標にも属していると解釈されてよい。先決的法律効果と条件づけられた法律効果の関係との比較は，登記簿訂正請求権と登記されるべき権利の関係（BGB 894条）との比較と同様に，このことを確認する。後者の場合において登記簿の内容と法律状態との意図された一致には，登記されるべき権利の存在が属するのと同様，情報請求権によって追求された主たる請求権の内容上の決定に，主たる請求権が原因面において属するのである。

　ここから既判力の限界づけにとって生じる帰結は，これまで述べたすべての事柄から見て，これ以上説明を要しない。すなわち，情報付与または計算請求が既判力をもって確定している場合，もはや，補助請求に関する手続においてすでに調査されるべきであった基礎を欠くという理由で，主たる請求を棄却することはできない。そして補助請求がこの基礎を欠くため既判力をもって棄却されている場合，この基礎に基づく主たる請求も，もはや認容されえない。これに対して，他の理由による補助請求の既判力ある棄却は，主たる請求の認容

第12章 情報付与と計算を求める補助請求と，主たる請求との関係

を排除しない。——たとえば被告がその情報提供義務をすでに履行した場合，または問題となる主たる請求が原告の見解とは異なり計算等を求める補助請求と全く結びついていないことを考えて見ればよい。*Reimer* が実際的な考量から主張した，情報判決および計算判決の既判力についての見解は，したがって結果として正しいことが明らかになり，したがって同時に，段階訴訟の場合には ZPO 537条の原則も控訴裁判所の棄却権能の拡張のための上述の例外を蒙るという支配的見解も，その確認を見出すのである。

III RG JW 1912, 593 Nr. 14の裁判における類似の状況

今まさに光を当てられた事案において見られるような，準備的な補助請求と主たる請求との関係に似た関係を，ライヒ裁判所は1912年に土地収容事件において扱わなければならなかった[9]。そしてこの事件では，ライヒ裁判所は，補助請求に関する裁判に主たる請求に関する手続に対する既判力効を与えたが，これは興味深いことに，まさに上述の見解に合致するものである。すなわち，問題となったのは次の点である。原告は，前訴において被告市（Stadtgemeinde）に対し，原告より被告の前主に対して譲渡された土地につき，被告は土地収容手続を申し立てなければならなかったとの確定判決を取得した。続いて開始された手続において，原告の損失補償に関する決定がなされたが，原告は定められた補償額が本質的に低すぎると見たため，この決定に対して裁判所に不服申立てをした。ラント裁判所と上級ラント裁判所は，原告には補償請求権が帰属していないという理由で訴えを棄却した。しかし，ライヒ裁判所の見解によれば，この棄却は前訴裁判の既判力に抵触するものであった。ライヒ裁判所の判決理由において，これにつき次のように述べられている。曰く，「前訴において被告は，本件で問題となっている平地（Flächen）につき収容手続の開始を申し立てるよう命じられた。この給付命令は，1875年7月2日のFluchtlinienG（建築線法）13条1号の要件が具備していると見なされていることによる。D道路にすることになっている平地が，A市の要求により原告から公的交通のために譲渡されていると認められる。……控訴裁判所は，今の

---

[9] JW 1912, 593 Nr. 14; 同意するのは，*Sydow/Busch/Krantz/Triebel*, §322 Anm. 3.

III RG JW 1912, 593 Nr. 14の裁判における類似の状況

判決が基礎とする証書が前訴にはなく，被告は土地収容手続を申し立てるよう命じられただけであり，それゆえ損失補償問題を扱う現在の訴訟において，原告が無償譲渡義務を負っており，この点について既判事項は存在しないと述べる場合，上の判決主文を説明するこの判決理由の意義と，したがって前訴裁判の意義一般を誤認している。土地収容手続の開始を申し立てるよう被告に既判力をもって命じることによって，同時に，被告の損失補償義務が，しかもここではFluchtlinienG 13条1号の損失補償義務がもともと存在することが既判力をもって裁判されている。被告は前訴判決に基づきFluchtlinienG 14条，1874年6月11日の土地収容法24条による損失補償確定手続を申し立てなければならなかった。このことは，上告審判決の判決主文および，上に再録された，主文の説明のために利用された理由が明らかにするところである。ここから，現在の手続において再び被告の補償義務自体を問題にする抗弁は，原告の前訴確定判決の援用に鑑み，もはや許すべきでないことが明らかになる。被告の損失補償義務は，補償額の確定のために収容手続を開始するよう被告が命じられた後は，原因上，既判力により確定している。原告が問題のゲレンデを無償で譲渡する義務を負っていることが前訴において否定されているにもかかわらず，控訴裁判所が原告の異議にもかかわらず，今提出されている文書に基づき被告の損失補償義務を改めて調査する場合，控訴審判決はこの確定と矛盾する」。

この事案を支配的見解の立場から判断しようとすると，控訴裁判所が正しいとしなければならないであろう。土地収容手続を申し立てる被告の，前訴において確定された義務は，後訴において争われた損失補償義務と同一ではない。この被告の収容手続申立義務は損失補償義務の法律要件には属していないので，前者は後者に対して先決的意味をも有しない。それゆえ，判決理由の利用による判決主文の説明というライヒ裁判所の言い回しは，支配的見解によって主張されている準則によれば，前訴裁判が後続手続に対し既判力効を持ちえないことを見えなくすることはできない。しかしながら，この考察方法は，情報請求と主たる請求との関係につき説明されたのと同じ理由から，事実状況を正しく評価していない。なぜなら，そこでと同様に，本件の土地収容事案においても，最初に裁判に供された法律効果が，第2の手続において争われる主たる請求の内容決定と実際上の実行に仕えるのである。それゆえ，この請求は彼此，原因上最初の，主たる請求に導く法律効果の目標に属している。情報請求訴訟にお

第12章　情報付与と計算を求める補助請求と，主たる請求との関係

いて下された判決の既判力効について上に述べられたことは，したがって，本件の土地収容事案にも同様に当てはまる。支配的見解に矛盾するライヒ裁判所の見解，すなわち被告が収容手続の申立てをするよう命じられた後は，損失補償請求はその原因上もはや問題とされることができないという見解は，したがって既判力の限界づけに関するここで主張された見解にその完全な確認を見出すのである。

第13章 統一的な目標をもつ様々な法律効果

I 原状回復請求と金銭賠償請求

1 本研究の枠内においてコメントされるべき最後の事案類型となるのは，再びライヒ裁判所の争いのある裁判である[1]：前訴において原告は，被告地域団体（Kreiskommunalverband）および共同被告であるその執行吏（Vollzugsbeamte）に対し，彼らがその所有者だと思っていた，森に保存されていた同量の木材の不法な競売によって生じた損害の賠償として，1万ツェントナーの木材の引渡しを求めた。訴えは，侵害されえた木材の権利は原告には帰属していなかったという理由で，棄却された。原告がそれに続いて新訴をもって同じ被告らに対し金銭賠償を要求したとき，原告は全審級において前訴判決の既判力を理由に棄却された。ライヒ裁判所は，BGB 249条の場合に原状回復と金銭賠償が相互に立つ実質的な関係によって，この結果を理由づけた。損害の原因となる各不法行為は，――ライヒ裁判所はいう――BGB 249条により，侵害事象がなければ賠償請求権者がいたであろう経済状態の回復に向けられた1つの損害賠償請求権を生み出す。一定の場合には，債権者は，その選択により，加害者自身による以前の状態の回復またはそのために必要な金銭を要求できる。BGB 249条2文による金銭補償請求権も，債務者の直接給付の形式のみならず，債務者の金銭支払いによって介される債権者の自己満足の形式での回復請求権である。被害者が最初の道を選び，彼のいわゆる原状回復請求が，被告は加害者でないとか，被告に帰責事由がないため生じた損害に対し責任を負わないという理由で既判力をもって棄却されると，今や前訴判決の事実（Tatbestand）と本質的に一致する事実関係に基づきBGB 249条2文による金銭支払いによる損害の回復を要求する方法で，賠償義務の問題をもう一度裁判官に提出する

---

[1] RGZ 126, 401.

第13章 統一的な目標をもつ様々な法律効果

ことはできない。損害賠償請求自体は，むしろ既判力をもって処理済みである，と。

2 この裁判の受入れについては，意見が分かれた[2]。とりわけ Rosenberg（ローゼンベルグ）[3]がこの裁判に反対した。彼は，次のように異議を唱える。原状回復の申立てと金銭賠償の申立ての内容的異別性は，同一の訴訟物の存在を，したがってライヒ裁判所の認めた既判力効をも，排除する。ライヒ裁判所の証明がそれを説明することに尽きている，損害賠償請求権の実体法上の統一性は，その妨げとはならない。ZPO の請求概念は，周知のように，実体法上のそれとは異なるからである。ライヒ裁判所が原状回復を否定する第 1 の判決によって損害賠償請求それ自体が処理済みであると考える場合，ライヒ裁判所は ZPO 322 条との抵触にも陥る。ZPO 322 条は，請求が主張され，これについて裁判がなされている範囲でのみ既判力が及ぶことについて，疑いを残すものではない。しかし，主張されているのは，あらゆる形式での損害賠償請求権ではなく，原状回復請求権だけである。これだけが裁判されているのであり，これだけに既判力が生じている，と。

この批判に対して多分最初に問われるのは，BGB 249 条 1 文による損害賠償請求権は，たとえば――もちろん法律においてはっきりと打ち出されていない――債権者に付与された BGB 249 条 2 文の代物給付権能（facultas alternativa）[4]の法律要件であるかどうかであろう。もしそうであれば，ライヒ裁判所の認める既判力は，第 1 の判決がこの後続訴訟の先決的問題に関するものであることから難なく生じるであろう。しかし，このような見解が正しいのかどうか，BGB 249 条の定式に鑑み，少なくとも疑問なしとしない。いずれにせよラ

---

[2] 賛成するのは，*Baumbach/Lauterbach*, § 322 Anm. 4 (Schadensers.); *Enneccerus/Lehmann*, § 10 Ⅱ; *Palandt/Danckelmann*, § 249 Anm. 2; *Schönke/Schröder*, § 73 Ⅳ 1; vgl. auch BGHZ 5, 105 (109 f).

[3] Festgabe f. *Richard Schmidt*, S. 256 ff., ferner Zivilprozessrecht, § 150 Ⅰ 2 a; 同じ意味において，*Goldschmidt*, § 63 3 Anm. 21; *Habscheid*, Streitgegenstand, S. 43 Anm. 85; *Stein/Jonas/Schönke/Pohle*, § 322 Anm. Ⅴ 2 a; *Nikisch*, Streitgegenstand, S. 120.

[4] Vgl. *Enneccerus/Lehmann*, § 10 Ⅱ; BGHZ 5, 105 (109).

I 原状回復請求と金銭賠償請求

イヒ裁判所は，*Rosenberg* や *A. Blomeyer*（ブロマイアー）[5]と同様，この見解から出発していない。彼らの詳細な見解表明については，直ぐ後で述べることにする。しかし，これと一致してかかる可能性を度外視すれば，*Rosenberg* の批判が既判力の限界づけに関する支配的な原則に合致していることを認めなければならない。既判力の客観的範囲が訴訟物を超えて及ばず，そして内容的に別の給付の要求は別の訴訟物を基礎づける場合，このような事情の下では，ライヒ裁判所の見解は判決理由への既判力の不適法な拡張とのみ見なされうる。ライヒ裁判所が前面に出した，BGB 249条による原状回復請求権と金銭賠償請求権との間の内容的な関連は，このように処置するならば必然的に顧慮されてはならない。しかし，ここで主張されている見解によれば，既判力の限界づけにとって本質的な諸ファクターは，まさに内容的諸関連の領域に求められるべきである。それゆえ，述べられた原則が正しければ，*Rosenberg* の批判はすでにその出発点からして，もはや問題の核心を突いていない。それに対して，訴訟物にかかわるすべての問題についての訴訟物の統一性の命題を「精力的に疑い」[6]，そしてBGB 249条による複数の損害賠償請求権の内容的関連に基づき正反対の結論に到達する[7]*Blomeyer* の見解表明は，それだけ一層大きな意味を獲得する。

Blomeyer は，もっとも，両損害賠償請求権の内容が異なることは，差し当たり，2つが統一的請求権をなし，これが2つの形式の一方において棄却されると統一的に棄却されると見ることに著しく不利であることから出発し，以下のように論じている。請求権の内容はこの法律効果を他の法律効果から限界づける全く紛れもないメルクマールとして現れている。しかし，ここでは——BGB 249条1項による原状回復請求権とBGB 249条2項による金銭賠償請求権だけが問題なのであり，BGB 251条による金銭請求権は問題ではない——仔細に見れば，請求権の内容が異なることがまさに民事訴訟における強制にとって有する意味は，疑問以上となる。両請求権の自由意思による満足は，確かに——給付判決の主文と一致して——異なる結果となる。すなわち，債務者は損害を修復させるか，それとも，債権者にこれに必要な修復費用を支払うかであ

---

[5] Festschrift f. *Lent,* S. 83 ff.
[6] Festschrift f. *Lent,* S. 44.
[7] Festschrift f. *Lent,* S. 83 ff.

る。しかし，原状回復請求権の執行は，修復費用を求める金銭請求権に帰する。すなわち，債権者が修復を債務者の費用で行わせることの授権を裁判所から取得することによって，判決が執行され（ZPO 887条1項），そのさい債権者は債務者が費用を前払いするよう命じてもらうことができる（ZPO 887条2項）。それによって結局は再び，BGB 249条2項が直接関係づける金銭による賠償に到達する，と。

　統一的な訴訟上の最終目標――すなわち加害者に対する金銭執行――へ至る道の，否定し難い異別性が請求棄却判決の既判力効を決定すべきかどうかという問題を，*Blomeyer* は否定に答え，次のように論じる。すなわち，両請求権の要件は，あらゆる点で同じである。BGB 251条による金銭賠償は原状回復が不可能になる場合に負わされるが，原状回復請求権とともに，BGB 249条2項による金銭賠償請求権も消滅する。2つの請求権の1つを否定し，他方を同時に肯定することは，排除される。しかし，この実体法上の存在結合が，決定的でなければならない。その存在において否定された請求権に従属している請求権に既判力効が及ぶことは，決まっている。ところで，一方的な従属性は，前提された請求権と従属的な請求権との関係の中で，この効力に関係するが，しかし，逆ではないのに対して，双方的な従属性は，一方の請求の棄却はつねに他方の請求をも否定するというように，請求権の一体（Einheit）に至らなければならない。この結果は，実際的にも不可避である。被告には帰責事由がないという理由で訴えを棄却された原告が，自分の賠償請求権を今や他の形式で主張しているという理由だけで同じ訴訟を改めて提起できるとすれば，それは理解し難いであろう。もっとも，ここでは，本案の申立ての外面的な異別性を無視せざるをえないような全く稀な例外事案が問題になっていることは，承認されるべきである，と。

　3 a）　既判力の限界づけの問題についてこれまでの論述において展開された原則と，*Blomeyer* の以上の論述を対置すると，先ず本質的な一致が目の中に飛び込んでくる。すなわち，*Blomeyer* は，BGB 249条による原状回復請求権と金銭賠償請求権の統一的な目標を既判力にとって本質的な事情として強調する場合，彼は，本稿で主張された見解によっても既判力の限界づけにとって決定的な役割を演じる1つの観点に照準を合わせている。これまでの叙述にお

Ⅰ 原状回復請求と金銭賠償請求

いて繰り返し問題であったのは，既判力がつねに目指された目標から存在する異なる法律効果間の関係が維持されるよう測定されるべきことの証明であったのだから。そして，この原則は実際，複数の法律効果が異なる形式において，当面の事案において観察されるのと同じ目標に導く場合にも干渉する。問題となっている2つの請求権は，ここでは債権者の被害が債務者の給付によって補償される秩序を目指している。そのうちの1つの請求権の認容はこの目標を肯定するが，両請求権の1つが被告の責めに帰すべき原告に対する加害がないため棄却される場合，逆にこの目標は否定される。請求権のこの確定された不存在は，換言すれば，この場合には損害補償の余地がないという秩序状態に適合されている。しかし，このことは，1つの請求権の不存在には，同じ目標に向けられた他の請求権の不存在も属することを意味する。それゆえ，当面のライヒ裁判所の裁判の事案においては，原状回復請求の既判力ある棄却の後は，金銭賠償請求は既判力に基づき却下されるべきであり，裁判所は両請求権に共通の要件を改めて調査してはならないというのは，全く正しい。

b）　以上によれば決定的な，BGB 249条による原状回復請求権と金銭賠償請求権の目標の共通性を，*Blomeyer* は——上述のように——本質的に，ZPO 887条による原状回復請求権の強制執行が金銭賠償に帰する点に見ている。既判力の限界づけにとって決定的な両請求権の関連のドラスチックな指摘がここにあることは，確かに *Blomeyer* に同意しなければならない。そのさい，しかし強調されなければならないことは，2つの法律効果はこの共通性が強制執行において同じように現れていないところにおいても，統一的な目標に向けられていることがありうることである。ここでは先ず，原状回復請求権と BGB 251条による金銭賠償請求権との関係が——*Blomeyer* は，はっきりと，これを彼の考察から除いている——指摘されるべきである。原状回復の不能の場合に介入する BGB 251条による損害賠償請求権は，可能な原状回復のための費用に向けられている BGB 249条2文による金銭賠償請求権とは異なる方法で債権者に補償をするはずである。その限りで，BGB 251条による損害賠償請求権と BGB 249条1文による請求権との関係は，前者の BGB 249条2文による請求権に対する関係とは確かに異なるものである。しかしこの事情は，BGB 251条による損害賠償請求権が BGB 249条1文，BGB 249条2文による請求権と同様，被害者に損害の完全な経済的補償を付与すべきことを変えるものではな

い。損害賠償の本質的な目標は，BGB 251条による損害賠償請求権にとってBGB 249条1文，BGB 249条2文による請求権と共通である。そして，この賠償の方法における違いは，ここではBGB 249条1文およびBGB 249条2文による請求権の間の関係と同じく，この目標に至る方法にのみ関する。被告の帰責事由の欠缺を理由に訴えを棄却された原告が，今度は彼の損害賠償請求権を他の形式で主張しているという理由だけで同じ訴訟を改めて提起できるとするのは理解し難い，とする *Blomeyer* のコメントは，BGB 249条1文および同条2文による請求権の間の関係に劣らず，この関係にも明らかに当てはまる。それゆえ，ここでは既判力の測定にも，同じことが妥当しなければならない。たとえば原告が BGB 251条による金銭賠償請求を，被告は加害者ではないとか，原告には毀損された物の所有権が帰属していなかったという理由で棄却された場合，原告が新たな訴えによって同じ被告に対して，毀損された物の等価値の部材が入手できることがその間に明らかになったという理由で原状回復を要求しても，もはや勝訴することはできない。BGB 249条1文による請求権とBGB 251条による請求権とは，BGB 249条1文および2文の請求権のようには完全に同じ要件に基づいているのではないので，一方は存在しうるのに対して，他方は排除されていることがあるという，*Blomeyer* の強調した事情は，このような既判力効を承認する妨げとはならない。1つの請求権の棄却が別の請求権の主張を排除しうるのは，それが両請求権に共通する法律要件（Tatbestandsvoraussetzung）の否定に基づく場合，したがって両請求権の共通の目標に関する場合にのみであるということから生じるのは，これ1つだけである。これに対して，たとえば原状回復は性質上不可能であるという理由で原状回復請求が棄却される場合，または，逆にBGB 251条1文による金銭賠償の訴えが原状回復が不可能で${}^{..}$ないという理由で挫折する場合，かかる裁判は他の請求に対して当然に既判力を及ぼすことができない。先に主張された請求権の確定された不存在は，この事情の下では共通の目標を否定しているのではなく，この目標に至るべき1つの道を否定しているだけである。したがって既判力ある請求棄却の範囲は，いかなる理由によって訴えの要求が成功しなかったかに係っているが，これは本研究の途中でしばしば観察されえた一般的現象である。因みに *Blomeyer* も一定の事案においてこの種の結論を肯定していることは，裁判所が訴求請求権は成立しなかったと宣言するか，後に消滅したと宣言する

かが請求棄却の既判力にとって意味する違い，すなわち後者の場合には第一次的請求権の前に生じていた——遅延賠償請求権が主張されうるが，前者の場合には棄却はこの種の権利の承認を初めから排除するという違いを彼が適切に指摘していることに[8]，とりわけ現れている。

一般的にいえば，以上によれば結論として，法律が同じ目標に到達するために，複数の方法を用意しているところでは，1つの方法について下された請求棄却が各各の方法の特殊性のみならず共通の目標も否定している限り，これは他の方法を用いることをも排除する，と確定することができる。これらの方法の異別性は，その場合，目標の共通性に対して何らの役割をも演じない。

II 他の事案における類似の関連

1 この認識と共に，若干の別の事案が視野に入ってくる。最初に言及されるのは，BGB 325条と326条の要件のもとで，債権者に付与される可能性，すなわち債権者の選択により，損害賠償を要求するか，契約を解除するか，もしくは——BGB 325条の場合に——BGB 323条による権利を主張する可能性である。ここでは，原告がたとえば共通の法律要件の1つが欠けているという理由で，既判力をもって損害賠償請求を棄却されている場合，支配的見解の原則によれば，原告には，解除に基づく権利を訴えにより主張する可能性はつねに残っている。前訴裁判に含まれている，基準となる法律要件の欠缺の確定は，既判力を生じない判決要素に過ぎないという指摘によって，ライヒ裁判所は1926年の裁判[9]において，このことを明示的に承認した。しかしながら，上述の原則によれば，反対の意味に決定されるべきである。なぜなら損害賠償と解除という2つの救済手段がどれだけ異なろうとも，それらは，債務者の契約違反に対する補償を惹起するために，可能性として法律により債権者の選択に供されているからである。この目標は，あらゆる相違にもかかわらず，法律によりこれらの救済手段に共通である。しかし，ここから生じるのは，共通の目標に関する理由からある救済手段が既判力をもって棄却された後は，他の救済手

---

8 Festschrift f. *Lent*, S. 80 f.; これにつき，上述72頁以下参照。
9 JW 1926, 791.

第13章　統一的な目標をもつ様々な法律効果

段ももはや認容できないことである。この結果が事実状態に適切な解決をもたらすことは，争われないであろう。立法者は，必要ならば債権者が何回でも債務者に対して訴訟をすることができ，したがって最初の手続では限定的なリスクを担えば足りるようにするために，BGB 325条と326条という異なる救済手段を債権者の選択に供したのではないからである。

　2　同じ原則の更なる重要な適用領域として挙げられるべきは，法律が瑕疵ある物の給付を理由に権利者に解除（Wandlung），代金減額（Minderung）その他の権利を選択させる場合である。支配的見解は，ここでも実際上満足の行きかねる結果になる。たとえば，商品に瑕疵がないという理由で解除要求を既判力をもって棄却された買主は，代金減額の要求をもって，主張された瑕疵を改めて裁判所に調査させることができるという結果である[10]。種々の瑕疵権（Mängelrechte）の付与が確かに同じ瑕疵について何度も裁判所の判断を可能にするという目的を持つものでないことを，支配的見解は考慮することができない。しかし，ここで展開された見解によれば，事態は異なる判断を受けるべきである。すなわち，瑕疵権は法律により瑕疵ある債務者給付に対する補償をするという共通の目的を有するので，1つの瑕疵権の既判力ある否定は，それが共通の法律要件の欠缺，したがって共通の目標の否定に基づく限り，他の瑕疵権をも排除する。物に瑕疵はなかったという理由で，既判力ある請求棄却判決を受けた買主は，それゆえ，支配的見解に反して，すでに前訴で主張した瑕疵を，もう一度別の瑕疵権に使って裁判上審査させることはできない[11]。それに対して，選択に供された法律上の救済手段の1つの棄却が共通の法律要件，したがって共通の目標に関わらない理由による場合には，当然そのような効力は生じない。それゆえ，たとえば BGB 463条2文に基づく損害賠償請求が売

10　So z. B. *Baumbach/Lauterbach*, § 322 Anm. 4 (Wandelung); *Rosenberg*, Zivilprozessrecht, § 150 II 1; *Schwab*, S. 147 f.; *Sydow/Busch/Krantz/Triebel*, § 322 Anm. 4; *Wieczorek*, § 322 Anm. E IV b 1; RGZ 66, 332 (335); RG JW 1911, 592 Nr. 41; RG Warn. 1920, Nr. 155.

11　上述112頁以下に述べられた反対権の主張に関する原則によれば，同じことは，買主が瑕疵権（Mängelrechte）に基づく防御が退けられ，売買代金の支払いを命じられている限りにおいても妥当しなければならない。

II 他の事案における類似の関連

主の詐欺がないという理由で棄却される場合，それはその後の解除（Wandlung）または代金減額の主張の妨げとはならない。

3 この種の事案は，挙げられた例に尽きるものではない。たとえば，BGB 262条以下の意味における選択債務関係をなお指摘すべきであろう。すなわち，選択関係に立つ債権が個別事案においてどんなに種々であろうとも，これらにおいても統一的な基本関係から，共通の目標が生じる。この目標は，たとえば債権者は彼の負っている一定の給付と引き換えに何らかの無償の出捐または等価物を受け取るべきだということにありうる。既判力の測定のためには，ここから再びすでに知られている効果が生じる。たとえば選択権を有する債権者が，初めから基礎となる債務関係がないという理由で，選択された給付を求める訴えを棄却される場合，彼はもとの選択は無効であったと主張して，今度は選択に供された給付のうちの別の給付を訴求することによって，この債務関係の再調査を惹起することはできない。ここでも，否定された法律効果の不存在の確定は共通の目標の否定を狙っており，したがって，この目標を肯定する請求で認容されうるものは，もはやないのである。

4 最後に，この目標と，叙述された既判力効との共通性は複数の権利が選択に供されているところでのみ現れうるのでないことを，なお強調させていただきたい。そうでないことは，すでに BGB 249条による損害賠償請求権と251条による損害賠償請求権との関係において実証されている。これらの請求権に関しては，関係人の選択の可能性は存在しない。このことを，はっきり理解すれば，第一次的請求権と，たとえば BGB 325条が付与する履行利益に向けられた損害賠償請求権との関係へと，注目すべき視野が開けてくる。すなわち，第一次的請求権に関する裁判が不履行による損害賠償請求に対して既判力を及ぼすことは，知られており，それは，第一次的請求権が損害賠償請求に対して先決的であることから直ちに生じる。しかし今や，逆に，履行利益に向けられた損害賠償請求に関する裁判が，事情によっては第一次的請求権に対しても既判力を及ぼしうることが実証される。すなわち損害賠償請求権は，債権者に「履行利益」を付与することによって，すなわち債権者を本旨に従った履行があるのと経済的に同じ状態に置くことによって，同じ経済的目標への別の道で

あることが明らかになる。それゆえ，第一次的請求権が存在しなかったという理由で，損害賠償請求が既判力をもって棄却されると，それによって両請求権の共通の目標が否定される。したがって債務者は不能と見なされた給付をやはりすることができると主張して，債権者が第一次的請求権をなお訴えによって主張しようとすると，彼は当面の関連でコメントされた他の事例と同様，前訴裁判の既判力に躓かざるをえない[12]。

---

12 債権者が履行利益の一部だけを前訴によって主張した場合，請求の棄却はその限りでのみ共通の経済的目標を否定する。既判力の測定にとっては，この事情の下では，上述101頁以下，132頁以下で説明された考量が介入する。

第14章　最終コメント

　1　個別事案についてのこれまでのコメントは，完璧を要求するものではない。しかし，多様なバリエーションにおいて決定的な統一的基本原則を明らかにし，把握可能にするためには，これで十分であろう。すなわち，既判力は目標から与えられた一定の意味連関，すなわち，前訴の対象ついて確定された事柄と，今や焦眉の法律効果との間に存在する意味連関を守らなければならない。後訴の裁判官は，これに応じて，矛盾した判断がこの種の意味連関を切り裂く限りで——そして，その限りでのみ——確定判決の理由から離れることを阻止される。この意味で生じる前訴の裁判理由の拘束は，したがって——もう一度強調させていただくが——自己目的ではなく，裁判所が主張された法律効果について確定した事柄の全内容を承認するための1つの手段に過ぎない。これによって，主張された見解は，*v. Savigny*（フォン・サヴィニー）の理論や，同一当事者間でのすべての後訴においては，前訴において実際に争われ裁判された前訴裁判の理由はもはや疑問とされることができないとする，合衆国において行われている法理も行っているような，判決理由に独自の既判力効を付与するすべての見解と，区別される[1]。この種の理論に対して，ここで主張された見解は，既判力の客観的限界に関するドイツ法に支配的な原則の発展的形成に過ぎない。この見解は，この支配的な原則とともに，主張された法律効果に対する，裁判所が実施した（または実施しえないとして拒否された）当てはめが専ら既判力の中心にあるということから出発するからである。本研究の努力が向う継続的発展は，簡単に次のように特徴づけることができる。すなわち，既判力効は，後訴において（主たる訴訟または中間的争点として）判断されるべき法律効果が前訴裁判の関係する法律効果と同一である場合に介入するだけでなく，両者の法律効果は異なるが，一定の目的論的な意味連関が存在する場合にもす

---

[1] Vgl. *Lenhoff*, RabelsZ. 1954, 207; *Scott*, Harvard Law Review Nr. 56 S. 1 ff.; イギリス法における類似の状況について，*Bower*, S. 102 ff.

第14章 最終コメント

でに介入する。そのさい強調されるべきは，同じ法律効果が主張される場合の既判力効と，述べられたような意味連関が存在する場合の既判力効とは，本質的に異なった現象でないことである。なぜなら，彼此，問題となっているのは，前訴で捉えられた法律効果の確定された存在または不存在の内容の擁護であり，この内容は改めて同じ法律効果が争われる場合だけでなく，問題となる種類の意味関係がそれとの関係で存在する他の法律効果が問題となる場合にもすでに触れられうるからである[2]。

2 裁判所による当てはめに合わされた，略説された原則が，v. Savigny の理論に対して向けられたその基本決定によって立法者が踏み出した地平にとどまっていることは，ZPO 280条の中間確認の訴えの点ではっきりと現れる。Savigny 流の見解を放棄する代償として生み出されたとされるこの制度は[3]，ここで主張された原則によっても不要とはならない。なぜなら，この見解は，特別の種類の意味連関が存在する一定の場合にのみ別の法律効果についての手続に対して既判力効を及ぼすだけであるので，条件づける法律関係がそのような関連への制限なしに係争外に置かれるべき場合には，依然として特別の裁判を要するからでる。説明のために，賃借人が一定の四半期について既判力をもって賃料の支払いを命じられた例に立ち返らせていただく[4]。すでに述べたように，この場合には，この期間について彼の居住権は，すでに前訴当時存在した事実状態によって，当事者間に賃貸借関係は存在しないという理由では，もはや否定されえない。しかし，それによって賃貸借関係そのものが確定されているのではない。たとえば，賃貸人が後の四半期について賃料を訴求する場合，この場合には既判力にとって重要な，前訴で確定された賃料請求権との関連が存在しないので，彼は初めから存在する賃貸借関係の無効によって棄却さ

---

[2] 限界づけ原理の統一性は，法律効果の同一性が考えうるもっとも密接な結合性として解されうることにおいて全く明瞭になる。この結合性は，したがって，主張された見解によりすでに既判力効が生じる意味連関の限界事例として現れる。これにつき，*Nicolai Hartmann*, Aufbau der realen Welt, S. 361 ff.

[3] Vgl. Begründung des Entwurfs einer CPO zu § 283 bei *Hahn*, Materialien, Bd. 2 1. Abt., S. 291.

[4] 上述102頁以下参照。

れることがありうる。賃貸人がこの可能性をすでに前訴手続において排除しようと望むのであれば，彼はここで主張される見解によっても，賃貸借関係の確認を求めて訴えを提起しなければならない。たとえば，被告がBGB 894条に基づく登記抹消請求に対して，原告は負担を負わせられている土地の所有者でないとの主張によって防御する場合にも，状況は似たものである。すなわち，この事情の下では，所有権の既判力ある確定に至りうるのは，これに向けられた訴えの申立てが提起される場合だけである。

3　展開された原則は，さらに，ある裁判にその理由づけのゆえに上訴によって不服を申し立てることが適法かどうかという問題に関して，本質的に新たな状況をもたらすものではない。相殺は全く別にして，従来の見解状況を基礎にしても，すでに既判力の範囲が判決の理由に依存している事案が見られる。不適法却下と理由なしとしての棄却，履行期未到来による棄却と訴求債権の不存在による棄却という，周知の区別を思い出していただきたい[5]。既判力上重要な裁判理由に関する上訴の適法性の問題は，ここで主張された既判力説の特異な点ではない。それゆえ，それは当面の関連においてはとくに扱う必要はない。上述の原則の立場からは，この点，従来の見解を基礎とする場合にすでに原則として正しいこと以外のものは妥当しない。すなわち裁判の既判力ある内容に照準を合わせるべきであり，裁判のいかなる部分から既判力ある内容が生じるかは顧慮されない[6]。

4　最後に，提起された既判力テーゼと訴訟物理論との関係を一瞥すれば，とりわけ，1つのことをもう一度指摘すべきである。すなわち，ここで展開された諸原則は，実体法的訴訟物説に有利な決定を含んでいない。確かに，この諸原則が本質的に立脚しているのは，既判力の範囲は裁判の法的理由づけによって決定的に影響を受けるという認識である。この認識はしかし，訴訟物が

---

[5] 将来に向かって効力を生じる事後的消滅による請求棄却と，訴求債権の不成立による請求棄却の区別もここに挙げることができよう。前者は——上述のように消滅の前に生じた遅延賠償請求権の事後的認容が残されているが，後者はそのような可能性を初めから排除している。これについて，73頁参照。

[6] Vgl. *Rosenberg*, Zivilprozessrecht, § 134 II 2 a.

すでに同様の方法で法的に性質決定されていることに従属していない。明確化のために，所有物返還請求の単純な例を思い起していただきたい。すなわち，すでに詳論されたように[7]，既判力をもって返還を命じられた者は，この給付命令が単にBGB 861条に基づく場合には，直ちに自己の所有権を援用して返還請求の訴えを，当事者の立場を代えて提起することができることは全く疑いのないところである。これに対して，彼に対して出された判決がBGB 985条に基づく場合には，そのような可能性は裁判の既判力により同様に確実に遮断される。ここでは確定された返還請求権の実体法上の性質決定が既判力効に影響を与えていることは，紛れもない事実である。この実際上不可避な結果は，しかしながら，返還請求訴訟は1つの統一的な，実体法上色づけされていない訴訟物を基礎づけ，したがって1つの請求権だけを考慮して訴えが棄却された場合にも，訴訟物の同一性のゆえに他の請求権の新たな主張を排除するとの仮定の妨げとは全くならないのである。両者は，体系上全く相互に合致しうる。なぜなら，既判力ある内容を持つ裁判が実体法的に性質決定されていない包括的な訴訟物と関わり，そして，これを論じ尽くさなければならない場合，このことは，訴訟物には未だ含まれていない付随的な要素がこの裁判の中に現れることを排除しない。既判力ある裁判内容の実体法的性質決定は，この視角によれば，包括的な訴訟的訴訟物に対して制限ではなく，逆に豊富化を意味する。すなわち，裁判は，包括的な訴訟物を片付けることによって，いわば訴訟の局面から，訴訟物がまだ同じように関わっていない実体法のレベルに手を伸ばすのである[8]。*Rosenberg*（ローゼンベルグ）や*Habscheid*（ハープシャイド）のような訴訟的訴訟物説の主張者が，認容された法律効果が裁判官の与えた法的性質決定において既判力をもって確定されることをはっきりと強調する場合にも，それは，実際にもこのような物の見方に対応している。*Rosenberg*[9]が適切に強調するように，既判力の対象はまさに訴訟上の請求ではなく，訴訟上の請求に対する裁判である。この裁判は，請求自身がまだ踏み込んでいない平面によく入り込むことができる。

　説明された既判力原則と訴訟物理論との間のこの関係から，1つの本質的な

7　上述40頁。

8　上述39頁参照。

9　Zivilprozessrecht, § 88 Ⅱ 3 c.

帰結が生じる。すなわち，裁判の既判力ある内容がすでに訴訟物に含まれているのでない要素によって影響を受ける場合，それが意味するのは，既判力の範囲を決定するのは訴訟物だけでないということに他ならない。この帰結は，ここで主張されている既判力の限界づけに関するテーゼにとくに徹底的に現れるが，これは支配的見解を基礎とする場合にも，研究途中でしばしば明らかにされたように，完全には避けることができない。しかしながら，これによって，訴訟物と既判力とは相互に関係を持たないというのではない。裁判上の当てはめは訴訟物に関係し，既判力はしかし——明らかにされたように——その側では当てはめに同調されているので，両者の間には大いに密接な関係が存在する。この関係は，既判力の客観的範囲は訴訟物と単純に一致する，と述べていないだけである。この事情はより複雑である。すなわち，訴訟物は，既判力の範囲を規定する唯一のファクターではない。むしろ，訴訟物と並んで裁判の理由も，したがってその都度適用された法規範も，この課題に決定的に関わるのである。

5　この認識とともに，最後にもう一度，既判力は典型的に訴訟と実体法との交錯点にあることが浮かび上がる。既判力はその判決効としての機能において，そしてその効力の方法と方向において訴訟に属するが，既判力はその内容において本質的に，裁判の基礎をなす実体法から規定される。この位置によって，既判力は両領域の間の卓越した紐帯をなす。本既判力研究は繰返し実体法上の意味連関の解明を扱わなければならなかったが，この思考はこの状況の忠実な再現である。そして，述べられた思考が注意をこれに向けることによって，この思考は同時に民事訴訟法の学問的研究においてどこにでも見られる発展傾向に従っている。とりわけ訴訟法の特徴と独自性の発見に，争いのない功績がある時代の後，近時，訴訟と実体法の関連についてのより強い回顧が始まっている多くの兆候があるからである。

文 献 一 覧

Alexander-Katz, Das Verhältnis des Rechnungslegungsanspruchs zum Schadensersatzanspruch im Verletzungsprozeß, MuW XXIII, 71 ff.

Bachof, Die verwaltungsgerichtliche Klage auf Vornahme einer Amshandlung, 1951.
ders., Der maßgebende Zeitpunkt für die gerichtliche Beurteilung von Verwaltungsakten, JZ 1954, 416 ff.
ders., Entscheidungsanmerkung, JZ 1953, 411 ff.
Baumbach/Hefermehl, Wettbewerbs- und Warenzeichenrecht, 7. Aufl., 1957.
Baumbach/Lauterbach, Zivilprozeßordnung, 25. Aufl., 1958.
Benkard, Patentgesetz, 3. Aufl., 1954.
ders., Die neuere Rechtsprechung des Bundesgerichtshofs zum gewerblichen Rechtsschutz, NJW 1955, 1134 ff.
Bettermann, Kommentar zum Mieterschutzgesetz, 1950.
ders., Die Vollstreckung des Zivilurteils in den Grenzen seiner Rechtskraft, 1948.
ders., Wesen und Streitgegenstand der verwaltungsgerichtlichen Anfechtungsklage, DVBl. 1953, 163 ff.
ders., Über die materielle Rechtskraft verwaltungsgerichtlicher Urteile, MDR 1954, 7 ff.
ders., Veweisung, Kompetenzkonflikt und Rechtskraft, JZ 1957, 321 ff.
Blomeyer, Arwed, Zum Urteilsgegenstand im Leistungsprozeß, Festschrift für Lent, 1957, 43 ff.
Bötticher, Kritische Beiträge zur Lehre von der materiellen Rechtskraft im Zivilprozeß, 1930.
ders., Wandlung als Gestaltungsakt, 1938.
ders., Die Gleichheit vor dem Richter, 1954.
ders., Zur Lehre vom Streitgegenstand im Eheprozeß, in : Beiträge zum Zivilprozeßrecht, Festgabe für Rosenberg, 1949, S. 73 ff.
ders., Streitgegenstand und Rechtskraft im Kündigungsschutzprozeß, in : Beiträge zu Problemen des neuzeitlichen Arbeitsrechts, Festschrift für Her-

schel, 1955, S. 181 ff.

ders., Die Wiederholung der Ehescheidungsklage aus § 55 des Ehegesetzes, ZAkDR, 1941, 341 ff.

ders., Zum Regierungsentwurf des Kündigungsschutzgesetzes, RdA 1951, 81 ff.

ders., Nochmals: Zur Bindung der Zivil- und Verwaltungsgerichte an die Rechtsverweigerung des Nachbargerichtsbarkeit, JZ 1957, 568 f.

ders., Entscheidungsanmerkungen, AP Nr. 11 zu § 626 BGB, JZ 1955, 334 ff. und 1957, 670 f.

de Boor, Rechtsstreit, 1940.

ders., Gerichtsschutz und Rechtssystem, 1941.

Bower, The Doctrine of Res Judicata, 1924.

Bruns, Rudolf, Zivilprozeßrecht, 1949.

ders., Zwangsvollstreckungsrecht, 1951.

ders., Zur Struktur des Prozesses, Festschrift für Schmidt-Rimpler, 1957, S. 237 ff.

ders., Buchbesprechung: *Rosenberg*, Lehrbuch des Deutschen Zivilprozeßrechts, 4. Aufl., AcP 151, 186 ff.

Bülow, Die Lehre von den Proceßeinreden und die Proceßvoraussetzungen, 1868.

Busse, Patentgesetz, 2. Aufl., 1956.

Dietz, Anspruchskonkurrenz bei Vertragsverletzung und Delikt, 1934.

Dölle, Die sachliche Rechtskraft der Gestaltungsurteile, ZZP 62, 281 ff.

Endemann, Lehrbuch des Bürgerlichen Rechts, 2. Bd. 1. Abt. 8. und 9. Aufl., 1905.

Enneccerus/Lehmann, Recht der Schuldverhältnisse, 14. Bearb. 1954.

Enneccerus/Nipperdey, Allgemeiner Teil des bürgerlichen Rechts, 14. Aufl., 1. Halbband, 1952; 2. Halbband, 1955.

Erman, Handkommentar zum Bürgerlichen Gesetzbuch, 2. Aufl., 1958.

Esser, Lehrbuch des Schuldrechts, 1949.

Eyermann/Fröhler, Verwaltungsgerichtsgesetz für Beyern, Bremen, Hessen und Württemberg-Baden, 2. Aufl., 1954.

Förster/Kann, Die Zivilprozeßordnung für das Deutsche Reich, 3. Aufl., 1. Bd., 1913; 2. Bd., 1926.

v. Godin, Reinhard und *Hans*, Ehegesetz, 2. Aufl., 1950.

v. Godin, R., Entscheidungsanmerkung, JZ 1951, 641 f.

Goldschmidt, James, Zivilprozeßrecht, 2. Aufl., 1932.

Habscheid, Der Streitgegenstand im Zivilprozeß und im Streitverfahren der Freiwilligen Gerichtsbarkeit, 1956.

ders., Kritische Gedanken zur Rechtsprechung des BGH zu § 48 EheG, MDR 1953, 394 ff.

ders., Zur Lehre vom Streitgegenstand im Kündigungsschutzprozeß, RdA 1958, 95 ff.

Hahn, Die gesammten Materialien zu den Reichs-Justizgesetzen, 2. Bd., Die gesammten Materialien zur Civilprozeßordnung, 1. Abt., 1880.

Hahn/Mugdan, Die gesammten Materialien zu den Reichs-Justizgesetzen, 8. Bd., Materialien zum Gesetz betr. Aenderung der Civilprozeßordnung---, 1898.

Hartmann, Nicolai, Möglichkeit und Wirklichkeit, 2. Aufl., 1949.

ders., Der Aufbau der realen Welt, 2. Aufl., 1949.

Heck, Grundriß des Schuldrechts, 1929.

ders., Grundriß des Sachenrechts, 1930.

ders., Begriffsbildung und Interessenjurisprudenz, 1932.

Hellwig, Lehrbuch des Deutschen Zivilprozeßrechts, Ⅰ. Bd., 1903; Ⅱ. Bd., 1907; Ⅲ. Bd., 1. Abt., 1909.

ders., System des Deutschen Zivilprozeßrechts, Ⅰ. Teil, 1912.

ders., Anspruch und Klagrecht, 1900.

ders., Wesen und subjektive Begrenzung der Rechtskraft, 1904.

v. Hippel, Ernst, Einführung in die Rechtstheorie, 4. Aufl., 1955.

Hölder, Anspruch und Klagerecht, ZZP 29, 50 ff.

ders., Über Ansprüche und Einreden, AcP 93, 1 ff.

Hoffmann/Stephan, Ehegesetz, 1950.

Horstmann, Untersuchungen über die Anwendbarkeit schuldrechtlicher Normen auf dingliche Ansprüche, 1938.

Hueck, Klage und Urteil im Kündigungsschutzstreit, Festschrift für Nipperdey,

文 献 一 覧

1955, S. 99 ff.
ders., Entscheidungsanmerkung, AP Nr. 5 zu § 3 KSch Ges.

Isay, Hermann, Patentgesetz, 5. Aufl., 1931.

Jaeger, Kommentar zur Konkursordnung, 2. Bd., 6. u. 7. Aufl., 1936.
ders., Buchbesprechung: *Weismann*, Lehrbuch des Deutschen Zivilprozeßrechts, ZZP 40, 123 ff.
ders. Entscheidungsanmerkung, ZZP 60, 341 f.
Jauernig, Warum keine Verbindung von Prozeß- und Sachabweisung? JZ 1955, 235 ff.
Jellinek, Walter, Verwaltungsrecht, 3. Aufl., (1931), Neudruck 1948.

Kisch, Handbuch des deutschen Patentrechts, 1923.
ders. Entscheidungsanmerkung, JW 1927, 1557.
Klauer/Möhring, Patentgesetz, 1937.
Kleinfeller, Der Gegenstand der Rechtskraft, Festschrift für Wach, 2. Bd., 1913, S. 373 ff.
Klinger, Die Verordnung über die Verwaltungsgerichtsbarkeit in der britischen Zone, 3. Aufl., 1954.
Kralik, Die Vorfrage im Verfahrensrecht, 1953.
Krauße/Katluhn/Lindenmaier, Das Patentgesetz vom 5. Mai 1936, 3. Aufl., 1944.
dies., Das Patentgesetz, 4. Aufl., 1958.
Krille, Entscheidungsanmerkung, NJW 1947/48, 583 ff.
Krusch, Das Wesen des Vergleichs zur Abwendung des Konkurses, 1933.
Kummer, Das Klagerecht und die materielle Rechtskraft im schweizerischen Recht, 1954.

Larenz, Lehrbuch des Schuldrechts, 1. Bd., 2. Aufl., 1957; 2. Bd., 2. Aufl., 1957.
ders., Derogierende Kraft des Gerichtsgebrauchs? NJW 1951, 497 ff.
ders., Entscheidungsanmerkung, NJW 1955, 203.
Lechner, Bundesverfassungsgerichtsgesetz, 1954, mit Ergänzungsband, 1957.
Lehmann, Heinrich, Allgemeiner Teil des Bürgerlichen Gesetzbuches, 10. Aufl., 1957.

ders., Die Unterlassungspflicht im Bürgerlichen Recht, 1906.

Lenhoff, Die Anerkennung und Vollstreckung ausländischer Urteile in den USA, RabelsZ 1954, 201 ff.

Lent, Zivilprozeßrecht, 7. Aufl., 1957.

ders., Die Gesetzeskonkurrenz im bürgerlichen Recht und Zivilprozeß, I, Bd., 1912; II. Bd., 1916.

ders., Die sachliche Rechtskraft der Gestaltungsurteile, ZZP 61, 279 ff.

ders., Der Umfang der Interventionswirkung des § 68 ZPO, ZAkDR 1940, 129.

ders., Zur Lehre vom Streitgegenstand, ZZP 65, 315 ff.

ders., Die Notwendigkeit einer Begründung bei Ausübung von Gestaltungsrechten, AcP 152, 401 ff.

Letzgus, Entscheidungsanmerkung, DR 1941, 2335.

Lindenmaier, Entscheidungsanmerkung, LM Nr. 3 zu § 24 WZG.

Menger, System des verwaltungsgerichtlichen Rechtsschuztes, 1954.

Mestmäcker, Entscheidungsanmerkung, JZ 1957, 180 ff.

Neumann, Entscheidungsanmerkungen, DVBl. 1952, 695 f. und 1954, 333 f.

Neumann-Duesburg, Ansprüche aus Urheberrechtsverletzungen, JZ 1955, 480 ff.

Neuner, Die Sachlegitimation, Judicium 1933, Sp. 113 ff.

Niese, Über den Streitgegenstand der Anfechtungs- und Vornahmeklagen im Verwaltungsprozeß, JZ 1952, 353 ff.

Nikisch, Zivilprozessrecht, 2. Aufl., 1952.

ders., Streitgegenstand im Zivilprozeß, 1935.

ders., Die Aufrechnung im Prozeß, in: Das deutsche Privatrecht in der Mitte des 20. Jahrhunderts, Festschrift für Heinrich Lehmann, II. Bd., 1956, S. 765 ff.

ders., Zur Lehre vom Streitgegenstand im Zivilprozeß, AcP 154, 271 ff.

ders., Probleme des Kündigungsschutzrechts, Betrieb 1956, 1133 f.

Oertmann, Die Aufrechnung im Deutschen Zivilprozeßrecht, 1916.

Pagenstecher, Zur Lehre von der materiellen Rechtskraft, 1905.

ders., Über die Eventualaufrechnung im Prozeß, 1922.

文 献 一 覧

ders., Die Einrede der Rechtskraft im Aufwertungsprozeß, 1925.
ders., Entscheidungsanmerkung, NJW 1925, 2157 f.
Palandt, Bürgerliches Gesetzbuch, 17. Aufl., 1958.
Pinzger, Die Rechtskraftwirkung des Unterlassungsurteils, GRUR 1942, 192 ff.
Planck, Kommentar zum Bürgerlichen Gesetzbuch, II. Bd., 1. Hälfte, 4. Aufl., 1914; III. Bd., 1. Hälfte, 5. Aufl., 1933.
Pohle, Buchbesprechung : *Rosenberg*, Lehrbuch des deutschen Zivilprozeßrechts, 6. Aufl., JR 1954, 436 f.
ders., Entscheidungsanmerkungen AP Nr. 1 zu § 254 ZPO und Nr. 1 zu § 322 ZPO.

Reichel, Zur Behandlung formnichtiger Verpflichtungsgeschäfte, AcP 104, 1 ff.
ders., Rechtskraft und ungerechtfertigte Bereicherung, Festschrift für Wach, 3. Bd., 1913, S. 1 ff.
Reichsgerichtsräte und Bundesrichter, Das Bürgerliche Gesetzbuch mit besonderer Berücksichtigung der Rechtsprechung des Reichsgerichts und des Bundesgerichtshofes, 10. Aufl., II. Bd., 1953; III. Bd., 1954.
Reimer, Eduard, Patentgesetz, Bd. II, 1950.
ders., Wettbewerbs- und Warenzeichenrecht, 3. Aufl., 1954.
Roquette, Mieterschutzgesetz, 1956.
Rosenberg, Lehrbuch des deutschen Zivilprozeßrechts, 7. Aufl., 1956.
ders., Die Beweislast, 4. Aufl., 1956.
ders., Zur Lehre vom Streitgegenstand, Festschrift für Richard Schmidt, 1932, 256 ff.
ders., Entscheidungsanmerkungen, JW 1921, 1245 und ZZP 59, 229 f.

v. Savigny, System des heutigen Römischen Rechts, 6. Bd., 1847.
v. Scanzoni, Entscheidungsanmerkung, JW 1926, 2539 f.
Schmidt, Helmut, Die Rechtswidrigkeit des Verwaltungsaktes als Teil des Streitgegenstandes? DÖV 1957, 103 ff.
Schmidt, Richard, Lehrbuch des deutschen Zivilprozeßrechts, 2. Aufl., 1906.
Schmidt, Rudolf, Die Gesetzeskonkurrenz im bürgerlichen Recht, 1915.
Schönke, Zwangsvollstreckungsrecht, 5. Aufl., 1948.
Schönke/Baur, Zwangsvollstreckungsrecht, 6. Aufl., 1956.

Schönke/Schröder/Niese, Lehrbuch des Zivilprozeßrechts, 8. Aufl., 1956.
Schwab, Der Streitgegenstand im Zivilprozeß, 1954.
Scott, Collateral Estoppel by Judgment, Harvard Law Review 56 (1942/43), 1 ff.
Seuffert, Zur Revision der Zivilprozeßordnung bei Einführung des Bürgerlichen Gesetzbuchs, ZZP 16, 463 ff.
Seuffert/Walsmann, Kommentar zur Zivilprozeßordnung, 12. Aufl., 1. Bd., 1932; 2. Bd., 1933.
Siber, Schuldrecht, 1931.
ders., Der Rechtszwang im Schuldverhältnis nach deutschem Reichsrecht, 1903.
v. Staudinger, Kommentar zum Bügerlichen Gesetzbuch, III. Bd., 1. Teil, 11. Aufl., 1956.
Stein/Jonas/Schönke/Pohle, Kommentar zur Zivilprozeßordnung, 18. Aufl., 1. Bd., 1953; 2. Bd., 1956.
Stein/Juncker, Grundriß des Zivilprozeßrechts und Konkursrechts, 3. Aufl., 1928.
Sydow/Busch/Krantz/Triebel, Zivilprozeßordnung, 22. Aufl., 1941.

Tetzner, Kommentar zum Patentgesetz, 2. Aufl., 1951.
Thoma, Das System der subjektiven öffentlichen Rechte und Pflichten, in: Anschütz/Thoma, Handbuch des Deutschen Staatsrechts, II. Bd. 1932, S. 607 ff.
v. Tuhr, Der Allgemeine Teil des Deutschen Bügerlichen Rechts, 1. Bd., 1910; 2. Bd., 1. Hälfte, 1914.

Ule, Gesetz über das Bundesverwaltungsgericht, 1952.
Unger, System des österreichischen allgemeinen Privatrechts, 2. Bd. 1859.

Wach, Vorträge über die Reichs-Civilprozeßordnung, 2. Aufl., 1896.
Wacke, Gegenstand und Rechtskraft bei der verwaltungsgerichtlichen Klage, AöR 79, 158 ff.
Warncke, Entwicklung und Gestaltung des Rechtsschutzes im deutschen Verwaltungsprozeß im Hinblick auf die Lehre vom Streitgegenstand, in: Das deutsche Privatrecht in der Mitte des 20. Jahrhunderts, Festschrift für Hein-

rich Lehmann, II. Bd. 1956, S. 869 ff.

Westerman, Lehrbuch des Sachenrechts, 3. Aufl., 1956.

Wetzell, System des ordentlichen Civilprozesses, 2. Aufl., 1865.

Wieczorek, Zivilprozeßordnung und Nebengesetze, Bd. I, Teil 1, 1957, ; Bd. II, Teil 1,1957, Bd. IV, Teil 1, 1958.

ders., Entscheidungsanmerkung, AP Nr. 1 zu § 767 ZPO.

Windscheid, Lehrbuch des Pandektenrechts, 1. Bd., 4. Aufl., 1875.

Windscheid/Kipp, Lehrbuch des Pandektenrechts, 1. Bd., 9. Aufl., 1906.

Wolff, Martin, Lehrbuch des Bürgerlichen Rechts, 2. Bd., 1. Abt.: Das Sachenrecht, 2. Bearb., 1913.

ders., Lehrbuch des Bürgerlichen Rechts, 3. Bd.: Das Sachenrecht, 9. Bearb., 1932.

Wolff/Raiser, Sachenrecht, 10. Bearb. 1957.

Zeuner, Wiederholung der Kündigung und Rechtskraft im Kündigungsschutzstreit, MDR 1956, 257 ff.

Zöller/Karch/Scherübl, Zivilprozeßordnung, 8. Aufl., 1957.

事項索引

あ

ある法律効果の他の法律効果への内容的狙いまたは適合（Angelegt-oder Ausgerichtetsein）……54, 62
一部判決に対する控訴 ……74
意味連関 ……147
引退農民扶養料 ……154

か

解雇保護訴訟 ……151
解除事案（Wandlungsfall）……115
解除（Wandlung）……12
　　──と代金減額の選択権 ……196
概念的構成関連と既判力の限界づけ ……17
確定された土地登記簿訂正請求権の不存在 ……161
元本債権と利息債権との関係 ……83
既判力ある訴訟却下 ……41
既判力効の原則としての意味連関 ……132
既判力と法的性質決定 ……38
既判力の限界づけ原則の基本構造 ……52, 62
既判力の実質的な限界づけ原則の必要性 ……33
既判力の測定にとって基準となる意味連関の限界 ……132
既判力を不顧慮ならしめる新事実 ……42
給付請求権と，履行のために給付された物の返還を求める不当利得償還請求権との関係 ……66
給付物の不当利得返還請求 ……64
行政行為の無効 ……148
強制執行の受忍を求める訴え ……175
行政訴訟上の取消訴訟 ……142
　　──と官吏責任訴訟との関係 ……134, 144
繰り返された婚姻無効の訴え ……136
形成権の事後的行使 ……118
形成権の防御的主張 ……114
形成訴権 ……134, 147
形成によって惹起される法状態 ……147
形成判決の既判力効 ……136
契約上の給付請求権と不履行または不完全履行による損害賠償請求権との関係 ……66
契約不履行の抗弁 ……89
原告の所有権の欠缺による土地登記簿訂正請求の棄却 ……160
原状回復 ……192
原状回復請求権とBGB251条による金銭賠償請求権との関係 ……192
原状回復請求と金銭賠償請求 ……189
権利救済手段についての債権者の選択権 ……195
抗弁および抗弁権に関する既判力の範囲 ……113

さ

財産共同制（Gütergemeinschaft）または合名会社の取消しまたは解消を求める訴え ……145
裁判理由に関する上訴の適法性 ……201
サヴィニー ……1
錯誤取消 ……101
参加的効力 ……60
主たる請求と利息の支払いを求める付随請求との関係 ……183
上級審の取消裁判への下級審の拘束 ……76
消極的確認の訴えの請求棄却 ……157
情報付与と計算を求める補助請求と主たる請求との関係 ……180

事項索引

所有権と妨害排除請求権またはBGB
　823条による損害賠償請求権との関係
　………………………………………66
所有権に基づく土地登記簿訂正請求権
　………………………………………185
所有権に基づく土地登記簿訂正請求と
　所有権の確定………………2, 153
所有権に基づく付随請求権…………21
所有権に基づく返還請求権…………78
所有権に基づく返還命令判決………40
所有物返還請求……………………164
所有物返還請求権の秩序内容……167
所有物返還請求権の秩序目標……166
信義則………………………………92
成功した相殺………………………56
成功した弁済の抗弁………………98
成功しなかった弁済の抗弁…106, 110
先決的裁判…………………………52
　——の既判力効…………………17
先決的法律効果……………………63
　——が狙っている秩序…………64
前訴において主張された被告の反対権
　………………………………………112
前訴においてまだ主張されなかった反
　対権………………………………118
選択債務……………………………197
占有権原……………………………125
占有権事案…………………………129
占有権, 不当利得返還請求権または不
　法行為による損害賠償請求権の防御
　的な主張…………………………117
占有事案……………………………126
相　殺………………………100, 108
　——の場合に反対債権が存在しないと
　　の裁判…………………………55
双務契約……………………………88
訴訟告知……………………………61
訴訟的訴訟物理論………38, 48, 202
訴訟物理論………………8, 14, 39, 201

た

他の物権に基づく返還請求権……174
段階訴訟……………………………180
　——において現れるような補助請求
　　と主たる請求との関係………185
中間確認の訴え……………………200
仲裁契約の抗弁……………………3
仲裁合意に基づく訴えの却下……85
独立の反対権についての判断……11
取り消された行為の, 事情の変更なき
　繰返し……………………………137
取消訴訟で対して無効と宣言された株
　式会社の総会決議の繰返し……135
取消判決の後続損害賠償請求訴訟に対
　する既判力………………………144

は

売買目的物の引渡しを命じる確定判決…19
判決によって解散した合名会社の清算
　をめぐる訴訟……………………147
判決理由……………………………7
物権的買戻権………………………177
不当利得事案………………………126
不法行為事案………………………126
妨害排除的（準妨害排除的）不作為請求
　と損害賠償請求………………2, 26, 69
法的行為の無効に関する確定……148
法律行為の無効の確認……………150
法律要件と法律効果………………63
補償関係……………………………85
補助請求と主たる請求……………180

ま

矛盾挙動の禁止……………………91
矛盾的反対（das kontradiktorische
　Gegenteil）…………………14, 59

事項索引

や

有効に取り消された株主総会決議の事
　情の変更なき繰返し……………139

ら

履行利益に向けられた損害賠償請求……197
利息請求棄却の利息事案……………158
利用利益（Nutzung）の返還を求める
　付随請求……………25

Blomeyer, Arwed（ブロマイアー）…191
Baumbach/Lauterbach（バウムバッハ
　／ラウターバッハ）……………154
Bettermann（ベッターマン）…………134
Bötticher（ベティヘル）
　………………115, 136以下, 150
Endemann（エンデマン）……………165
Enneccerus/Nipperdey………………31

Habsheid（ハープシャイド）………39, 46
Hellwig（ヘルヴィヒ）………23, 113, 125
Hölder（ヘルダー）………………165
Jaeger（イェーガー）……………155, 162
Kleinfeller（クラインフェラー）………85
Kralik（クラリーク）………………43
Lent（レント）………………122
Nikisch（ニキッシュ）………………39
Reichel（ライヘル）
　………………89, 107, 113, 165, 173
Reimer（ライマー）………………182
Rosenberg（ローゼンベルグ）
　……39, 48, 58, 86, 136, 154, 175, 190, 202
Schönke/Schröder（シェンケ／
　シュレーダー）………………137
Stein/Jonas/Schönke/Pohle（シュタ
　イン／ヨーナス／シェンケ／ポーレ）
　………………58, 137, 153
Wach（ワッハ）………………165
Windscheid（ヴィントシャイド）………1

215

〈プロフィール〉

Albrecht Zeuner（アルブレヒト・ツォイナー）
    ハンブルグで学ぶ
    1952年　法学博士号取得
    1957年　教授資格取得
    1958年　ザールラント大学法学部正教授
    1961年　ハンブルグ大学法学部正教授
    1990年　退　任
    1991年～1992年　ロストック大学法学部再建学部長
    1993年　ロストック大学名誉学位を受ける
    主要著作（詳しい著作リストは，Festschrift für Zeuner zum 70. Geburtstag, Tübingen 1994 を参照されたい）

Soziale Abhängigkeitsverhältnisse als Zurechnungsgrundlage im BGB (Diss. Hamburg);Sorgel/Siebert, Kommentar zum Bürgerlichen Gesetzbuch, 10. Aufl., 1969, 11. Aufl., 1985, Titel "Unerlaubte Handlungen"(§§ 823–825, 827–838, 840–852); Rechtliches Gehör, materielles Recht und Urteilswirkungen, 1974; Rechtsvergleichende Bemerkungen zur objektiven Begrenzung der Rechtskraft im Zivilprozess–Aspekte der anglo-amerikanischen, der französischen und deutschen Lösungskonzeption, Festschrift für Konrad Zweigert, 1982; Grundelemente privatrechtlicher Ordnung und sozialistisches Rechtssystem. Ein Vergleich am Beispiel der ehemaligen DDR, Berichte aus den Sitzungen der Joachim Jungius-Gesell-schaft der Wissenschaften, 1991, Heft 3; Beobachtungen und Gedanken zur Behandlung von Fragen der Rechtskraft in der Rechtspruch des Bundesgerichtshofes, in: 50 Jahre Bundesgerichtshof–Festschrift aus der Wissenschaft, Bd. Ⅲ, 2000.

〈訳者紹介〉

松本博之（まつもと・ひろゆき）
    龍谷大学法学部教授，大阪市立大学名誉教授（法学博士〔大阪市立大学〕，フライブルグ大学名誉法学博士）

法学翻訳叢書
0004
ドイツ民事訴訟法

❀❀❀

既判力と判決理由
法的意味連関の枠組による民事判決の既判力の測定

2009(平成21)年 6 月25日 第 1 版第 1 刷発行
6154-7:P232　￥6800E-012:050-010

著　者	アルブレヒト・ツォイナー
訳　者	松　本　博　之
発行者	今井貴　渡辺左近
発行所	株式会社　信　山　社

〒113-0033 東京都文京区本郷 6-2-9-102
Tel 03-3818-1019　Fax 03-3818-0344
henshu@shinzansha.co.jp
エクレール後楽園編集部 〒113-0033 文京区本郷1-30-18
笠間才木支店　〒309-1611 茨城県笠間市笠間515-3
笠間来栖支店　〒309-1625 茨城県笠間市来栖2345-1
Tel 0296-71-0215　Fax 0296-72-5410
出版契約 No6154-7-01010 Printed in Japan

Ⓒ ツォイナー・松本博之, 2009. 印刷・製本／亜細亜印刷・渋谷文泉閣
ISBN978-4-7972-6154-7 C3332　分類327.231-a004ドイツ民事訴訟法

◇学術選書◇

1　太田勝造　民事紛争解決手続論(第2刷新装版)　6,800円
2　池田辰夫　債権者代位訴訟の構造(第2刷新装版)　続刊
3　棟居快行　人権論の新構成(第2刷新装版)　8,800円
4　山口浩一郎　労災補償の諸問題(増補版)　8,800円
5　和田仁孝　民事紛争交渉過程論(第2刷新装版)　続刊
6　戸根住夫　訴訟と非訟の交錯　7,600円
7　神橋一彦　行政訴訟と権利論(第2刷新装版)　8,800円
8　赤坂正浩　立憲国家と憲法変遷　12,800円
9　山内敏弘　立憲平和主義と有事法の展開　8,800円
10　井上典之　平等権の保障　続刊
11　岡本詔治　隣地通行権の理論と裁判(第2刷新装版)　9,800円
12　野村美明　アメリカ裁判管轄権の構造　続刊
13　松尾 弘　所有権譲渡法の理論　続刊
14　小畑 郁　ヨーロッパ人権条約の構想と展開〈仮題〉　続刊
15　岩田 太　陪審と死刑　10,000円
16　安藤仁介　国際人権法の構造〈仮題〉　続刊
17　中東正文　企業結合法制の理論　8,800円
18　山田 洋　ドイツ環境行政法と欧州(第2刷新装版)　5,800円
19　深川裕佳　相殺の担保的機能　8,800円
20　徳田和幸　複雑訴訟の基礎理論　11,000円
21　貝瀬幸雄　普遍比較法学の復権　5,800円
22　田村精一　国際私法及び親族法　9,800円
23　鳥谷部茂　非典型担保の法理　8,800円
24　並木 茂　要件事実論概説　9,800円
25　椎橋隆幸　刑事訴訟法の理論的展開　続刊
26　新田秀樹　国民健康保険の保険者　6,800円
28　戸部真澄　不確実性の法的制御　8,800円

◇総合叢書◇

1　甲斐克則・田口守一編　企業活動と刑事規制の国際動向　11,400円
2　栗城壽夫・戸波江二・古野豊秋編　憲法裁判の国際的発展Ⅱ　続刊
3　浦田一郎・只野雅人編　議会の役割と憲法原理　7,800円
5　民法改正研究会編(代表 加藤雅信)　民法改正と世界の民法典　12,000円

◇法学翻訳叢書◇

1　R.ツィンマーマン　佐々木有司訳　ローマ法・現代法・ヨーロッパ法　6,600円
2　L.デュギー　赤坂幸一・曽我部真裕訳　一般公法講義　続刊
3　D.ライポルド　松本博之編訳　実効的権利保護　12,000円
4　A.ツォイナー　松本博之訳　既判力と判決理由　6,800円
9　C.シュラム　布井要太郎・滝井朋子訳　特許侵害訴訟　6,600円

価格は税別